AF356303

PRINCIPES

BIBLIOTHÈQUE [...] IMPR.

DE LA
PÉNITENCE ET DE LA CONVERSION,
OU
VIE DES PÉNITENS.
PREMIERE PARTIE.

PRINCIPES

DE LA
JUSTICE CHRÉTIENNE,
OU
VIE DES JUSTES.
SECONDE PARTIE.

PRINCIPES

DE LA
JUSTICE CHRÉTIENNE,
OU
VIE DES JUSTES.

SECONDE PARTIE.

A PARIS,

Chez {
DESAINT & SAILLANT, rue
Saint Jean-de-Beauvais.
P. G. SIMON, Imprimeur du Parlement,
rue de la Harpe, à l'Hercule.

M. DCC. LXII.

AVEC APPROBATION ET PRIVILEGE DU ROI.

AVERTISSEMENT.

APRÈS avoir donné dans un autre Volume l'idée de la vraie conversion & de la vraie pénitence, il est naturel de donner celle de l'état de la Justice & de la vraie Piété. La lecture de cet ouvrage pourra être utile, & aux pécheurs qui sont dans les exercices & les épreuves de la pénitence, pour y apprendre ce que c'est que l'état de la justice à quoi ils aspirent ; & aux pénitens réconciliés & justifiés, pour s'instruire de ce qu'ils doivent faire pour conserver la grace de la justification ; & à ceux des justes qui pensent l'avoir toujours été, pour n'être pas exposés à se méprendre, croyant vivre de la vie des justes, pendant que leur vie ne seroit peut-être pas une vie vraîment chrétienne en tout point.

On sçait que les *Principes de la Per-*

fection chrétienne & religieuse font imprimés & répandus dans le Public depuis plufieurs années. En fuivant la gradation naturelle, ce Volume de la *Perfection* peut fervir comme de troifiéme Tome aux deux que nous préfentons au Public.

PRINCIPES

DE LA

JUSTICE CHRÉTIENNE,

OU

LA VIE DES JUSTES.

CHAPITRE PREMIER.

L'excellence & la beauté de l'état de la Justice.

I.

AR l'homme juste pour qui nous écrivons, nous entendons un Chrétien justifié, qui est en état de grace, soit qu'il ait conservé son innocence baptismale, soit qu'il ait recouvré la justice par une véritable pénitence, suivie de l'absolution & de la rémission de ses péchés. La premiere chose qui se présente à l'esprit, c'est la beauté & la dignité de cet état. Quand on en connoîtra bien le prix,

Rapports de l'Homme justifié avec les trois Personnes de la Ste Trinité.

II. Partie.   A

2

on recevra plus volontiers les regles qu'il faut suivre pour le conserver.

Ce que Jesus-Christ demande à Dieu son Pere pour ses Disciples, dans cette admirable priere qui fut le dernier acte de sa vie mortelle, est l'expression naturelle de ce qui fait l'excellence, la dignité, la grandeur de l'homme juste, d'un Chrétien en état de grace. » Je vous demande, mon Pere, dit ce » Divin Sauveur, que comme vous êtes en » moi, & moi en vous, & que nous sommes, » vous & moi, une même chose, mes Disci- » ples pareillement & tous ceux qui croiront » en moi, soient une même chose en nous, » & qu'ils soient consommés dans cette » union. « Ainsi, l'état de grace est l'union de l'ame avec Dieu : » union intime formée » par la charité de Dieu, qui est répandue » dans l'ame par le Saint-Esprit, » comme l'enseigne Saint Paul. Quelle plus parfaite union peut-on concevoir ! Ce n'est pas simplement un amour commun qui lie, qui attache, qui colle celui qui aime à l'objet qu'il aime, dont le propre est, s'il étoit possible, de le transformer en lui. Ici c'est une union qui tient de l'unité, puisqu'elle est comparée par Jesus-Christ à l'union des trois Personnes Divines dans l'unité d'une même nature. L'homme juste est donc, par cette union avec Dieu, » participant de la nature » Divine, « comme l'explique l'Ecriture Sainte, qui est vraie dans ses expressions comme dans les choses, & qui n'est pas capable d'exagérer dans ce qu'elle dit. Ce ne sera donc rien dire de trop, pour exprimer la beauté de l'ame juste, *végétée*, *béatifiée*, pour me servir des paroles de Saint August-

Ioan. 17.

Rom. 5.

2. Pet. I.

Tr. 23. in
Jo. n. 5.

tin, *par la substance de Dieu même*, que de
dire qu'elle est aux yeux de Dieu quelque chose d'approchant de ce qu'étoit l'humanité de Jesus-Christ aux yeux des trois
Disciples dans sa Transfiguration, par la
réfusion de la gloire de la Divinité sur elle,
son corps étant devenu lumineux comme le
soleil, & ses vêtemens brillans comme la
neige.

Si ces idées paroissent trop sublimes pour
nos foibles esprits, nous pouvons nous ra-
baisser à quelque chose de plus simple. Nous
n'en comprendrons pas moins la haute dignité de l'ame juste & les merveilles de son
union avec Dieu. Jugeons - en par ses suites,
ses effets, ses dépendances. J'entends les rapports honorables que la grace sanctifiante,
l'état de grace lui donnent avec les trois personnes de la Sainte Trinité, auxquelles elle
est unie par la charité.

II.

Premiere suite, & premier effet de la
grace de la justification : l'homme est enfant
de Dieu le Pere, enfant aussi réellement par
adoption, que Jesus-Christ l'est par nature.
» Dieu, dit Saint Jean dans son Evangile,
» a donné le pouvoir d'être faits enfans de
» Dieu à ceux qui croient en son nom, qui
» ne sont pas nés de la chair & du sang,
» mais qui sont nés de Dieu. « Ce n'est pas
une simple dénomination, une qualité, un
titre qui ne mette rien de réel dans l'homme.
» Nous ne sommes pas seulement appellés en-
» fans de Dieu, dit le même Apôtre, nous
» le sommes en effet : tant est grande la cha-
» rité que Dieu a eue pour nous « ! *Ut Filii*

L'Homme justifié, en-
fant de Dieu
le Pere.

Joan. 1.

1. *Joan.* 3.

Dei nominemur & simus. Ce ne font, à la vérité, que des enfans adoptifs : mais cette adoption eſt bien au-deſſus des adoptions humaines. Celles-ci n'emportent pas la reſſemblance de l'adoptif avec celui qui l'adopte ; elles ne tranſmettent pas en lui les inclinations, les ſentimens du nouveau pere. Au lieu que par l'adoption qui ſe fait dans l'ordre de la grace, l'eſprit de Dieu & ſes ſentimens ſont tranſmis dans la perſonne du chrétien juſtifié. Enſorte qu'il eſt vraiment image de Dieu, & par conſéquent bien ſemblable à ſon Fils. C'eſt la doctrine de S. Paul dans ces paroles pleines d'énergie : nous tous, nous ſommes transformés à la reſſemblance du Seigneur par ſon Eſprit qui nous revêt de gloire & de clarté, „ *à Domini Spiritu transformamur in ima-* „ *ginem de claritate in claritatem.* Voilà la Divine filiation bien exprimée : nous recevons l'eſprit de Dieu : nous devenons par une céleſte métamorphoſe ſon image, comme un fils l'eſt de ſon pere, comme Adam, dans ſa création, étoit l'image de Dieu, créé à ſa reſſemblance. L'état du premier homme peut nous ſervir à comprendre encore mieux ce myſtère de la grace dans le juſte, & cette participation de la Nature divine, de l'Etre divin : quoiqu'il y ait dans le Juſte quelque choſe encore de plus ſublime par l'incorporation à Jeſus-Chriſt, en même-temps que la Juſtice dans l'état préſent n'a pas la même étendue qu'elle avoit dans Adam innocent.

En quoi conſiſte l'être de Dieu ? C'eſt connoiſſance & amour. Connoiſſance de la vérité qui eſt lui même ; amour de la ſainteté

qui est encore lui-même. Dieu ayant formé
une créature douée d'entendement & de
volonté, ayant rempli cet entendement de
la connoissance de la vérité, & cette volonté
de l'amour de la sainteté, il en résultoit dans
l'homme innocent l'image de la Divinité, &
la communication de l'Être divin. Or c'est
cela même que l'homme retrouve lorsqu'il
passe du péché à l'état de la justice. Par l'é-
tat du péché, il étoit enfant du démon,
parce qu'il en avoit l'esprit & les sentimens ;
il avoit une malheureuse ressemblance avec
la nature de cet Ange apostat, en ce qu'il
fermoit les yeux à la vérité, & qu'il la haïs-
soit comme lui ; il aimoit comme lui l'injustice
& l'iniquité : il étoit donc son image. Quand
Dieu lui rend son innocence, il fait luire à
ses yeux la vérité, qui nourrit & repait son
entendement : il fait dominer dans son cœur
l'amour de la justice & de la sainteté. C'est
ce nouvel homme dont Saint Paul exhorte si
souvent les fidèles à » se revêtir, cet homme
» qui a été créé selon Dieu, c'est-à-dire,
» dans un état de conformité avec la nature
» de Dieu, par la justice & la Sainteté : cet
» homme, qui se renouvelle dans l'image de
» celui qui l'a créé. « Il est vrai que cette conformité n'est pas aussi parfaite dans le juste,
qu'elle étoit dans le premier homme sortant
des mains du Créateur, & qu'elle le sera dans
l'autre vie. Les tenèbres de l'entendement
ne sont pas entierement dissipées : les mauvais penchans de la volonté ne sont pas
pleinement détruits. Mais ce reste de tenèbres est surmonté par une lumiere supérieure
qui lui rend Dieu présent, qui l'éclaire sur ses
devoirs, qui le repait & le satisfait par la

Eph. 4.

Coloss. 3.

contemplation des beautés de la vertu & des espérances consolantes de la Religion. Il en est de même des restes des mauvais panchans qui subsistent en lui ; ils ne sont pas morts, mais ils sont liés, crucifiés, cloués en quelque façon, comme dit Saint Paul ; ils ne dominent plus : les bonnes inclinations que la grace a fait revivre en lui, l'emportent sur les mauvaises, parce qu'il est, suivant l'expression de Saint Augustin, établi & fixé dans la grace, *fixus in gratia*. Ce sont toutes ces prérogatives qui forment la filiation & l'adoption divine, qui est elle-même la suite de la justification de l'homme.

» Reconnoissez donc, Chrétien, dit Saint » Leon, la dignité de votre extraction, & » devenu consort & participant de la na- » ture divine, gardez-vous bien de dégéné- » rer de votre noblesse, « en retombant dans la bassesse de l'état du péché. Qu'on fasse en effet la comparaison de la noblesse de l'homme juste, enfant de Dieu, avec la noblesse mondaine dont les hommes charnels font tant de cas, dont le défaut humilie si fort ceux à qui elle manque, & qui enorgueillit tant ceux qui en sont décorés. Qu'est-ce qu'un noble, selon le monde ? C'est un homme qui tire son origine d'ancêtres distingués par des actions éclatantes aux yeux de la chair, & souvent destitués de vraies vertus ; recommandables par des noms fameux dans l'histoire, & souvent tachés de grands crimes : ce qui donneroit lieu de craindre que leurs descendans en naissant n'eussent apporté, pour ainsi dire, un double péché originel, celui qui est commun à tous les enfans d'Adam, & la contagion de leur naissance de

parens vicieux. Que si les peres & les meres, dont le sang coule dans les veines du
descendant, ont été des personnages vraiment vertueux, la naissance qu'il a tirée d'eux
ne lui a pas transmis leurs vertus : souvent
il n'est pas leur image par ses sentimens &
sa conduite : il ne porte pas leur ressemblance, quoiqu'il porte leurs titres. Dequoi lui
sert-il donc d'être né d'eux , il n'est pas leur
enfant, à prendre ce mot dans son plus beau
sens. Qu'il rougisse plutôt de cette noblesse
dont il est infatué , pensant combien c'est
une chose vile & méprisable d'être grand devant les hommes & en abomination devant
Dieu ; de briller par les biens & les honneurs du monde, & d'être difforme & hi-
deux par le péché ; d'être enfant de grands
hommes , & en même temps enfant du Diable. Que les petits, au contraire, les hommes du commun, les gens de condition
basse & ignoble, s'ils ont le bonheur d'être
du nombre des justes, se réjouissent & se
félicitent de leur véritable élévation ; c'est
ainsi que parle l'Apôtre Saint Jacques : *Glo-*   1. Jac. 1.
rietur frater humilis in exaltatione sua. Ils
ne sont point issus d'ancêtres qualifiés ; mais
ils sont nés de Dieu : ils n'appartiennent pas
à une maison illustre dans le monde ; mais
ils sont de la famille de Jesus-Christ, ils sont
ses freres. C'est la seconde suite glorieuse de
la grace de la Justification.

III.

Si l'homme juste a Dieu pour pere , il a   L'Homme
donc l'honneur d'être frere de son Fils, le- justifié, frere
quel, dit Saint Paul, ne dédaigne pas de de J. C.
nous appeller ses Freres : *Non confunditur*   Hebr. 2.

vocare Fratres. Il n'y a pas de plus grande proximité que celle de la fraternité. C'eſt dans les degrés de la parenté le premier. Et ſi par les loix du monde tout eſt égal entre les freres, quelle dignité & quel avantage pour un Chrétien, que cette ſorte d'égalité entre Jeſus-Chriſt & lui ! Quelle honorable prérogative d'avoir, à la qualité près de Fils de Dieu par nature, les mêmes droits que Jeſus-Chriſt, d'être aimé de Dieu en lui & comme lui, d'être Juſte & Chrétien par la même grace par laquelle Jeſus eſt le Chriſt ; *De prædeſt. c. 15. Eâdem gratiâ quâ factus eſt Chriſtus, fit homo Chriſtianus ;* d'avoir droit à la même gloire dont jouit Jeſus-Chriſt, d'être ſon cohériritier pour le Royaume des Cieux ; en un mot, d'être tellement aſſocié à Jeſus-Chriſt, qu'on ne fait avec lui qu'un même Chriſt : *cum Chriſto unus Chriſtus,* dit encore Saint Auguſtin. Quelque relevés que nous paroiſſent ces grands titres, nous en avons pour garant Saint Paul, qui nous apprend que nous ne faiſons qu'un même corps avec Jeſus-Chriſt, qu'il eſt le Chef, & que nous ſommes les membres, enſorte que Dieu le Pere, en prédeſtinant ſon Fils, nous a prédeſtinés en lui ; en l'aimant comme ſon Fils bien-aimé, il nous aime en lui & avec lui ; en reſſuſcitant Jeſus-Chr. en le faiſant monter au Ciel, & aſſeoir à ſa droite, il nous a reſſuſcités, & nous a fait aſſeoir avec lui ſur ſon Trône glorieux ; parce qu'en effet dans un corps le chef ne peut pas être ſéparé des membres, & ce qu'il y a d'honneur & de gloire dans le premier, repoſe dans les ſeconds, comme parle Saint Pierre : *1. Pet. 4. Quod eſt honoris & gloriæ ejus ſuper vos requieſcit.*

Union de frere, union de membre avec
Jesus-Christ, tel est donc le partage du
Juste. Est-ce tout ? Non : il y a encore union
d'Epouse. C'est un nouveau rapport que
l'ame fidèle a avec le fils de Dieu. Saint
Paul se fait gloire d'avoir fiancé à Jesus-Chr.
les ames des nouveaux Chrétiens, qu'il a
engendrés par la prédication. C'est à l'ame
juste que Jesus-Christ adresse la parole dans
le sacré Cantique de son chaste amour :
» Venez, ma chere Epouse, venez ma bien
» aimée. « Si elle est Epouse, elle en a
donc les droits ; c'est-à-dire, qu'elle est en
communauté de biens avec son Epoux : toutes les richesses de l'Epoux, tous ses biens,
toutes ses graces, toutes ses vertus, tous ses
mérites sont à elle : ses mérites, elle en est
revêtue : ses graces, elle y a droit : ses vertus,
elles sont le principe des siennes : ses richesses, de la plénitude qui est en lui, découle en
elle la mesure qui lui convient. Pourquoi
ne dirions-nous pas avec Saint Paul, que c'est
lui-même qui pense, qui agit, qui vit en
elle. *vive ego, jam non ego, vivit verò in me*
Christus : Que c'est Jesus-Christ même qui est
sa justice, sa sagesse, sa sanctification : *Sapien-*
tia & justitia & sanctificatio factus est nobis ?

2. Cor. 11

Gal. 2.

1. Cor. 1.

IV.

L'ame du justifié intimement unie à la premiere Personne de l'adorable Trinité, Dieu
le Pere, en qualité d'enfant & comme son
image ; aussi intimement uni à la seconde,
comme frere, comme membre, comme
épouse, l'est aussi à la troisieme comme
Temple. Elle a en elle le Saint-Esprit habitant, résidant habituellement. Dans l'état du

L'Homme
justifié,
Temple du
Saint-Esprit.

A v.

péché elle étoit le temple, la demeure de l'efprit impur ; elle en étoit poffédée d'une maniere invifible, mais non moins réelle. Dans les travaux de la converfion, avant l'état de la grace, le Saint-Efprit n'étoit en elle que pour la mouvoir, lui faire faire de bonnes œuvres ; mais il n'y étoit pas habitant perfévéramment : *Moventis, fed nondum inhabitantis*, dit le Concile de Trente. Mais dans l'état de grace, après la juftification, la demeure du Saint-Efprit dans l'homme juftifié eft permanente, habituelle, perpétuelle, pour autant de temps que l'homme ne l'obligera pas de fortir par quelque nouvelle prévarication. Un enfant baptifé, qui ne penfe point à Dieu, qui ne fait rien qui appartienne à la piété, n'ayant pas même l'ufage de fa raifon, porte en lui-même le Saint-Efprit, en conféquence de la grace fanctifiante qu'il a reçue dans le Baptême. A plus forte raifon doit-on le dire d'un adulte qui eft en état de grace. Or cette habitation du Saint-Efprit a des fuites admirables.

La pratique des bonnes œuvres devient beaucoup plus facile à ce jufte, parce que la charité habituelle, ou l'habitude fainte de la charité, ce qui eft la même chofe, opere en lui ce que font en général toutes les habitudes. Qui dit habitude, dit penchant, inclination, difpofition de l'ame à faire telle & telle chofe. Ainfi, le jufte eft plein de bons penchans, de faintes inclinations, de pieufes difpofitions.

Une autre fuite de l'habitation du Saint-Efprit dans le jufte par la grace fanctifiante qu'il poffède, c'eft qu'elle eft un principe de

Seff. 14. c. 4.

mérite pour tout le bien qu'il fait ; que ses bonnes œuvres deviennent méritoires de la Vie éternelle, de la gloire du Ciel. Car les Théologiens enseignent, que pour mériter le Ciel il faut être en état de grace. On peut faire, à la vérité, de bonnes actions auparavant. Un pénitent qui travaille à sa conversion, qui prie, qui jeûne, qui fait l'aumône, fait une bonne œuvre en priant, en jeûnant, en faisant l'aumône ; car à Dieu ne plaise que nous tombions dans cette erreur des Calvinistes, frappée d'anathéme par le Concile de Trente, que toutes les œuvres d'un homme qui n'est pas en état de grace, quelque bonnes qu'elles soient en elles-mêmes, sont des péchés. Mais ces œuvres, quoique bonnes, ne sont pas proprement méritoires de la vie éternelle : elles peuvent seulement conduire le pécheur à obtenir la grace de la conversion & de sa justification. Au lieu que, lorsqu'il aura reçu le grand don de la grace sanctifiante, toutes ses bonnes œuvres commenceront à être méritoires du Ciel. C'est une prérogative qu'elles tirent de l'état de grace : c'est un annoblissement qu'elles en reçoivent.

Enfin, une troisiéme suite de l'habitation du S. Esprit dans l'homme justifié, c'est qu'elle est le germe de la gloire éternelle, le gage & l'arrhe du salut & de la résurrection glorieuse. Ainsi elle est non-seulement le principe qui nous fait mériter le bonheur de l'autre vie : elle en est encore le commencement, les premices. Aussi J. C. quand il promet la vie éternelle à celui qui croit en lui, qui mange sa chair, ne dit pas qu'il aura la vie éternelle, il dit qu'il l'a, *habet vitam æternam* : parce qu'en effet, la vie bienheureuse du Ciel ne

Jean. 6.

fera pas une autre vie que celle du Juſte ſur la terre, elle ſera ſeulement la perfection, la plénitude de celle-ci. L'une & l'autre ne ſont autre choſe que la charité, la jouiſſance de Dieu par l'amour, commencé, & pour ainſi dire, ébauché en ce monde, mais achevé & ſouverainement complet & conſommé dans l'autre. Ce commencement & cette ébauche eſt donc un germe, un gage de la vie du Ciel. » Dieu, dit ſaint Paul, nous a » marqués de ſon ſceau, & nous a donné ſon » eſprit pour être en nous le gage de l'hérita- » ge céleſte. Ne doutons point, dit encore » l'Apôtre, que Dieu reſſuſcitera un jour » nos corps, à cauſe de ſon eſprit ſaint qui » habite en nous. « Quelle noble prérogative, d'être marqués du ſceau de celui qui eſt le Roi de cette Cité glorieuſe, d'être conſignés pour en être un jour Citoyens, & quant à l'ame par la conſommation de la juſtice, & quant au Corps par la Réſurrection glorieuſe !

2. Cor. 1.

Rom. 8.

V.

A la vue de tous ces différens degrés de nobleſſe d'une ame juſtifiée, & de tous ces glorieux titres que nous venons de toucher légérement, nous devrions nous écrier, en empruntant les paroles de Saint Paul : Graces immortelles ſoient rendues à Dieu de ſon ineffable don : *Gratias Deo ſuper inenarrabili dono ejus.* Nous devrions, comme le ſaint homme Job, en parcourant toutes les choſes les plus précieuſes qui ſont dans le monde, prendre des balances, & voir combien peu elles peſent, & ont peu de valeur auprès de ce tréſor ineſtimable. C'eſt la ſa-

Dignité & Nobleſſe du Chrétien juſtifié.

2. Cor. 9.

geſſe que ce grand ſerviteur de Dieu avoit en vue dans les paroles qui ſuivent ; & la vraie ſageſſe eſt-elle autre choſe que la charité répandue dans l'ame par le Saint-Eſprit ? Nous pouvons donc dire, comme lui : » L'or le plus » rafiné, non plus que l'argent, n'a pas une » valeur pareille à la ſienne. On ne mettra » pas en parallele avec elle ces magnifiques » étoffes peintes des Indes, ni la plus brillante ſardoine & le ſaphyr le plus parfait. » Le chryſtal le plus rare ne lui ſera pas » égalé : les choſes les plus éminemment belles » ne ſeront pas ſeulement regardées, & ſeront » compteés pour rien, quand on voudra les » comparer avec elle, auſſi-bien que le topaſe de l'Egypte le plus recherché. « On ſent aſſez ce que l'Eſprit-Saint, qui a inſpiré les Ecrivains Sacrés, a voulu nous faire entendre par toutes ces locutions figurées. Il a voulu apprendre à l'homme juſte, quel eſt le prix ineſtimable du grand don de la juſtice. Pour les hommes charnels, qui n'ont aucun diſcernement des choſes ſpirituelles, & qui prendront tout ce que nous avons dit pour de belles idées ſans réalité, nous ne pouvons leur dire autre choſe, ſinon que c'eſt ici une affaire qui n'eſt du reſſort ni des ſens, ni de la raiſon humaine ; qu'elle eſt toute de celui de la foi : que nous nous faiſons gloire de croire ſans héſiter tout ce que nous apprend la révélation, & que nous les plaignons de ce qu'ils ſont ſi lents & ſi peſans à croire : *ô ſtulti & tardi corde ad credendum !* *Luc.* 24. Perſuadés d'ailleurs que ſi Dieu vouloit faire à leurs yeux une transfiguration d'une ame juſtifiée, comme celle qui ſe fit de Jéſus-Chriſt ſur le Tabor, ils ſeroient eux-mêmes éblouis de ſes beautés.

On peut lire dans le troisieme Chapitre des *Principes de la Conversion*, ce qui y est dit de cette même grace de la justification.

CHAPITRE II.

Obligation du Chrétien à la Sainteté.

I.

Obligation à la sainteté, fondée sur la volonté de Dieu.

C'EST pour l'instruction de ces hommes qui ne connoissent pas le don de Dieu, que nous commencerons ce Traité de la Justice Chrétienne, par l'obligation générale de de tout Chrétien à la sainteté. Si l'excellence de l'état de la justice, & ses beautés en elles-mêmes, ne sont pas un motif suffisant pour le leur faire desirer, l'intérêt qu'ils y ont pour leur salut éternel, pourra faire plus d'impression sur eux. Les pécheurs apprendront donc dans ce préliminaire, combien il leur importe de sortir de l'état où ils sont ; & les justes y verront de quelle conséquence il est pour eux de ne pas déchoir de celui où la divine miséricorde les a mis, en pratiquant avec soin tout ce que nous leur dirons des devoirs de la justice chrétienne.

Dans toutes les Lettres qu'écrivoit Saint Paul, l'adresse étoit toujours aux Saints de l'Eglise à qui il écrivoit : » A tous les Fidèles » de Rome, les bienaimés de Dieu, qui sont » appellés Saints : A tous les Saints de l'E- » glise de Corinthe, qui ont été sanctifiés en » Jesus - Christ, & qui sont appellés Saints : » A tous les Saints d'Ephèse : à tous les Saints » de Philippe : à tous les Freres Saints de Co-

» loſſe, fidèles en Jeſus-Chriſt. « Eſt-ce un ſimple compliment que fait Saint Paul ? La civilité mondaine permet de mentir par compliment, mais un Apôtre de Jeſus-Chriſt ne ſe permet pas le menſonge. Ou bien, eſt-ce que Saint Paul n'écrivoit pas pour tous les Chrétiens d'une Egliſe, & qu'il n'adreſſoit ſa Lettre qu'à ceux d'entre les Fidèles qui étoient réellement Saints ? Un Apôtre n'exclut perſonne de ſa charité ; & celle de ſaint Paul, qui étoit aſſaiſonnée de la plus grande politeſſe, ne lui auroit pas permis de bleſſer tout un grand peuple par une telle exception. Il faut donc dire que ce grand Apôtre, en parlant ainſi, ſuppoſoit que tous les Fidèles étoient des Saints, ou du moins qu'ils devoient l'être, qu'ils étoient appelés à être Saints : *Vocatis Sanctis.* Ainſi nous pouvons poſer pour principe, que la ſainteté eſt la vocation générale de tous les Chrétiens. En eſſet, qu'entend-on par le terme de vocation ? On dit de quelqu'un qui délibere ſur le choix d'un état, qu'il conſulte ſa vocation ; c'eſt-à-dire, qu'il examine à quoi Dieu l'appelle, quelle eſt la volonté de Dieu ſur lui. On dit d'un Eccléſiaſtique vertueux, d'un bon Religieux, qu'ils rempliſſent fidèlement leur vocation, qu'ils marchent d'une maniere digne de leur vocation, c'eſt-à-dire, qu'ils exécutent les engagemens qu'ils ont contractés. Ainſi *Vocation* ſignifie, d'un côté, la volonté de Dieu, & de l'autre, les engagemens qu'on a pris. Or la ſainteté eſt l'un & l'autre pour tout Chrétien. Elle eſt la volonté de Dieu ſur tous ; elle eſt l'engagement contracté dans le Baptême par tous.

Nous trouvons dans les trois plus grands

ouvrages de Dieu, trois illuſtres témoignages de ſa volonté à cet égard : dans la Création du monde, l'Incarnation de Jeſus-Chriſt & la glorification des Saints. Nous avons vu plus haut que Dieu a créé l'homme à ſon image & à ſa reſſemblance : & ſaint Paul nous apprend que ce n'eſt que par la ſainteté que nous pouvons être l'image de Dieu :

Coloſſ. 3. *Qui ſecundùm Deum creatus eſt in ſanctitate ;*
Eph. 4. *ſecundùm imaginem ejus.* Cela ſuppoſé, la ſainteté de l'homme eſt tellement la volonté de Dieu, qu'il ne pourroit pas lui-même l'en

1. Joan. 1. diſpenſer. » Dieu eſt lumiere, dit ſaint Jean, » & il n'y a point en lui de ténébres : ſi donc » nous diſons que nous ſommes en ſociété » avec lui, pendant que nous marchons dans » les ténébres, nous mentons & nous ne di- » ſons pas la vérité. Mais ſi nous marchons » dans la lumiere, comme Dieu y eſt lui- » même, nous ſommes en ſociété avec lui «. On entend bien que la lumiere ſignifie la ſainteté, & que les ténébres ſont le péché. Comment donc Dieu auroit-il pu avoir créé l'homme pour être en union avec lui, s'il le diſpenſoit de la ſainteté ? » Quel accord,

2. Cor. 6. » dit ſaint Paul, peut il y avoir entre la lu- » miere & les ténébres ? « La ſeconde créa- tion, la création du monde nouveau faite par l'Incarnation de Jeſus-Chriſt, dit la même choſe. » La grace miſéricordieuſe du Sei-

Tit. 2. » gneur, dit ſaint Paul, nous a apparu, pour » nous retirer de toute iniquité, & pour faire » de nous un peuple pur, agréable à ſes yeux » par l'exercice des bonnes œuvres «. Voilà pourquoi Jeſus-Chriſt eſt venu, pour faire des Saints : ne l'être pas, c'eſt fruſtrer ſon Incarnation de ſa fin. Auſſi eſt-ce ce qu'avoient prédit tous les Prophètes qui avoient annoncé le Messie. Sans entrer dans le detail, le saint homme Zacharie les a tous ramassés dans son Cantique : » Beni soit, dit-il, le » Seigneur, le Dieu d'Israel, qui nous a visi- » tés, suivant les prédictions qu'il en a faites » par la bouche de tous ses saints Prophetes » qui ont vécu de siécle en siécle ; & suivant » le grand serment qu'il a fait à notre Pere » Abraham, qu'il nous feroit cette grace, » qu'étant affranchis de la puissance de nos » ennemis, nous marcherions dans la sain- » teté tous les jours de notre vie «. Ces der- niers mots, tous les jours de notre vie, indi- quent, non une pureté passagere, mais une sainteté durable & permanente, une vie sainte toute entiere.

Luc. 1.

II.

Troisieme preuve de la volonté de Dieu sur l'article de la sainteté : la glorification des Saints dans l'Eternité. Saint Paul dit, parlant des Juifs incrédules qui sont morts dans le Desert, » qu'ils ne sont point entrés dans le » repos du Seigneur, dans la Terre promise, » qui étoit la figure du Ciel & du repos eter- » nel, à cause qu'ils ont toujours vécu dans » l'égarement de leur cœur « ; au lieu d'ac- complir le précepte qu'il leur avoit fait par la bouche de Moïse, d'être Saints, comme il l'est lui-même, *Sancti eritis, quoniam ego Sanctus sum.* Il ajoute que « si nous vou- » lons éviter un pareil malheur, nous devons » prendre garde que nous n'ayons le cœur » souillé par le péché, & que nous ne man- » quions à notre céleste vocation : qu'ainsi » ayant été faits participans de Jesus-Christ,

Suite.

Hebr. 3.

» nous devons conferver jufqu'à la fin les pré-
» mices de fa fubftance « ; c'eft-à-dire , les
premiers traits de notre fanctification. » Mes
» petits enfans, dit faint Jean, demeurez en
» Dieu , afin que quand il apparoîtra au der-
» nier jour , vous foyez pleins de confiance ,
» & que vous paroiffiez fans confufion devant
» lui à fon avénement. Quiconque a cette
» efpérance , travaille à devenir Saint , com-
» me il l'eft lui-même «. La fainteté eft donc
la voye unique du falut ; & fi on n'a pas travaillé à l'acquerir, on fera confus au dernier
jour, & fruftré de fes efpérances pour la félicité du Ciel.

Que répondront à toutes ces autorités refpectables, émanées immédiatement de l'Ef-
prit-Saint , qui parloit par la bouche des
Apôtres, ces Chrétiens lâches que le nom
de fainteté effraye, & qui la rejettent parmi
les œuvres de furérogation réfervées aux par-
faits. S'il falloit faire à la lettre tout ce que
prêche l'Evangile, il faudroit, difent-ils, être
des Saints. Eh ! que veulent-ils donc être ,
s'ils ne veulent pas être des Saints ? Ils ne
veulent donc point que Jefus-Chrift foit venu
pour eux, puifqu'ils n'eft venu que pour faire
des Saints : ils ne veulent donc point recueillir le fruit de fon Incarnation , puifque
fon effet eft de nous faire marcher tous les
jours de notre vie dans la fainteté : ils ne veulent donc point voir fe renouveller en eux
par Jefus-Chrift cet homme qui avoit été
créé à l'image de Dieu dans la juftice : ils ne
veulent donc point être en fociéte avec Dieu ,
qui eft lumiere , & avec qui les ténébres de
l'iniquité ne peuvent point avoir d'union. Il
faudroit être des faints ! Oui, fans doute, fous

peine de périr pour l'éternité , comme ces anciens Juifs prévaricateurs ; & quiconque ne fera pas devenu faint pendant la vie , fera rejetté de Jefus-Chrift en fon dernier avénement. En un mot, il n'y a point de milieu entre un faint & un réprouvé ; quiconque n'eft pas l'un , fera l'autre. Au refte , il ne s'agit point ici d'être un Saint à miracles , comme on dit , un de ces Saints du premier ordre , dont le nom eft infcrit dans les faftes de l'Eglife , & la fête marquée dans les calendriers. Il eft queftion de vivre dans l'obfervation fidéle des Commandemens de Dieu , dans la pratique des maximes Evangéliques ; de mener une vie exempte non pas de tout péché , même véniel , mais de tout ce qu'on appelle crime , péché mortel ; péché qui fait perdre la vie de la grace ; une vie qui ne foit pas une alternative de chûte & de pénitence , de péché & de confeffion , de violement de la Loi de Dieu , & de retour à Dieu.

III.

Si telle eft la volonté de Dieu fur tout Chrétien , tel eft auffi l'engagement que le Chrétien a contracté lui-même dans fon Baprême ; nous fommes tous liés par notre parole ; nous n'avons pas moins promis que la fainteté. C'eft ce que portent ces vœux folemnels que nous avons faits pour obtenir de Dieu notre délivrance de l'efclavage du péché & des peines de l'Enfer , & qui en ont été la condition préalable , fans laquelle le péché de notre origine ne nous auroit point été remis. Nous avons renoncé au démon , *abrenuntio tibi , fatana* , & par une fuite néceffaire au péché. Car quiconque commet le

Obligation fondée fur l'engagement contracté dans le Baptême.

ı. *Jean*. 3. péché, dit saint Jean, appartient au démon.
Nous avons renoncé à ſes pompes : & ſes
pompes ſont les honneurs, les plaiſirs, les
biens terreſtres dont la recherche eſt condamnée par l'Evangile, comme étant le lien
par lequel le démon tient les hommes cap-
tifs. Nous avons renoncé à ſes œuvres : or
la ſaintenté & les œuvres de juſtice ſont l'op-
poſé des œuvres du démon, des œuvres de
ténébres. Ce renoncement a été ſuivi du ſerment de fidélité que nous avons prêté à Jeſus-
Chriſt, *adhæreo tibi, Chriſte*. Nous l'avons pris
pour notre maître & notre Roi ; nous nous
ſommes ſoumis à ſon empire & à ſon regne
Pſ. 44. qui eſt le regne de la ſainteté, *regna propter*
ı. *Pet*. 2. *juſtitiam & veritatem* «. Nous ſommes entrés
» dans l'édifice ſpirituel dont il eſt la pierre
» angulaire, pierre choiſie, pierre précieuſe,
» ſur laquelle nous devons nous placer com-
» me des pierres vivantes, pour former le
» temple ſaint du Seigneur «. Si le Temple
eſt ſaint, tout ce qui entre dans ſa compoſi-
tion, le doit être. Nous avons juré de vivre
ſous la Loi du Seigneur, qui eſt une Loi ſainte
& ſanctifiante ; ſous la Loi de Jeſus - Chriſt
& les maximes de ſon Evangile, qui ne prêche
que ſainteté. Nous avons ſouſcrit pour la
conquête du royaume des Cieux, dans lequel rien de ſouillé ne peut entrer.

C'eſt en conſéquence de ces promeſſes de
notre part, que l'Egliſe, ſous l'autorité & au
nom de Dieu, a procédé à l'adminiſtration du
ſaint Baptême. Adminiſtration myſtérieuſe,
dont toutes les cérémonies annoncent hautement la ſainteté. Dès la porte de l'Egliſe
où l'on nous a arrêtés d'abord, le Miniſtre,
après quelques interrogations, a commencé à

nous intimer la fainteté : » Entrez , nous
» a-t-il dit , dans le lieu Saint ; c'eſt ici la
» porte du Seigneur , les juſtes y paſſeront «.
Tous les exorciſmes qu'il a faits ſur nous ,
pour chaſſer l'eſprit impur de notre ame, nous
diſent que c'a été pour faire place à l'Eſprit-
Saint. Les onctions multipliées des faintes
Huiles ſur les parties de notre corps , nous
ont conſacrés à Dieu , & ont fait de nous
comme autant de vaſes deſtinés à ſon ſervice ,
& qu'il n'eſt plus permis d'employer à des
uſages profanes. L'aſperſion de l'eau faite ſur
notre tête , accompagnée de l'invocation des
trois Perſonnes de la très-Sainte Trinité ,
nous a lavés de toute la ſouillure du péché ,
& nous a laiſſés purs , juſtes , faints devant
Dieu , *abluti , juſtificati , ſanctificati.* C'eſt
pour nous en faire porter le ſymbole, qu'on
nous a revêtus d'une robe blanche , qu'on
nous a recommandé très-expreſſément de
conſerver dans toute ſa blancheur juſqu'au
jour où nous paroîtrons devant le Tribunal
du ſouverain Juge. Enfin , pour terminer l'au-
guſte cérémonie , on nous a mis en main un
cierge ardent, dont ſaint Paul nous explique
le ſens myſtique par ces paroles : » Vous
» étiez autrefois ténébres ; maintenant vous
» êtes lumiere dans le Seigneur «. Voilà ce
qui s'eſt paſſé dans notre baptême : c'eſt par
ces cérémonies que nous avons été faits
Chrétiens. Or ſi on n'eſt Chrétien que par-là ,
qui dit un Chrétien, dit donc un Saint, un
homme appellé à la fainteté, obligé indiſpen-
ſablement à mener une vie ſainte & irréprochable ; de telle forte que chacun en particulier vivant ſaintement , tous les baptiſés
réunis enſemble forment cette nation ſainte ,

Eph. 5.

ce peuple de Saints dont parle faint Pierre. Entrons maintenant en matiere ; expliquons ce que c'eft que la fainteté, la juftice chrétienne, dont nous nous fommes propofé de donner les *Principes*, c'eft-à-dire, les qualités, les régles & les moyens ; c'eft ce qui fera la diftribution de ce traité.

CHAPITRE III.

Qualités de la Juftice Chrétienne.

I.

Juftice en-
tiere, exemp-
tion des pé-
chés mortels.

LA juftice chrétienne doit avoir quatre qualités, pour n'être pas la juftice de ces faux Juftes d'entre les Juifs, dont parle l'Evangile, & pour nous affurer l'entrée dans le royaume des Cieux. Elle doit être, 1°. entiere : 2°. véritable, c'eft-à-dire, fondée fur la vérité : 3°. intérieure : 4°. ferme & ftable.

Elle doit être entiere ; que ce mot ne nous effraie point. Autre chofe eft une fainteté entiere, autre chofe une fainteté parfaite. Celle-ci n'eft néceffaire que *in voto*, comme on dit, c'eft-à-dire, dans le vœu, dans le defir, dans la tendance de l'ame qui y doit afpirer. Mais la premiere eft néceffaire *in re*, en effet & en réalité. On ne demande donc point une fainteté parfaite dans fes dégrés ; mais on exige de tout chrétien une fainteté entiere dans toutes fes parties. Elle en a d'abord deux, l'exemption du mal & la pratique du bien ; *declina à malo, & fac bonum.* Mais comme il y a deux efpéces de mal moral, le péché mortel & le péché véniel ; comme il y a aussi deux sortes de bien moral, les devoirs commandés sous peine de la damnation, & d'autres qui ne sont pas commandés sous une aussi grande peine : il faut avoir égard à ces différences. Ainsi nous disons que la justice, pour être entiere, doit renfermer, d'un côté, l'exemption de tout péché mortel, & l'observation de tous les grands commandemens ; & d'un autre côté, la vigilance sur soi-même, pour éviter, autant qu'il est possible, le péché véniel, & pour ne pas négliger les devoirs d'un ordre inférieur.

Je dis que sans l'exemption de tout péché mortel, & l'observation de tous les devoirs importans, la justice ne seroit pas entiere, & seroit dès-lors une fausse justice. Rien cependant n'est plus commun dans le christianisme que cette demie-justice. On s'abstient de tel & tel péché, mais on en commet d'autres. Combien de gens chastes & sans reproche à cet égard, qui sont dans l'habitude de la médisance, ou de la colere ? Combien de gens charitables, bons envers les pauvres, non vindicatifs, officieux ; & qui sont sensuels & voluptueux ? On observe certains préceptes du Décalogue, mais on en viole d'autres. On trouvera beaucoup de Chrétiens qui ne sont ni homicides, ni adulteres, ni voleurs ; mais ils sont violateurs du Sabbat, ils ne sanctifient pas le jour du Seigneur, comme l'ordonne le second précepte du Décalogue ; ils employent ce jour tout entier à des choses profanes. D'autres ne seront ni parjures, ni jureurs, ni calomniateurs ; mais ils transgressent les Loix de l'Eglise, qui cependant obligent comme celles de Dieu, puisque Dieu l'a revêtue de son autorité ; ils n'obſervent point l'abſtinence & les jeûnes commandés : ils les violent ſans ſcrupule. Si nous demandons à l'Apôtre ſaint Jacques, ce qu'il faut penſer de ces perſonnes, il nous répondra que ʺ qui péche dans un point , ʺ qui viole un Commandement, eſt coupa- ʺ ble comme les ayant violés tous « : *Qui offendit in uno , factus eſt omnium reus.* Voilà donc un tel homme déclaré faux juſte , parce que ſa juſtice n'eſt pas entiere. Il n'eſt pas néceſſaire d'avertir que l'Apôtre ne prétend pas qu'un homme qui commet un péché mor- tel , ou qui viole un Commandement , ſoit auſſi coupable que celui qui auroit commis beaucoup de crimes , ou qui auroit tranſgreſſé tous les Commandemens : ce qu'il veut dire , c'eſt que le premier n'eſt pas moins du nom- bre des pécheurs & des prévaricateurs , que le ſecond , quoiqu'il n'en ſoit pas au même degré. Mais s'il eſt du nombre des pécheurs , il n'eſt pas de celui des juſtes , quelque irré- prochable qu'il ſoit par pluſieurs endroits.

Cette vérité n'a pas beſoin de plus grand éclairciſſement , ſi ce n'eſt pour connoître quels ſont les grands péchés dont la vie d'un Chrétien doit être entierement exempte , & quels ſont les grands Commandemens dont il ne doit pas violer un ſeul. Nous ne répéte- rons point ici ce qui eſt dit dans les *Prin- cipes de la Converſion* , ſur le diſcernement des grands péchés : on peut conſulter l'en- droit. Ainſi , il ne nous reſte qu'à indiquer les grands Commandemens , & les devoirs importans dont la pratique doit être entiere dans la vie du juſte. Il faut compter d'abord les dix préceptes du Decalogue , que Jeſus- Chriſt appelle les points importans de la Loi

ancienne,

Jac. 2.

ciennes, *graviora legis*, & qui en effet emportent avec eux la peine de mort contre les prévaricateurs : souvent mort temporelle même, chez les Juifs, figure de la mort spirituelle & éternelle. Nous voyons en effet dans l'ancien Testament un blasphémateur & un violateur du Sabbat lapidés, un enfant rebelle à l'autorité paternelle condamné à mort : la femme adultere soumise à la cérémonie du sacrifice de jalousie, dans laquelle elle perdoit la vie d'une maniere tragique : les homicides, les voleurs & les faux témoins soumis de même au dernier supplice. Les Commandemens de l'Eglise obligent pareillement sous peine de péché mortel, quoiqu'ils soient susceptibles de dispenses, lorsque l'impossibilité ou quelque autre cause légitime la demande. Jesus-Christ ayant transmis à l'Eglise son autorité, nous a commandé de lui obéir : & il a déclaré que quiconque ne l'écoute pas, doit être regardé comme un Payen & un Publicain, c'est-à-dire, comme un grand pécheur. Le droit qu'elle a exercé de tout tems, d'excommunier les réfractaires à ses Ordonnances, droit qu'elle a reçu de Jesus-Christ, lorsqu'il lui a donné le pouvoir de lier & de délier, montre d'une maniere sensible, qu'on péche mortellement, lorsqu'on viole ses préceptes en matiere grave. Car l'excommunication qui est le retranchement de sa société & de sa communion, qu'on appelle l'anathême, est, disent les Theologiens, la dénonciation de la mort éternelle ; *anathema, mortis æternæ damnatio*. Le bon sens, d'ailleurs, ne permet pas de penser que l'Eglise, la sainte Epouse de Jesus-Christ, excommunieroit pour un péché qui ne seroit que véniel.

II. Partie. B

II.

Obfervation de tous les Commandemens de Dieu & de l'Eglife.

Il eſt à propos de prévenir ici une objection aſſez plauſible qu'on pourroit faire. Eſt-ce, dira-t-on, que le Décalogue & l'Evangile ne ſuffiſent pas pour la direction des mœurs ? A quelle fin l'Egliſe y ajouteroit-elle de nouvelles Loix ? Il ſemble que ce ſeroit un ſurcroit ſuperflu d'obligations qui ne ſerviroient qu'à charger les Fidéles d'un nouveau joug. On conviendra volontiers que l'intention de l'Egliſe n'eſt point de ſurcharger ſes enfans de nouveaux préceptes. Mais ſi on entend bien ſa conduite, on verra que les Loix qu'elle fait, ne ſont pas tant de nouvelles Loix que des moyens qu'elle preſcrit pour faciliter l'obſervation des Loix Divines. Nous devons l'obéiſſance à Dieu comme à notre Pere, nous la devons à l'Egliſe qu'il nous a laiſſée pour mere. Notre Pere nous a fait des Commandemens : c'eſt à notre mere à nous marquer comment nous devons les obſerver. Par exemple, l'obligation d'aſ-ſiſter à la Meſſe le jour du Dimanche n'ajoute rien au troiſieme Commandement du Décalogue, qui ordonne de ſanctifier le jour conſacré au Seigneur. Ce n'eſt qu'une pratique qu'elle preſcrit, & qu'elle veut qu'on faſſe entrer dans tous les autres exercices de piété auxquels on doit employer ce ſaint jour. Il en faut dire autant des préceptes de l'Egliſe qui concernent l'abſtinence & le jeûne pour certains tems de l'année. L'Egliſe n'ajoute abſolument rien à la Loi évangélique. Celle-ci nous impoſe l'obligation de mortifier notre chair, & de mener une vie pénitente. » Quand l'Epoux leur ſera ôté, dit Jeſus-

Chrift parlant de ſes Diſciples , c'eſt-à-
dire , quand je ſerai monté au Ciel , ,, ils
,, jeûneront ``. C'eſt pour nous faire pratiquer ce devoir impoſé par l'Evangile , que
l'Egliſe uſe de l'autorité que ſon Epoux
lui a donnée , en preſcrivant certaines œuvres de mortification , telles que le jeûne &
l'abſtinence du carême. D'où il s'enſuit , que
déſobéir à l'Egliſe en ces choſes , c'eſt déſobéir à Dieu même , & par conſéquent ſe
rendre coupable d'une déſobéiſſance criminelle ; & c'eſt ainſi qu'on a penſé dans tous
les ſiécles. On trouvera plus bas la matiere
du jeûne Eccléſiaſtique traitée au long , lorſque nous parlerons des Commandemens de
l'Egliſe en détail : en attendant nous nous
contenterons , pour ce que demande notre
ſujet , de l'autorité de ſaint Auguſtin , qui
n'héſite pas à mettre au nombre des héré-
ſies , l'erreur des Ariens , qui ſoutenoient   *Hær.* 53.
qu'on n'eſt point obligé d'obſerver les jeûnes
ſolemnels de l'Egliſe , mais que chacun eſt
libre de jeûner à ſa dévotion. Ce que je dis
de la Loi du jeûne , il faut le dire de même
des Loix de l'Egliſe ſur d'autres points , lorſqu'elles ſont exprimées d'une maniere obliga-
toire. Elles lient la conſcience , & en matiere grave elles obligent ſous peine de péché mortel.

Aux Commandemens de Dieu & de l'E-
gliſe , il faut joindre les maximes de l'Evangile , ſans l'obſervation deſquelles la juſtice
ne ſeroit pas entiere ; elles doivent être pra-
tiquées auſſi exactement que les préceptes
du Décalogue. L'abnégation de ſoi-même ,
le détachement des richeſſes , le pardon des
injures & l'amour des ennemis , le portement

journalier de fa croix , l'aumône & les œuvres de miféricorde tant corporelles que fpirituelles , & beaucoup d'autres points , font
des devoirs auxquels on ne peut manquer,
fans ceffer d'être difciple de Jefus-Chrift, fans
lefquels on n'entrera point dans la vie, dont
les violateurs feront rejettés de Jefus-Chrift
au Jugement dernier , & placés dans la multitude des réprouvés. Si l'on fouhaite voir
un plus grand détail des Maximes évangéliques, on le trouvera à la fin de ce volume ,
& de plus dans les *Principes de la perfection
chrétienne* , où en expliquant les convoitifes
que la religion nous ordonne de combattre ,
on fait le catalogue d'un grand nombre de
péchés contraires à la morale évangélique.

Outre tous ces devoirs généraux , communs à tous les juftes , il y en a de particuliers pour chacun, qui font également effentiels. Je parle des devoirs d'état, des obligations perfonnelles de chacun dans fa condition. Devoirs , par exemple , des Eccléfiaftiques ; devoirs des Magiftrats ; devoirs
des peres & meres de famille ; devoirs des
ferviteurs ; devoirs des Religieux & Religieufes ; devoirs des perfonnes mariées ; devoirs
des Vierges, & de tous ceux qui vivent dans
le célibat : c'eft ce qui fait fouvent le fujet
des exhortations de faint Paul. Nous l'entendons fréquemment recommander aux Fidéles
de marcher d'une maniere digne de leur vocation , non-feulement de la vocation commune au fervice de Dieu , mais encore de
la vocation aux différentes conditions de la
vie. On voit cet Apôtre , auffi-bien que
faint Pierre, entrer dans le détail des devoirs
propres à chacune ; & lorfqu'ils en parlent ,

ce n'eſt pas ſur le ton de ſimple conſeil, mais de maniere à faire entendre qu'il s'agit d'obligations qui intéreſſent eſſentiellement la conſcience. Ce n'eſt pas ici le lieu de s'étendre ſur les devoirs de chaque état : ce ſeroit une affaire de trop longue haleine. On peut s'en inſtruire ailleurs. Il nous ſuffit d'avoir montré que la juſtice chrétienne ſeroit imparfaite, ſi elle ne renfermoit pas la pratique fidéle de ces devoirs particuliers comme de tout le reſte.

III.

Si c'eſt-là ce qu'elle exige pour les grands péchés dont elle renferme l'exemption, & pour les grands devoirs dont elle renferme l'accompliſſement, que demande-t-elle par rapport au péché véniel, & à l'égard des devoirs moins eſſentiels ? Nous l'avons annoncé : elle demande la vigilance ſur ſoi-même pour éviter, autant qu'il eſt poſſible, les fautes légeres, & l'eſtime des petites choſes pour ne les pas négliger. Il y a d'abord une raiſon commune à ces deux objets : c'eſt que ne point faire cas des petites choſes, ſoit en bien, ſoit en mal, des petites fautes & des petites pratiques de piété, c'eſt une diſpoſition de l'ame directement oppoſée à la perfection de la juſtice. Tout juſte n'eſt pas tenu à la vérité d'être parfait dans ſa juſtice ; mais il eſt obligé de tendre à le devenir. Saint Auguſtin le démontre ſouvent par cet argument qui lui eſt familier. Le fond de la juſtice eſt l'amour de Dieu, mais l'amour tel que Dieu l'exige. Vous aimerez Dieu, dit la Loi, de tout votre cœur, de toutes vos forces, de tout votre eſprit, de toute votre ame, de toutes vos facultés, de toutes vos puiffances. Qui dit TOUT, remarque le faint Docteur, n'excepte rien. Si donc nous n'aimons pas encore Dieu de tout notre cœur, la Loi veut du moins que nous le defirions, que nous y afpirions, que nous n'y mettions point obftacle. Or le péché véniel dans lequel fe rencontre une attache à quelque objet créé, l'affectation à négliger de petites pratiques de piété, parce qu'elles font petites, font un obftacle marqué à la perfection de l'amour de Dieu, & une marque qu'on ne la défire pas fincérement. Il manquera donc quelque chofe à la juftice du jufte qui prendra le parti de négliger les petites chofes, ou en bien ou en mal.

Difons quelque chofe de plus particulier fur le péché véniel. Il fuffit que ce foit un péché, n'y en eût-il qu'un feul, pour faire un retranchement fur l'amour de Dieu : s'il y en a plufieurs, la diminution eft plus grande : s'ils font en grand nombre, c'eft un poids qui retarde confidérablement l'activité de l'ame, & l'empêche d'avancer : fi le mépris fe joint au grand nombre, alors c'eft le mépris de la perfection. D'ailleurs, quoique le péché véniel multiplié demeure toujours véniel, & qu'il ne devienne jamais mortel, il n'eft pas moins vrai qu'il conduit fouvent au péché mortel. Car il faut bien remarquer que dans chaque efpéce de péché, celui qui eft mortel & celui qui n'eft que véniel, viennent tous les deux de la même fource. L'homicide & les plus légers emportemens de la colere viennent également de l'amour propre qui a été bleffé, ou de l'intérêt qui a été lefé. Les plus grandes horreurs de l'impureté, & des paroles quelque peu libres qu'elles paroissent, viennent également de ce que saint Jean appelle la concupiscence de la chair, l'amour des plaisirs des sens. Il ne faut qu'ajouter degré sur degré, du péché véniel on sera conduit peu à peu au péché mortel. Ce malheur peut encore arriver de deux autres façons. D'un côté, la facilité de commettre sans scrupule quantité de fautes légeres forme une habitude. L'habitude une fois contractée pour des fautes légeres, facilitera la commission de plus grandes. D'un autre côté, une disposition du cœur qui iroit jusqu'à compter pour rien tout ce qui ne met pas en danger de la damnation éternelle, ne seroit-elle pas une marque bien forte qu'on est bien éloigné de la justice ; que ce n'est que l'enfer qu'on craint, & que ce n'est pas Dieu qu'on aime : au moins est-il certain qu'une telle disposition ne manque pas d'interrompre le cours des graces ; elle éloigne les faveurs du Ciel, les secours, les bénédictions du Seigneur. L'amour de l'homme pour Dieu, & l'amour Dieu pour l'homme, sont en proportion réciproque ; puisque c'est par la charité que Dieu a pour l'homme, que l'homme aime Dieu; ensorte que si elle s'affoiblit en l'homme, ses effets diminuent en Dieu, dont par conséquent les graces deviennent moins abondantes. Qu'il survienne dans cet état une forte tentation, l'ame réduite à de foibles secours, n'aura pas assez de force pour la surmonter : & voilà la justice perdue. Ne peut-il pas même arriver qu'elle le soit déja, sans qu'il paroisse aucun acte marqué de péché mortel ? L'attache, par exemple, aux richesses & aux biens de la terre peut-être dans un tel degré, qu'on soit, fans s'en appercevoir , par cela feul dans l'état de péché mortel, Dieu feul peut en juger ; mais s'il en juge ainfi , l'état eft réel.

Il eft donc vrai qu'un jufte qui eftime fon état, & qui craint de le perdre , ne fe permettra pas de commettre librement tout ce qui n'eft que péché véniel : mais il réunira toujours enfemble ces deux chofes, qui forment le caractere d'un chrétien , fuivant faint Auguftin , l'exemption de tout péché mortel, & la vigilance pour éviter les péchés véniels & pour fe corriger de ceux où l'on eft tombé. *De perfect. juft. c. 9.* *Damnabilibus carens & venialia emendare non negligens.* Difons en autant de l'accompliffement de tous les grands devoirs, & de l'eftime des plus petits.

IV.

Juftice véritable , fondée fur la vérité. La feconde qualité de la juftice chrétienne eft qu'elle foit véritable , fondée fur la vérité, fur le vrai fens de la Loi, conforme à l'efprit & à la fin de la Loi , fuivant cette parole de Jefus-Chrift , que les vrais adorateurs du Pere l'adorent en efprit & en vérité, *in* *Joan. 4.* *fpiritu & veritate.* Elle doit être fondée , 1°. Sur le vrai fens de la Loi : Vous ne prendrez point le nom du Seigneur en vain , dit la Loi ; ce qui fignifie, au jugement de la plûpart des hommes , vous ne ferez point de faux fermens , vous ne vous parjurerez pas : c'eft ainfi que les Pharifiens l'entendoient du tems de Jefus-Chrift. Le Sauveur nous a appris que ce n'eft pas là le fond du précepte en entier , & qu'il défend non-feulement le parjure , mais en général , tout ferment fait en vain , c'eft-à-dire , fans une véritable nécef- *Matth. 5.* fité : » Et moi, dit Jefus-Chrift, je vous dis

» de ne point jurer en tout, ni par le ciel,
» ni par la terre «. Vous ne tuerez point,
dit encore la Loi ; les Juifs penſoient qu'il
n'y avoit que l'homicide qui fût défendu.
Jeſus-Chriſt leur déclare que le précepte
défend encore tout ce qui appartient de près
ou de loin à l'homicide, ce qui peut y conduire, la colere, la haine, les paroles ou-
trageuſes, les inimitiés : il leur déclare que
le précepte ordonne de ſe réconcilier promptement avec ceux qu'on a offenſés, de faire
les avances : & par les menaces qu'il fait de
la gêne de l'enfer, de cette priſon de l'autre
monde dont on ne ſort point, il montre que
la colere, la haine, l'inimitié, les paroles
d'inſulte ne ſont pas de petites fautes. Il eſt
aiſé de faire l'application de ceci à beaucoup
d'autres matieres, où la juſtice ſeroit une
fauſſe juſtice par le défaut de conformité au
vrai ſens de la Loi.

On ſera fidéle à pratiquer l'abſtinence du
Carême, & à ſe priver de manger avant
midi : mais on n'épargnera rien pour les délices de la table, on fera tous les jours grande
chere en mets & en liqueurs : le ſoir on s'in-
terdira certains alimens apprêtés comme dans
le repas du dîner : mais on ſe permettra des
fritures, des légumes nourriſſans, on man-
gera autant que dans un vrai repas. Si on
croit avoir obſervé la Loi, on ſe trompe,
parce que le précepte de l'Egliſe n'eſt pas
obſervé dans ſon vrai ſens. Le jeûne du Carême conſiſte à ne faire qu'un repas unique :
la collation du ſoir qui n'eſt que de tolérance,
doit être ſeulement un leger rafraîchiſſement
qu'on prend pour ſe ſoutenir : de plus, l'intempérance & la ſenſualité qui eſt défendue

en tout tems , eſt encore une plus grande
faute dans les tems de jeûne.

Une femme ſe croit irréprochable ſur la
modeſtie dans ſon habillement, parce qu'elle
a ſoin d'être bien couverte , & d'éviter dans
ſa maniere de ſe mettre tout ce qui ſeroit
contraire à une exacte bienſéance & qui ſeroit dangereux pour la pureté : mais elle
porte des habits faſtueux , elle étale ſur ſon
corps toutes les pompes de la vanité, ſa tête
bien loin d'être voilée , n'eſt couverte que
de friſures amoncelées les unes ſur les autres,
& montées avec tout l'artifice poſſible. Ce
n'eſt pas là le vrai ſens de la Loi qui preſcrit
aux femmes la modeſtie. On doit entendre
par le terme de modeſtie dont ſe ſervent les
ſaints Apôtres dans leurs Epîtres, l'exemption non-ſeulement de ce qui offenſeroit la
pudeur dans la maniere de s'habiller , mais
encore de tout ce qui annonce le luxe & le
faſte , de tout ce qui ſe reſſent de la Superbe
& de l'orgueil de la vie, comme parle ſaint
Jean : autrement ce ne ſera pas une vraie
modeſtie , ni par conſéquent une vraie juſtice, dans une femme qui ſe prétend cependant
bien réguliere.

Un Religieux, de même , une Religieuſe ſe
croiront dans le vrai état de la juſtice, & bien
réguliers ſur le vœu de pauvreté , parce qu'ils
n'auront point leur pécule entre les mains,
& qu'il ſera en main d'autrui : mais ce pécule
cependant leur appartiendra , ils en conſer-
veront la propriété, ils le dépenſeront tout
entier pour leur uſage, ſans ſouffrir qu'un
autre y ait part. Ce n'eſt pas-là le vrai ſens
de la Loi de la déſappropriation : pour l'accomplir telle qu'elle eſt dans la vérité , il

faut que tout ce qu'on reçoit du dehors, soit porté au commun, qu'il soit fondu dans la masse des revenus de la Communauté, qu'on ne demande point de compte pour ce qu'on prétendroit avoir pour son usage personnel ; agir autrement, ce n'est pas avoir une vraie justice.

Il en sera de même d'un marchand qui se croit irréprochable, parce qu'il n'use point de fraude dans son commerce ; mais qui y fait des gains usuraires ; & qui ne pense pas que la Loi qui défend la fraude, parce que c'est une injustice, défend de même l'usure, qui est aussi une injustice.

Il en faudra dire autant d'un Ecclésiastique, qui se croit innocent sur l'article de la simonie, parce qu'il n'a pas acheté un Bénéfice à prix d'argent ; mais qui l'a acquis comme récompense de ses services, de ses assiduités, de ses sollicitations. La Loi qui défend la simonie, ne défend pas seulement celle qui se fait par la main ; elle défend aussi celle qui se fait par la langue, par les présens, par les services, *à munere, à linguâ, ab obsequio.* Dans tous ces cas, la justice n'est pas fondée sur la vérité, *in veritate.*

V.

2°. La Justice Chrétienne ne doit pas seulement être conforme au vrai sens de la loi : elle doit être aussi conforme à l'esprit de la loi, *in spiritu.* L'esprit de la loi n'est pas seulement d'interdire certains péchés, mais encore de commander la pratique des vertus opposées ; suivant le principe établi ci-dessus, que ce n'est pas assez pour être juste d'éviter le mal, mais qu'il faut de plus faire le bien :

declina à malo & fac bonum. Ainſi c'eſt une fauſſe juſtice, que celle d'un homme qui ſe contente de ne point haïr ſon prochain, de ne point lui deſirer ni lui procurer la mort; mais qui ne l'aime point, qui n'a que de l'indifférence pour lui, qui n'eſt pas prêt à lui rendre tous les ſervices dont il eſt capable. L'eſprit de la loi qui défend l'homicide, eſt la charité & l'amour du prochain. C'eſt ce qu'on voit par la raiſon de la loi qui eſt exprimée dans la Genèſe : » Dieu dit à Noé, » que quiconque aura répandu le ſang d'un » homme, on répandra de même ſon ſang, » parce que celui dont il a répandu le ſang, » étoit créé à l'image & à la reſſemblance de » Dieu. « Or eſt-ce rendre tout ce qu'on doit à l'image de Dieu, que de ne la pas inſulter, de ne la pas détruire? Ne mérite-t-elle pas le reſpect & l'amour? C'eſt de même une fauſſe juſtice, que celle d'un homme qui obſerve le jeûne corporel du Carême, & qui n'y joint pas le jeûne ſpirituel, qui ne ſe retranche point ſes plaiſirs, ſes divertiſſemens, ſon jeu, & qui paſſe la ſainte Quarantaine d'une maniere toute profane. L'eſprit de la loi eſt la pratique de la vertu de pénitence, la mortification des ſens, la vie de priere & de recueillement. C'eſt encore une fauſſe juſtice, que celle d'un Religieux, qui eſt ſans reproche ſur la dépendance des ſupérieurs; mais qui eſt impérieux envers ſes égaux & ſes inférieurs. L'eſprit de la loi eſt la deſtruction de l'amour propre, le renoncement à ſa propre volonté, l'abnégation de ſoi-même, l'humilité.

Une autre maniere d'entrer dans l'eſprit de la loi, c'eſt de préférer toujours les œu-

Gen. 9.

vres d'obligation aux œuvres de furérogation : parce que l'effentiel doit avoir la préférence fur l'acceffoire. Il falloit, dit Jefus-
Chrift aux Pharifiens, commencer par faire
le premier, & ne pas omettre le fecond,
fi cela fe pouvoit : *Hæc oportuit facere, &*
illa non omittere. Les Pharifiens qui faifoient
le contraire, étoient par-là même de faux
juftes. Tels font auffi ces grands pécheurs,
qui, pour fe convertir, fe font Eccléfiaftiques. L'œuvre d'obligation eft pour eux d'em-
braffer les travaux & l'humiliation de la pénitence, d'expier leur vie criminelle dans la
fituation de l'humble Publicain loin de l'Autel, *ftans à longè*, de gémir au bas du Temple, de fe mettre à la derniere place. Se
confacrer à Dieu, en entrant dans le Clergé,
n'eft pour eux tout au plus qu'une œuvre
de furérogation, une pratique de dévotion
qui ne leur eft pas commandée, qui même
leur eft interdite par les Saints Canons ;
tout ce qu'ils pourront faire licitement, ce
fera d'obéir aux Supérieurs eccléfiaftiques,
s'ils les appellent à cet état par une vocation
bien réguliere, & non mandiée. Tels font
encore ces Prêtres irréprochables dans leurs
mœurs, mais qui, peu inftruits des faintes
regles du Miniftère, & deftitués des talens
néceffaires, fe jettent dans la grande Direction, & montrent un zèle empreffé pour fe
charger de la conduite des ames. L'œuvre
d'obligation eft de conduire les ames d'une
maniere fûre pour le falut, de ne les point
mener par des voies qui paroiffent droites,
& qui conduifent à la perdition ; de ne point
les endormir dans leurs habitudes, de ne
point les expofer à faire des facriléges par des

communions indignes. S'empreſſer à faire bien de l'ouvrage, à ſe charger de beaucoup de pénitens, c'eſt une œuvre de ſurérogation. On pourroit peut-être qualifier cet empreſſement d'une maniere moins avantageuſe. Quitter les exercices de la Paroiſſe, pour courir à des Confrairies, c'eſt encore préférer les œuvres de ſurérogation à celles d'obligation. Il en eſt de même des perſonnes qui ſe mettent dans l'uſage de la fréquente Communion, ſans s'embarraſſer de s'en rendre dignes par une vie plus fervente, par une vertu plus parfaite. Il en faut dire autant des peres & des meres de famille, qui négligent les ſoins domeſtiques, l'éducation des enfans, pour ſe livrer à des œuvres extérieures de piété ou de charité.

L'eſprit de la loi demande enfin que dans la concurrence de deux devoirs, on donne la préférence à celui des deux qui va plus à cet eſprit, qui y entre plus, qui en approche davantage. Ainſi un pénitent qui travaille à ſa converſion, mais qui eſt encore peu avancé, dont la converſion n'eſt pas ſuffiſamment éprouvée, ſe trouve entre deux devoirs, lorſque la quinzaine de Pâques arrive ; l'un de ſatisfaire au précepte de l'Egliſe, qui ordonne la communion, l'autre d'aſſûrer ſa converſion, de crainte de retomber dans cet état que Jeſus-Chriſt déclare pire que le premier. La fin de toutes les loix de l'Egliſe, c'eſt le ſalut des ames, leur ſanctification. Or lequel de ces deux devoirs eſt pour ce pénitent le plus conforme à cet eſprit de la loi, lequel va plus directement au ſalut du Pénitent ? N'eſt-il pas viſible que c'eſt le devoir d'être bien converti, & de ſe mettre une bonne fois dans la voie du salut ; & que le devoir de communier à la fête de Pâques, n'est pas ce qui l'y fera entrer ? Aussi l'Eglise qui est toujours conduite par l'esprit de sagesse, en même tems qu'elle a établi le précepte de la Communion Pascale, laisse la liberté à chaque Fidèle de la remettre à un autre temps, si, de concert avec un Directeur éclairé, il juge que ce délai lui sera plus avantageux pour son bien spirituel. Quiconque ne se reglera pas sur ces principes, aura donné la préférence au devoir moins important, & qui n'est pas même dans ces circonstances un devoir, par dessus l'autre qui est de la plus indispensable obligation.

CHAPITRE IV.

Suite des Qualités de la Justice Chrétienne.

I.

LA troisieme qualité de la Justice, est qu'elle soit intérieure, une justice du cœur ; c'est-à-dire, qu'elle exclue les péchés du cœur, aussi-bien que les péchés extérieurs ; les péchés de pensée, aussi-bien que les péchés d'action. En effet, les premiers sont autant condamnés que les seconds par toutes les loix divines. Ils le sont par la loi éternelle. Qu'est-ce que la loi éternelle ? C'est, dit Saint Augustin, la volonté de Dieu qui veut que tout soit dans l'ordre, & qui défend de troubler l'ordre, *ordinem perturbari vetans*. Il est dans l'ordre que tout soit foumis à l'Etre fuprême , que tout lui rende hommage , parce que tout lui appartient à titre de Créateur. Tous les corps lui rendent hommage en leur façon, en rempliffant les fonctions auxquelles il les a deftinés ; le foleil & les aftres, en faifant régulierement leurs révolutions ; la mer, en reproduifant fans ceffe fes poiffons, & en refpectant les bornes que Dieu lui a prefcrites ; la terre, en nourriffant les animaux de fes productions ; les faifons, les années, les mois, les jours, en fe fuccédant les uns aux autres fans fe déranger; en un mot, tous les êtres créés *Pf. 118.* fervent leur fouverain Maître, *omnia ferviunt tibi.* Tout cela n'eft qu'extérieur, parce que ces êtres n'ont que le dehors en partage. Mais l'homme, qui eft compofé de corps & d'ame, a un dehors & un dedans. S'il doit tenir fon corps dans l'ordre en s'interdifant les péchés qui fe commettent par le corps, il n'eft pas moins obligé de tenir fon ame dans l'ordre , en lui interdifant les péchés qui n'appartiennent qu'à elle feule. C'eft à ce point de vue que Jefus - Chrift rappelle les Pharifiens , qui comptoient pour rien les *Luc. 11.* péchés du cœur : » Infenfés que vous êtes, » leur dit - il, celui qui a créé le dehors, n'a- » t-il pas auffi créé le dedans ? *Nonne qui fecit quod de foris eft , etiam quod intus eft fecit ?* Comme s'il nous difoit en la perfonne des Pharifiens : Vous pourvoyez à ce que votre corps foit pur & exempt des péchés qui fe commettent par fon organe, parce que vous favez que Dieu l'ayant créé, a fur lui droit de Seigneur & de Maître : pourquoi n'auriez - vous pas le même foin de conferver votre cœur pur des péchés qui

lui font propres, puisque votre cœur reconnoît également Dieu pour son Créateur?
La loi écrite, c'est-à-dire, le Décalogue,
condamne expressément ces péchés : ils font
la matiere des IX & Xᵉ Commandemens.
» Vous ne desirerez point le bien d'autrui,
» ni sa femme, ni rien de ce qui est à lui. «
Enfin la loi évangélique les interdit nettement. » Vous avez appris qu'il a été dit aux
» Anciens, vous ne commettrez point adul-
» tère ; & moi je vous dis, que quiconque a
» un mauvais desir, a déja commis le crime
» dans son cœur. «

Non-seulement il étoit dans l'ordre que
tous ces péchés fussent interdits, de même
que ceux d'action ; mais ils devoient l'être
encore plus étroitement, parce qu'ils font
le principe & la source de ceux-ci. C'est
encore une vérité que Jesus-Christ nous
apprend. » Savez-vous, dit le Sauveur,
» qu'est-ce qui souille l'homme? c'est ce qui
» fort de son cœur : *Hæc funt quæ coinqui-*   *Matth.*   5.
» *nant hominem.* Car c'est du cœur, con-
» tinue-t-il, que sortent les homicides,
» les adultères, les fornications, les larcins,
» les faux témoignages, les blasphêmes.
» Chacun, dit Saint Jacques, est tenté par   *Jac.* 1.
» sa propre concupiscence : or la concupif-
» cence ayant conçu le péché, l'enfante par
» l'action. « Ainsi, ôtez les péchés du cœur,
il n'y a plus de péchés extérieurs. Et cela est
si vrai, que dans certaines occasions, l'action
extérieure du péché cesse d'être péché, lor f-
que le péché du cœur n'a pas précédé. C'est
ce qu'on peut voir dans la matiere de la colere & de la haine. Dire à son frere, *racha*, ou
l'appeller foû, est un péché, lorsque ces ex-

preſſions ſont précédées par la colere du cœur & par la haine : mais s'il n'y a précédemment ni colere ni haine dans le cœur, ces expreſſions ſont innocentes. Saint Paul n'a point péché en appellant les Galates des inſenſés, parce que ſon cœur n'étoit pas aigri par la haine, mais qu'il étoit animé d'un ſaint zèle pour le ſalut de ces peuples, & qu'il ne cherchoit qu'à les ramener à la pureté de l'Evangile par des reproches un peu vifs. Au contraire les œuvres mêmes de vertu, dans d'autres rencontres, deviennent des péchés, lorſque quelque péché du cœur a précédé. On péche en faiſant l'aumône, lorſque le motif qui a déterminé la volonté, a été la vaine gloire & la recherche des louanges. Il en eſt de même de toutes les vertus. Leurs actes extérieurs ſont défectueux, lorſque la diſpoſition du cœur qui les commande n'eſt pas louable, que le cœur ne s'y propoſe pas une bonne fin, que ce n'eſt pas pour Dieu qu'on les fait : lorſqu'on ne s'abſtient, par exemple, du péché que par reſpect humain, par la crainte des châtimens des hommes, des mépris qui s'enſuivroient ; qu'on ne remplit les devoirs de ſon état que par des vues d'intérêts, ou pour ſe faire une réputation. Enſorte qu'on peut dire très-véritablement, que ce n'eſt pas l'exemption des péchés d'action, ni les actes extérieurs de vertu, qui font l'homme chrétien ; & qu'il ne l'eſt proprement que par l'exemption des péchés du cœur, & par les diſpoſitions vertueuſes de l'ame. Il n'eſt donc pas néceſſaire, pour perdre la juſtice, & pour ſe trouver dans l'état du péché, d'être mort depuis quatre jours comme Lazare, par des habitudes invétérées d'actions criminelles ; ni, comme le fils de la veuve de Naïm qu'on portoit en terre, de paroitre mort aux yeux des hommes par quelque crime apparent : on peut être mort à la justice, mort à la vie de la grace, quand le péché seroit encore secret & renfermé au-dedans, comme la fille du Prince de la Synagogue étoit renfermée dans l'intérieur de la maison de son pere. On sait que c'est l'application que font les Saints Peres de ces trois différens morts aux trois espéces de pécheurs, les pécheurs d'habitude, ceux qui ne le font que par une action criminelle de péché, & ceux qui le font seulement par quelque péché du cœur, mauvaise pensée, mauvais desir, volonté de commettre le mal.

I I.

Ces trois mots sont à remarquer, pensée, desir, volonté, parce qu'ils marquent les divers degrés suivant lesquels le péché se commet dans le cœur. L'intelligence de ces trois espéces de péchés du cœur est importante. On peut donc pécher par la seule pensée, c'est-à-dire, par le plaisir qu'on prendroit à occuper son esprit de choses mauvaises : on peut pécher par le desir, lorsque de la mauvaise pensée on passe à desirer de commettre le mal auquel on a pensé : enfin, on péche par la volonté, lorsqu'on consent tellement à la pensée & au desir, qu'on prend la résolution de commettre le mal effectivement. Rendons la chose sensible par des comparaisons & des exemples. Un Gouverneur de place ; qui a été jusqu'ici fidèle à son Prince, commence à écouter,

avec quelque plaifir, des propofitions fecre-
tes, que l'ennemi lui fait faire pour le tenter
de trahifon ; les offres de fortune qu'on lui
préfente, les moyens de faire la chofe fans
être découvert. Voilà le péché de penfée.
Cet Officier ne s'explique pas encore ; mais
il écoute : il eft déja coupable : un Sujet fidèle
ne prête pas l'oreille à de pareilles propofitions ; il les rejette fur le champ avec horreur.
Si après avoir écouté les avances que fait
l'ennemi il commence à fe prêter, qu'il examine comment il pourroit, fans courir aucun
rifque, exécuter l'affaire qu'il fouhaiteroit
effectuer, à caufe des avantages qu'il y
trouve ; voilà le péché de defir. Enfin, s'il
donne fa parole, fi ces mefures fe prennent,
fi on convient de l'endroit par où la place
fera livrée, de la maniere, du jour, de
l'heure ; voilà le péché de confentement. Il
n'y a encore jufques-là rien d'exécuté. L'Officier cependant eft déja coupable, plus ou
moins, de trahifon ; & il l'eft de trois façons.
Il en eft ainfi des péchés qui fe commettent
par le cœur. L'application eft facile à faire.

La jufteffe de cette comparaifon fe fera fentir par les exemples que nous allons donner
des crimes du cœur, en tout genre de péché.
premier exemple, en matiere d'impureté.
Les Vieillards impudiques, dont il eft parlé
dans le Livre de Daniel, s'arrêtent à regarder la beauté de la chafte Sufanne, ils s'en
rempliffent l'imagination : c'eft le péché de
penfée. Ils conçoivent enfuite le defir de
fatisfaire leur paffion : c'eft le péché de defir.
Ils prennent la réfolution de commettre le
crime : c'eft le péché de confentement. Tout
ceci n'eft encore que péché du cœur : ils ne

s'étoient pas même ouvert l'un à l'autre de ce qui se passoit en chacun d'eux. Autre exemple en matiere d'ambition. Nabuchodonozor se promene, dit l'Ecriture Sainte, dans son Palais, jette les yeux sur la superbe Ville de Babylone qui est l'ouvrage de ses mains, il se repaît de la pensée flatteuse de sa puissance & de sa grandeur : « N'est-ce pas là, » dit-il, cette grande Babylone que j'ai bâtie » pour le Siege de mon Empire, & que j'ai » construite par la force de mon bras & » pour la gloire de mon nom ? » C'est le péché de pensée ; péché qui n'est pas petit, puisque sur le champ il est frappé de la main de Dieu, chassé de son Palais, converti en bête pour l'espace de sept années. Le même Nabuchodonozor cherche les moyens de se faire adorer comme Dieu ; il imagine de se faire une statue d'or, devant laquelle tous ses Sujets se prosterneront ; c'est le péché de désir. Nabuchodonozor assemble son Conseil, tous les Grands de son Royaume, pour concerter avec eux la conquête de l'Univers : le parti est pris ; Holopherne est choisi pour commander les armées : c'est le péché de consentement. Autre exemple en matiere de vengeance. Les freres de Joseph commencent par nourrir dans leur esprit des pensées de jalousie contre lui, pour l'amitié tendre que lui témoignoit leur pere par préférence à eux : ils cherchent ensuite à se défaire de lui ; enfin ils prennent la résolution de le tuer : voilà les trois degrés, pensées, désir, consentement. Autre exemple en matiere de gourmandise. Les Israëlites dans le Desert se rappellent dans l'esprit les mets délicieux de l'Egypte, la bonne

Dan. 4.

chère qu'ils y faisoient ; s'ennuyant de la manne que Dieu leur envoyoit du Ciel. Ensuite ils regrettent ces viandes qu'ils n'ont plus, & demandent à Moïse qu'il leur en fasse trouver. Enfin ils prennent le parti de se révolter contre Moïse. Voila encore la gradation, pensée, desir, consentement. Autre exemple pour l'avarice. Antiochus se repaît l'imagination du plaisir qu'il auroit, s'il pouvoit faire entrer dans ses coffres tous les trésors qu'il apprend qui sont renfermés dans le Temple de Jerusalem, il cherche comment il pourra s'en procurer la jouissance, il députe Héliodore pour aller les enlever : voilà encore les trois degrés.

L'application de tous ces exemples est facile à faire à tous les pécheurs. Nous nous contenterons de la faire sur une seule espece, par laquelle on jugera des autres. C'est la vengeance. Un homme qui a un ennemi pour lequel il est plein d'aversion, prend la résolution de lui faire tel & tel mal : voilà le péché de consentement. Mais il avoit déja péché auparavant par la recherche qu'il avoit faite des différentes manieres dont il pouvoit se vanger, desirant de le faire, s'il le pouvoit : c'est le péché de desir. La seule pensée de la vengeance qui a commencé le mal en lui, a été un premier péché ; lorsqu'il s'est arrêté avec complaisance à se représenter dans son imagination cet ennemi écrasé, foulé à ses pieds ; qu'il s'est occupé de ce spectacle avec plaisir, sans former encore aucun desir de vengeance, ni aucune résolution de l'exercer. Cette seule imagination entretenue avec plaisir n'appartient - elle pas à l'inimitié qu'il a conçue ? n'est-ce pas le péché de la haine ?

III.

On demandera si le péché de la simple Suite.
pensée du mal est péché mortel, comme le
desir. C'est sur quoi je me garderai bien de
prononcer affirmativement en général. Saint *De Trin. l.*
Augustin paroît mettre au rang des grands 12. *n.* 18.
péchés les péchés de pensée. On dispute
cependant sur l'intelligence du passage où
il en parle. Voici un Auteur très-res-
pectable qui parle clairement. C'est Saint
Bonaventure : *Si homo vult, non quidem in* *Tom.* 6. *cen-*
opus procedere, sed voluptuari in delectatione, *tilog.* p. 1.
est inter mortalia reputandum, quod maximè de *f. A.* 5.
peccatis carnalibus habet intelligi. Ce qu'on
peut dire au reste avec plus d'assurance, c'est
que la griéveté de ces péchés doit se mesurer
sur le degré de plaisir plus ou moins grand,
plus ou moins volontaire qu'on y trouve :
elle dépend encore de l'espece de ce qui en
fait l'objet, & qui est plus ou moins dangereux pour porter à l'action extérieure du
crime. D'abord les premiers mouvemens de
la tentation, les premieres impressions du
mal qui se font dans l'esprit ne sont point
des péchés, si la volonté ne s'y arrête point :
ensuite l'acquiescement qu'on y donne, quand
ce n'est qu'un acquiescement léger, impar-
fait, presque de pure surprise, n'est qu'une
faute légère. Enfin il y a telle matiere où le
danger est grand dans la plus légere attention, & telle autre où il l'est moins. Les
pensées contre la pureté sont dans le premier cas : je suis bien éloigné cependant de
prononcer, comme font plusieurs personnes,
qu'en matiere d'impureté il n'y a jamais de

péché véniel. Concluons de toutes ces réflexions, que le Juste doit pratiquer cet avis du Sage : Mon fils, gardez votre cœur avec toute circonspection, *omni custodiâ serva cor tuum* : puisque si son cœur n'étoit pas pur des péchés qui sont de son ressort, l'exemption des péchés d'action n'empêcheroit pas que sa justice ne fût une fausse justice, parce qu'elle ne seroit pas intérieure.

Il est à propos, en finissant cet article, de donner deux avis pour deux sortes de personnes. Les unes sont des ames timorées qui se troublent & s'inquietent à l'excès, lorsqu'elles sont fatiguées de mauvaises pensées qui durent & qui ne leur laissent pas de repos. Comme il n'y a que l'acquiescement de la volonté qui rende l'homme coupable, quelque longue que soit la durée d'une tentation, si on n'y acquiesce point & qu'on ne s'y arrête pas volontairement, il n'y a nulle raison de se décourager. Le combat continuel qu'on est obligé d'essuyer, peut même être matiere de mérite devant Dieu. D'autres moins scrupuleux ne veillent point assez pour s'épargner ces tentations & pour en éloigner les occasions. Qu'ils sçachent que si les tentations non consenties ne sont point des péchés, elles sont cependant un mal, & sont des miseres qui doivent déplaire & dont il faut gémir. Il faut les prévenir, les éviter, les diminuer autant qu'on peut, parce qu'elles détournent du bien, & qu'elles portent au mal : parce qu'elles peuvent être une source féconde de pensées & de desirs criminels ; & ainsi le devoir d'une ame juste est non-seulement de rejetter & de combattre les tentations ; mais encore de travailler à réformer

les

les passions qui engendrent les tentations, & qui sont comme des tentations habituelles : il faut encore aller plus loin & tâcher d'affoiblir le fond de la concupiscence, je veux dire, l'inclination que nous avons tous à aimer les choses créées, parce que c'est la racine de toutes les passions, & une espece de tentation générale & perpétuelle.

IV.

La quatriéme & derniere qualité de la Justice Chrétienne est la stabilité, c'est-à-dire, qu'elle doit être ferme, persévérante, durable. Nous ne disons pas que la justice une fois acquise ne se perde jamais ; que si elle vient à se perdre, ce soit une marque assurée qu'on ne l'a jamais eue ; que quand on l'a perdue, on ne puisse plus la recouvrer. C'est une erreur condamnée dans Luther & Calvin qui le prétendoient ainsi. C'est ce qu'on appelle l'hérésie de l'inamissibilité de la justice. Mais ce que nous entendons par la stabilité de la justice, c'est qu'elle n'est pas sujette à de fréquentes alternatives, & qu'un homme vraîment justifié ne retombe pas communément dans l'état du péché. Nous avons déja traité assez au long ce point important dans le Volume précédent, des *Principes de la Converfion :* mais la matiere est d'une trop grande importance, & d'ailleurs trop peu connue du commun des Chrétiens, pour que nous n'y revenions pas une seconde fois, & que nous ne la discutions pas encore avec plus de soin, quand même le Lecteur auroit à essuyer quelques répétitions de choses déja dites. Entre tou-

Justice ferme & stable.

tes les preuves que la Religion nous fournit
de cette vérité capitale pour les mœurs, j'en
choisis quatre que je vais développer.

La premiere est prise du principe d'où
émane la justice d'une ame en état de grace :
elle doit être stable, parce que son principe
est un principe de stabilité. Quel est ce principe ? C'est la grace de la Loi nouvelle : Grace
promise par les Prophètes, comme un secours
qui donne la stabilité : Grace expliquée par
les Apôtres dans leurs Ecrits sous cette idée
de stabilité : Grace qui distingue l'ancienne
de la nouvelle alliance, par la stabilité que ne
procuroit pas la premiere, & que donne la
seconde. » Je vous donnerai, dit Dieu par
» ses Prophètes, un cœur nouveau, je met-
» trai dans vos entrailles un nouvel esprit,
» je graverai ma Loi dans vos cœurs, je vous
» la ferai observer, je vous ferai faire le bien,
» je ferai que vous marcherez dans la voie
» de mes Commandemens, je demeurerai
» en vous, je me promenerai au milieu de
» vous, comme étant votre Dieu, & vous
» mon peuple «. Il faudroit vouloir fermer
les yeux à la lumiere, pour ne pas reconnoître dans toutes ces expressions une grace
qui rend ferme dans la pratique du bien. Des
alternatives de bien & de mal sont visible-
ment incompatibles avec l'idée d'un cœur
nouveau, d'une Loi gravée dans le cœur par
l'amour, d'une puissance telle que celle de
Dieu lui-même qui se charge de faire pratiquer le bien. Si on ne se rendoit point à ces
réflexions, nous renvoyerions ceux à qui il
resteroit quelque doute à un Interprête des
Prophètes qu'ils ne pourront pas récuser.
C'est le saint Prêtre Zacharie, pere de saint

Jerem. 31.
& *alibi.*

Jean-Baptiste, qui inspiré par le Saint-Esprit, s'exprime ainsi dans son Cantique : » Beni » soit le Seigneur, le Dieu d'Israël, qui a enfin » accompli les promesses magnifiques qu'il a » faites par la bouche de tous ses Prophètes ; » sçavoir qu'un jour il nous feroit la grace de » nous délivrer de nos ennemis [spirituels qui » sont les péchés,] & de nous faire marcher » dans la sainteté tous les jours de notre vie «. Nous avons déja fait usage de ce passage, pour montrer que la justice chrétienne renferme l'exemption du péché mortel ; ici nous l'employons pour prouver que cette exemption est stable & durable : c'est ce que dit le dernier mot du passage, tous les jours de notre vie, *omnibus diebus nostris.* Ceci n'a pas besoin de commentaire : quand on nous promet de nous faire marcher dans la sainteté, non pas un jour, un mois, un an, mais tous les jours de notre vie, & que celui qui promet est tout puissant, *quæcumque promisit, facere potens est*, dit saint Paul ; peut-on douter que la sainteté promise n'ait pour caractere la stabilité ?

Ce qu'elle étoit dans la promesse, elle l'a été dans l'exécution : les Apôtres du Seigneur nous l'enseignent. » Vous n'êtes » plus sous la Loi, dit Saint Paul, mais » vous êtes sous la Grace : le péché ne domi- » nera donc plus en vous. Lorsque vous étiez » mariés à la Loi, les passions criminelles » opéroient en vous, & vous faisoient porter » des fruits de mort : maintenant que vous » appartenez à un autre époux, vous êtes » asservis à un esprit vivifiant, qui vous fait » fructifier pour Dieu. Vous êtes renés, ré- » générés, dit saint Pierre, non pas d'une se-

Luc. 1.

Rom. 4.

Rom. 6.

Rom. 7.

1. *Pet.* 1.

» mence corruptible , mais de la femence in-
» corruptible de la parole du Dieu vivant.
» Celui , dit faint Jean , qui eft né de Dieu ,
» ne péche point , parce qu'il porte en lui
» une femence divine qui produit la fainteté ,
» parce que fa génération en Dieu le préferve
Joan. 3 & 5. » du péché , *femen Dei , generatio Dei confer-*
vat eum. En effet , ôtez à la grace du nouveau
Teftament la prérogative de former une
juftice ftable & durable , vous détruifez toute
la différence des deux alliances. » Elles ne
» différent , fuivant faint Paul , qu'en ce que
» les fecours de l'ancienne étoient des fecours
» foibles , impuiffans , qui n'amenoient rien à
Hebr. 9. » la perfection ; & que ceux de la nouvelle
» font efficaces pour purifier la confcience
» des œuvres mortes , & donner à l'ame la
» force de fervir le Dieu vivant «. Et ce qui
eft bien digne d'obfervation , c'eft que Dieu
lui-même s'en étoit expliqué dans les tems
Jerem. 31. anciens : » Je ferai avec la maifon d'Ifraël
» une nouvelle alliance ; ce ne fera pas com-
» me la premiere , que j'ai faite avec leurs
» Peres , alliance qui n'a pas tenu , parce
» qu'elle a été violée. Voici quelle eft la
» nouvelle que je ferai avec la maifon d'Ifrael :
» J'écrirai mes Loix dans leurs efprits &
» dans leurs cœurs , & ils feront mon peu-
» ple «. Puifque le caractere de l'ancienne
alliance eft de n'avoir pas été obfervée par
l'homme , celui de la nouvelle , pour qu'elle
ne foit pas la même , eft donc d'être fûre-
ment pratiquée : *Non fecundùm pactum quod*
pepigi cum patribus eorum... pactum quod
irritum fecerunt.

V.

La deuxieme preuve de la ſtabilité de la juſtice ſe tire de ſa nature : c'eſt un état, on l'appelle état de grace. Or un état, *ſtatus* a quelque choſe de ſtable ; le mot même le dit. » Auſſi le juſte eſt comparé à » un arbre planté ſur le bord d'un courant » d'eaux, où il a pris racine, enforte qu'il » ne manque pas de porter du fruit «. Saint Paul appelle les Chrétiens un peuple d'hommes dévoués aux bonnes œuvres, & Saint Pierre les qualifie une nation de Saints, *populum ſectatorem bonorum operum*, *gens ſancta*. Si ce n'étoit que par intervalle que ces hommes fiſſent de bonnes œuvres, qu'ils ne pratiquaſſent la fainteté que de tems en tems, ce feroit s'exprimer mal, que de les appeller un peuple de Saints, une nation de Saints. L'état de grace eſt une habitude de bien faire, habitude infuſe dans l'ame par la juſtification. Or le caractere de toute habitude eſt d'avoir de la conſiſtance, & de n'être pas facile à changer, *de difficili mobilis*, diſent les Philoſophes. L'état de grace eſt une diſpoſition dominante, ſemblable pour le bien à ce que font les paſſions pour le mal. Or on ne voit pas un ambitieux dominé par l'amour de la grandeur, devenir tour à tour humble & amateur de la gloire ; un avare, paſſer ſucceſſivement de la ſoif inſatiable des richeſſes au mépris des biens de la terre ; un voluptueux, aujourd'hui ne reſpirant que la volupté, demain choiſiſſant la pénitence & la mortification ; le jour ſuivant retournant à la vie de plaiſirs, & quelques jours après ſe macerant par les plus grandes auſtérités.

Suite.

Pſ. 1.

Tit. 2.
1. *Pet.* 2.

L'état de grace est un état d'attache à Dieu
& à la vertu. Or ces sortes d'attaches ont de
la durée. Un domestique affectionné à son
maître ne le vole pas trois ou quatre fois
l'an : un ami qui aime sincerement son ami,
ne le trahit pas de tems à autre : une chaste
épouse qui aime tendrement son époux, ne
lui est pas de tems en tems infidéle : un sujet
qui a dans le cœur l'amour de son Prince,
n'entre point dans des conspirations qui se
présentent en différentes occasions. L'état de
grace est un état de sainteté. Que dirions-
nous des Saints dont on nous fait lire la vie, si
nous y voyions un cercle continuel d'œuvres
saintes & de chûtes dans le péché ? Non, dit
saint Augustin, un bon chrétien, enfant de la
foi, enfant de l'espérance, ne commet point de
ces sortes de péchés qui donnent la mort à
l'ame : *Talia non facit bonæ fidei & spei Chris-*
tianus. Le premier degré, dit-il encore, de
la liberté chrétienne, c'est de ne plus commettre de crimes ; & tout chrétien doit en
être exempt : *Prima libertas, carere crimini-*
bus ; debet autem carere omnis homo christia-
nus.

Les effets que produit la justice, forment
une troisieme preuve de sa stabilité. Par
l'état de la justice on est mort au péché ; on
est affranchi de l'esclavage du péché. Tel est
le langage familier de la religion. Or un mort
vraiment mort, ne revit pas dès le lende-
main, encore moins six mois après ; il est
mort pour toujours à moins d'un miracle :
on ne voit pas un esclave affranchi de la
servitude d'un maître, & qui est entré sous
la puissance d'un autre, passer & repasser
alternativement de l'une à l'autre. Par l'é-

Serm. 181.
n. 8.

Tract. 41.
in Jo. n. 9.
10.

tat de la justice on a la vie de la grace ; on
est vivant devant Dieu : or une vie de peu de
durée & interrompue par des alternatives
de mort, est une chose inouie, c'est une chi-
mere. Mais l'effet le plus précieux & le plus
consolant de la justice, c'est que ce qu'on fait
de bien dans cet état est méritoire des biens
de l'éternité. La charité résidente habituellement dans l'homme imprime à ses bonnes
œuvres un titre qui fait que la félicité du
Ciel leur est due comme récompense ; &
qu'elles y ont un droit légitimement acquis,
un droit réel, un droit de justice. Mais en
qui saint Paul reconnoit-il ce droit, cette
assurance de posséder le royaume de Dieu ?
Il ne le reconnoit pas certainement dans les
médisans, dans les impudiques, dans les
avares : il ne le reconnoit point dans ceux
qui font sujets aux querelles, à la colere,
aux jalousies, aux inimitiés : il ne le reconnoît point dans ceux qui font leur Dieu de
leur ventre, dans les ivrognes, dans ceux qui
vivent dans les délices de la bonne chere.
Car il prononce hautement qu'aucun de ces
pécheurs n'entrera dans le royaume. des
Cieux, n'aura part à l'héritage du royaume
de Dieu & de Jesus-Christ ; & sa décision
est absolue, elle n'est point modifiée, il ne
fait point d'exception de ceux qui étant ivrognes, impudiques, voluptueux, & le reste,
reviendront de tems en tems de leur vie criminelle par une conversion apparente, pour
y rentrer ensuite, pour se relever encore,
pour retomber de nouveau. De tels hommes,
dans la vérité, font toujours ce qu'on appelle
des ivrognes, des impudiques, des voluptueux. Or s'ils n'ont pas droit à la félicité

du Ciel, leur prétendue juſtice n'a donc pas la vertu de rendre leur état méritoire de ce bonheur ; & comme la vraie juſtice opere cet effet, la leur eſt donc une fauſſe juſtice.

CHAPITRE V.

Regles de la Juſtice Chrétienne.

I.

La Loi de Dieu, regle de la Juſtice.

TOUT ce qui a précédé eſt de ſpéculation : mais d'une ſpéculation infiniment utile & même néceſſaire. Il n'étoit nullement indifférent pour les mœurs, de connoître 1°. le prix ineſtimable de la juſtice : 2°. L'obligation générale de la ſainteté pour tous les chrétiens : 3°. Ce que c'eſt que cette ſainteté, & quelles ſont les qualités de la juſtice chrétienne. Ce qui va ſuivre, ſera plus de pratique. Nous verrons quelles ſont les régles de la juſtice ; enſuite quels ſont ſes devoirs, en dernier lieu quels ſont les moyens de la conſerver.

Le premier objet qui ſe préſente eſt de la derniere conſéquence. A quoi ne ſeroit-on pas expoſé pour l'éternité, ſi on ſe méprenoit au ſujet des régles que le juſte doit conſulter pour former ſa juſtice & pour en fixer les devoirs ! Comme il y a un grand nombre de régles répandues dans le public, que les unes ſont certaines & véritables, les autres douteuſes, & les autres fauſſes, il faut uſer d'un grand diſcernement pour le choix. Commençons par celles qui ſont ſûres & infaillibles, Ce ſont toutes les

Loix Divines, Evangéliques, Apoſtoliques, Eccléſiaſtiques. Nous les réunirons toutes ici ſous le nom général de Loi, & nous dirons avec le Prophete, que la régle ſouveraine des mœurs eſt la Loi : *Ad Legem & ad teſtimonium,* dit Iſaïe, » Revenez-en toujours à la Loi & » au témoignage, c'eſt-à-dire, à la manifeſtation que Dieu a faite de ſes volontés ou par lui-même, ou par ceux à qui il a communiqué ſon infaillibilité pour l'enſeignemenɩ, tels que les Apôtres & le Corps de l'Egliſe Univerſelle. J'appelle la loi ainſi entendue une regle ſouveraine, parce qu'elle eſt infaillible, inviolable, impreſcriptible, ou quant à la lettre, comme la loi naturelle, ou du moins quant à l'eſprit, comme les loix poſitives qui ſouffrent quelquefois diſpenſe. La loi eſt infaillible, puiſqu'elle n'eſt autre choſe que la volonté de Dieu, qui ne peut ſe tromper dans ce qu'elle déclare bien & mal. Si on conſidere cette volonté de Dieu qui décide du bien & du mal en Dieu même, c'eſt ce qu'on appelle la loi éternelle. Si on la conſidere dans la connoiſſance que Dieu en avoit donnée à l'homme par les lumieres de la droite raiſon dont il l'avoit rempli en le créant, & dont malgré les ténebres du péché, il nous reſte encore des traits imprimés dans notre ame, *quædam veluti lineamenta*, dit Saint Auguſtin, on l'appelle la loi naturelle. Si on l'enviſage dans la publication extérieure que Dieu a faite du Décalogue en préſence du peuple Juif, on l'appelle la loi écrite, la loi ancienne, la loi de Moïſe. Si on la regarde dans l'Evangile où Jeſus-Chriſt l'a plus amplement expliquée, & où il continue de l'expliquer par la bouche

Iſ. 8.

de ſes Apôtres interprêtes de l'Evangile, &
par l'organe de l'Egliſe qui eſt dépoſitaire de
leurs enſeignemens, on l'appelle la loi nouvelle, la loi évangélique, la loi chrétienne.

La loi eſt donc une regle infaillible, étant
émanée de Dieu même qui eſt la vérité ſuprême : elle eſt par conſéquent parfaitement
conforme à ſes divines perfections, ſageſſe,
équité, bonté. *Judicia Domini vera*, dit David ; *juſtificata in ſemetipſa. Lex Domini imma-
culata :* « Les Ordonnances du Seigneur ſont
» vraies, juſtifiées par elles-mêmes, ſans re-
» proche & ſans tache. » Quoi de plus juſte
par exemple, que le commandement que
Dieu fait à l'homme de l'aimer de tout ſon
cœur, puiſqu'il eſt ſa fin derniere & ſon
ſouverain bien : quoi de plus ſage que la permiſſion qu'il lui donne d'aimer les créatures,
pourvû qu'on ne les aime qu'en lui & pour
lui ? Quoi de plus raiſonnable, que ces
deux grands principes de la loi naturelle : ne point faire à autrui, ce que nous
ne voudrions pas qu'on nous fît ; faire aux
autres ce que nous voudrions qu'ils nous
fiſſent ? Quoi de plus conforme à la bonté
& à la miſéricorde de l'Etre Suprême, que de
preſcrire aux hommes l'amour de leurs ſemblables ſans diſtinction d'amis & d'ennemis,
de proches & d'étrangers ? La loi eſt en ſecond lieu une regle inviolable dans tous ſes
points. « Je vous dis en vérité, dit Jeſus-
» Chriſt, que le ciel & la terre paſſeront plu-
» tôt qu'un ſeul ïota ou un ſeul point de la
» loi reſte ſans être accompli : & que qui-
» conque violera un ſeul de ſes Commande-
» mens, même les plus petits, ſera lui-même
» très-petit dans le Royaume des Cieux ; »

c'eſt-à-dire, ſera compté pour rien & n'aura point place dans le Royaume Céleſte. Enfin la loi eſt une regle impreſcriptible. Rien ne peut preſcrire contre l'obligation de l'obſerver : rien ne peut ni diſpenſer de ſon obſervation, ni excuſer de péché le violement qui en ſera fait. C'eſt de quoi nous nous convaincrons en examinant les différentes regles, ou douteuſes ou fauſſes, que l'on voudroit ſubſtituer à l'unique, qui eſt la loi. Nous allons les parcourir & les diſcuter les unes après les autres.

II.

L'autorité des Supérieurs, Prêtres, Docteurs, Directeurs, eſt-elle une regle entierement ſûre ? Regle douteuſe, Jeſus-Chriſt l'a décidé. « Vous n'avez proprement qu'un » ſeul pere, qui eſt Dieu, qu'un ſeul maitre, » qui eſt le Chriſt; » on pourroit ajouter, qu'une ſeule mere, qui eſt l'Egliſe : parce qu'étant l'Epouſe de Jeſus-Chriſt, elle tient ſa place, & ne peut ſe tromper dans ſes déciſions. La raiſon eſt, que ſi Dieu a bien voulu communiquer ſon autorité à ceux qu'il a établis pour régir le peuple Chrétien, il n'a communiqué ſon infaillibilité à aucun particulier. Il nous a donc commandé d'obéir à nos Supérieurs dans toutes les choſes qui ne ſeroient pas contraires à la loi : il nous a même ordonné de prendre conſeil d'eux & de nous conduire par leurs avis : mais il nous a avertis d'être ſur nos gardes, & d'examiner s'ils ne ſe trompent pas, & s'ils ne nous trompent pas. « Gardez-vous, dit-il, des » faux Prophètes : » Uſez de diſcernement : ne vous fiez pas à un aveugle qui vous con-

L'autorité des Supérieurs eſt-elle regle ?

Matth. 7.

C vj

duiroit. « Si un aveugle conduit un autre
» aveugle, ils tomberont tous deux dans la
» foſſe. » Et parlant en particulier des Scribes
qui étoient les Docteurs de la loi chez les
Juifs, il donne pour regle, de les écouter
lorſqu'ils ſont aſſis ſur la Chaire de Moïſe,
c'eſt-à-dire, lorſque ce qu'ils diſent n'eſt point
contraire à la doctrine de Moïſe, à l'ancienne
doctrine laiſſée par Moïſe à la Synagogue.
On peut faire à ce ſujet deux difficultés. La
premiere eſt qu'il ſembleroit que nous ren-
verrions les ſimples à l'examen particulier,
ce qui eſt une des erreurs des Proteſtans : &
que nous établirions chaque Particulier juge
de la doctrine. Cela ſeroit vrai, s'il s'agiſſoit
des Déciſions & des Ordonnances de l'E-
gliſe Univerſelle. Lorſque toute l'Egliſe a
parlé, il n'y a plus lieu à examen ; parce que
c'eſt un article de foi, que l'Egliſe notre
Mere eſt infaillible. « Elle eſt, dit S. Paul,
» la colomne de la vérité. Qui n'écoute pas
» l'Egliſe, dit Jeſus-Chriſt, doit être traité
» comme un Payen. » Mais comme il ne s'a-
git ici que de déciſions de Supérieurs particuliers, qui ne ſont pas infaillibles, le diſcernement & l'examen ſont permis, & même commandés, comme nous venons de le voir. La
deuxiéme difficulté eſt que, c'eſt demander
au commun des hommes une choſe impoſſible, & que le plus grand nombre des Fidèles
n'eſt pas capable de ce diſcernement. Pourquoi non ? Si les Fidèles connoiſſent la loi
de Dieu & qu'ils en ſoient inſtruits, comme
ils ſont obligés de l'être, ils diſcerneront facilement ce qui y eſt manifeſtement contraire dans ce que diroit un Supérieur. S'il
y a du doute, ils n'ont qu'à prendre le parti

Matth. 15.

2. Tim. 3.

Matth. 18.

le plus sûr. Que s'il se rencontre une si grande obscurité qu'on ne puisse connoître ce qui est plus conforme à la Loi, le discernement n'est pas encore impossible. Il n'y a qu'à mériter par la bonne vie & par la droiture de cœur, d'être éclairé de Dieu & de tomber entre les mains de guides sûrs. « Vous aurez, dit Saint Grégoire, un Pasteur, un » Directeur selon le cœur de Dieu, si vous » êtes vous-même agréable à Dieu. » Comme, au contraire, c'est en punition de nos péchés, que Dieu permet que nous soyons entre les mains de mauvais Directeurs. Dieu s'en explique lui-même parlant aux Juifs, à qui il déclare, qu'il permettra que de faux Prophètes les trompent, & leur donnent des réponses selon leur cœur.

L. 3. Epist. 22.

III.

La raison humaine est-elle regle? Regle douteuse. Il en est de la regle des mœurs, comme de la regle de la foi. Consulter la raison pour juger de ce qu'il faut croire, c'est s'en rapporter à un mauvais juge, parce que les mystères de la Religion surpassent l'intelligence humaine, & que nous avons la révélation qui nous décide. La morale chrétienne, à la vérité, ne choque point la raison ; mais elle révolte la volonté corrompue par le péché ; & la corruption du cœur réfléchit souvent sur la raison : elle l'obscurcit, elle l'offusque, elle l'empêche de voir les choses selon la vérité, & lui fait prendre souvent les ténèbres pour la lumiere, le mal pour le bien. C'est une miserable méthode, qui ne s'est que trop établie dans ces derniers siécles, de vouloir philosopher sur tout, &

La Raison & la Conscience sont-elles Regle ?

ramener tout à des raisonnemens alam-
biqués, ou à des principes d'une probité humaine. Commençons d'abord par croire à
l'Evangile, puisque nous sommes Chétiens,
& convainquons-nous ensuite par nos réflexions, de la sagesse de ses préceptes, que
nous reconnoîtrons en effet être très-con-
formes à la droite raison. C'est-là l'usage légitime que nous devons faire de la
nôtre.

La conscience est-elle regle ? Elle l'est
communément, mais non pas toujours. A la
prendre en elle-même, abstraction faite
du dérangement qu'y a fait le péché, ce
seroit une regle sûre. » C'est un Livre, dit un
» ancien Solitaire, où nous lisons nos de-
» voirs. C'est un miroir, dit le même, où
» nous les voyons représentés. C'est un ju-
» gement naturel, dit Saint Basile, qui
» nous dicte nos obligations. C'est la loi
» de l'esprit, dit Saint Jean Damascene. C'est
» la science du bien & du mal, dit S. Chry-
» sostome. Ce sont les traits de l'image de
» Dieu, dit Saint Augustin. C'est la loi de
» Dieu, dit Saint Paul, écrite par la nature
» dans nos cœurs. « Mais depuis le désordre
du péché, la conscience est étrangement dé-
chue de tous ces beaux titres. Ainsi, on ne
peut pas toujours s'y fier. Voici à quoi il
faut s'en tenir. 1°. La conscience est toujours
regle, en ce sens, qu'il n'est jamais permis
d'agir contre son sentiment. » Celui, dit
» Saint Paul, qui pense que manger de
» certaines viandes est un péché, quand
» même ce n'en seroit pas un, péche :
» parce que, tout ce qui est contre la cons-
« cience, est péché. « *Omne quod non est ex*

De interiori
domo, apud
Bern. c. 11.

Homil. in
princip. Prov.
L. 4. c. 23.
Hom. 54. in
Gen.

Rom. 2.

Rom. 14.

fide, peccatum est. La raison est que Dieu, qui juge de l'homme par le cœur, voit que celui qui agit contre sa conscience, a la volonté de pécher, puisqu'il fait ce qu'il croit être péché. 2°. Il ne faut point agir suivant sa conscience, si elle est erronnée, c'est-à-dire, si elle ne s'accorde pas avec la loi, & qu'elle dicte comme permis ce qui est défendu par la loi. Le principe est de Jesus-Christ même. « L'heure viendra, dit-il à ses Apô- » tres, que ceux qui vous mettront à mort, » croiront faire une chose agréable à Dieu. « Cependant Jesus - Christ ne les déclare pas innocens. Les Juifs, persécuteurs & meurtriers des Apôtres, aussi - bien que de leur Divin Maître, ont été coupables d'homicide & de Déicide, malgré l'opinion où ils étoient qu'ils faisoient bien. Que faire donc en pareil cas? C'est l'objection que se fait le docte Gerson. Car l'embarras est grand, & sans issue, à ce qu'il paroit. Si on agit suivant sa conscience, qui est erronée, on pèche : si on agit contre sa conscience, on pèche encore. Il y a un milieu, répond ce pieux Docteur : il ne faut ni suivre sa conscience, ni agir contre ; mais ne rien faire, & changer de conscience, c'est-à-dire, l'éclairer & la réformer : il faut s'instruire, il faut mériter que Dieu nous éclaire, par la bonne vie & par une humble priere. 3°. Quand la conscience est douteuse, c'est-à-dire, qu'elle souffre des difficultés de part & d'autre, & qu'elle est dans le doute, il ne faut point agir avant que d'avoir éclairci les doutes ; ou si l'on veut agir, il faut prendre le parti le plus sûr, s'il y en a un, c'est - à - dire, le parti le plus conforme à la loi.

Joan. 16.

IV.

La Probabilité est-elle régle ? Regle fausse. On entend par *probabilité*, une opinion qui a quelqu'apparence de vérité, & qu'on voudroit suivre dans la pratique. C'est une invention des derniers temps, dont le but a été d'elargir la voie étroite de l'Evangile, & d'enerver tous les Commandemens de la loi. L'abus a été porté à un excès, qui a attiré les anathêmes de l'Eglise sur ce pernicieux dogme, enfanté par le pere du mensonge. On peut en sûreté de conscience, disent des Casuistes modernes, suivre une opinion qui a quelque probabilité, si légere qu'elle soit, quoique l'on doute si elle n'est pas contraire à la loi. Ils vont plus loin. On peut de deux opinions, également probables, suivre celle qui est la moins sûre. Ce n'est pas encore tout. De deux opinions, dont l'une est plus probable & plus sûre, & l'autre moins probable & moins sûre, on peut prendre celle-ci dans la pratique. On sent à quel renversement de toute la morale chrétienne, & à quel débordement dans les mœurs peut conduire un tel systême. Il n'y aura plus aucun commandement de la loi qu'on ne puisse violer impunément. Dès que, par probabilité on entend une simple apparence de vérité, qu'on prétend que la plus mince raison, l'autorité du plus foible & du plus ignorant Casuiste, suffisent pour rendre une opinion probable, quel est l'homme ennemi de la gêne, qui ne trouvera pas sur tous les points de la loi qui l'incommodent & qui gênent ses passions, ou une petite raisonnette, ou un benin Directeur qui le mettra

à son aise, & le dispensera du précepte ? Le
cas n'est pas métaphysique. La chose a été
mise à exécution. Le siécle passé a enfanté
des volumes , qui seront éternellement la
honte de ce siécle , & qui sont encore le scandale de l'Eglise. Par ce beau secret de la probabilité , on a dispensé les Chrétiens d'aimer
Dieu, on a permis l'homicide, la vengeance ,
les plus grandes infamies de l'impureté, le
larcin , la calomnie , la simonie. Que diroient
nos peres , s'ils revenoient au monde, où ils
trouveroient dans le sein du Christianisme un
tel monstre ? Que diroit Tertullien , qui enseigne que, » en aucun temps & en aucun *De spectac.*
» lieu on ne peut excuser ce que Dieu con- *c. 20.*
» damne; que ce qui est devant Dieu bien
» ou mal , ne peut jamais être autre chose ;
» que tout est décidé & demeure fixe au
» Tribunal de la vérité de Dieu ? « Que di- *L. 1. de Bapt.*
roit Saint Augustin , qui déclare que » ce- *c. Donat. c.*
» lui-la pecheroit griévement , qui, dans les *3.*
» choses qui concernent le salut éternel, pré- *L. de Cathe-*
» féreroit l'incertain au certain ; qui veut *chis. rud. c.*
» qu'on s'en tienne toujours à la loi de Dieu , *25.*
» parce que nous ne serons pas jugés suivant
» l'opinion de celui-ci, ou de celui-la , mais
» suivant la vérité de la loi ? « Que diroit
S. Bernard, qui parle ainsi : » Soit que vous *De præc. &*
» fassiez un mal, pensant que c'est un mal , *disp. c. 14.*
» soit que vous fassiez un mal , pensant que
» c'est un bien , vous péchez dans l'un & l'au-
» tre cas ?

La regle est donc que nous ne devons jamais nous décider, par rapport aux mœurs,
sur des probabilités , mais toujours sur la vérité ; que ce n'est pas le probable, mais le
certain , qui doit nous déterminer, & que

dès qu'il y a doute, doute réel & fondé, il faut, ou ne point agir, ou prendre le plus sûr. C'est un axiome de droit, qui est aussi un principe de bon sens, que dans les choses douteuses, il faut choisir le parti le plus sûr, *in dubiis pars tutior eligenda ;* or le parti le plus sûr est celui qui est le plus conforme à la loi. C'est en effet ce que tout le monde pratique, sans excepter les probabilistes eux-mêmes, lorsqu'il s'agit d'intérêts. Tant est vrai ce qu'a dit le Sauveur, que les enfans du siécle sont plus avisés dans leurs affaires temporelles, que les enfans de lumiere ne le sont dans celles qui regardent la conscience. Il n'est donc pas permis dans la conduite, 1°. de suivre une opinion qui est moins probable & moins sûre, préférablement à une autre plus probable & plus sûre, parce que c'est s'écarter du principe, *in dubiis*, &c. Il n'est point permis, 2°. entre deux opinions également probables, de prendre la moins sûre; parceque, dès qu'il y a égale probabilité, il reste du doute pour sçavoir laquelle est vraie, & par conséquent, c'est encore aller contre le principe, *in dubiis.* En un mot, je le répete, il n'est pas question de probable, quand il s'agit des mœurs; il faut le vrai, le certain, le non douteux. Aussi, quand on aura le vrai & le certain, on peut agir en conséquence, quand même ce ne seroit pas le plus parfait. Il suffit que le parti soit sûr, & il l'est dès qu'il est vrai & certain.

V.

Toutes ces regles, fausses ou douteuses, ne peuvent dispenser de la loi, parce qu'elle est imprescriptible. Voyons si les prétextes ordinaires, pour excuter le violement de la loi, font des excufes admiffibles.

La coutume excufe-t-elle de péché ? Non. » Notre Seigneur Jefus - Chrift, dit Tertul- » lien, ne s'eft pas appellé la coutume, il » s'eft appellé la Vérité. « Ecoutons S. Au- » gufti déplorer les funeftes effets de la cou- » tume. » Il arrive fouvent que les péchés, » quelque grands & quelqu'abominables » qu'ils foient, paffent pour petits, ou ne » paffent pas même pour péchés, lorfqu'ils » font tournés en coutume ; jufques-là mê- » me qu'il femble qu'on ne doit point s'en » cacher … C'eft de-là qu'il eft dit dans la » Genèfe : La clameur des habitans de So- » dome & de Gomorrhe s'eft multipliée, » parce que, non - feulement ces crimes dé- » teftables n'étoient point punis parmi eux, » mais même ils les commettoient publique- » ment, comme s'ils euffent été ordonnés par » la loi. Ainfi de notre tems plufieurs crimes » fe font tellement tournés en coutume, que » nous n'ofons plus excommunier ceux qui » les commettent. Malheur à nous ! Nous » n'avons en horreur que les péchés qui ne » font pas ordinaires ; & quant à ceux qui » font communs, pour lefquels cependant le » Fils de Dieu a répandu fon fang, quoi- » qu'ils foient fi grands, qu'ils ferment le » Royaume du Ciel à ceux qui les commet- » tent, néanmoins nous fommes contraints » de les voir & de les tolérer. « Ce qui faifoit gémir Saint Auguftin de fon temps, fe voit encore de nos jours, & nous ne devons pas nous croire excufables, fi nous commettons les chofes que la loi défend, en nous auto- rifant de la coutume. Conformons-nous à l'u-

De velang.
virg. c. 1.

Enchir. c.
30.

fage & à la coutume dans les bonnes chofes & dans les indifférentes ; mais ne la fuivons pas dans celles qui s'écartent de la loi ; & ne prenons jamais, pour nous raffurer, un appui auffi frêle. Ce que nous difons de la coutume, il faut le dire de l'exemple. Parce qu'une perfonne que nous eftimons & que nous refpeЯons, fait telle & telle chofe, il n'eft pas toujours fûr de l'imiter & de faire la même chofe après elle. » Si vos Supérieurs, » nous dit Jefus - Chrift, difent bien & font » mal, faites ce qu'ils vous difent, & ne » ne faites point ce qu'ils font.

La bonne intention excufe-telle du violement de la loi ? Ce qu'on entend par cette demande, c'eft, fi, quand on a violé quelque précepte, commis quelqu'action qu'on favoit être prohibée par la loi, on peut fe croire innocent, fous prétexte qu'on aura eu une bonne intention ; fi, par exemple, quelqu'un qui aura tué de fa propre autorité un homme qu'il a cru être nuifible à la république, peut fe croire excufé du péché d'homicide par cette prétendue bonne intention, de rendre fervice à la République. Saint Auguftin répondra pour nous. » Il n'y a, dit ce Pere, » nulle prétendue bonne fin, nul prétexte » de bonne intention qui puiffe permettre de » faire les chofes qui conftamment font des » péchés. « Il en apporte la raifon prife des conféquences affreufes qui s'enfuivroient du principe contraire. » Eft-il crime, dit-il, eft- » il fcélérateffe, fi énorme qu'elle foit, qui » ne fût juftifiée, fi on admettoit une fois ce principe, que dans les mauvaifes aЯions, » ce qu'on doit confidérer pour en juger, ce » n'eft pas ce qui a été fait, mais à quelle fin

» il a été fait ? « Ce que Saint Augustin a
prévu est arrivé. On a avancé, qu'on pourroit tuer un homme pour l'empêcher de nous
calomnier ; qu'on pourroit commettre la simonie, & acheter un bénéfice à prix d'argent, pourvû qu'on dirigeât son intention,
& qu'on n'eût pas intention d'acheter le spirituel du bénéfice, ses fonctions, mais seulement ce qu'il a de temporel, son revenu,
ses fruits ? C'est ce que de téméraires Auteurs appellent la direction d'intention, qui
est encore une autre clef de leur invention
pour ouvrir le Paradis aux plus grands pécheurs. Mais il n'en faudra pas davantage
pour renverser d'un seul mot ce dogme pernicieux, que de lui opposer cette Sentence
de Saint Paul, que jamais il n'est permis de
faire un mal, dans l'intention de procurer   *Rom.* 3.
un bien : *Nec faciamus mala ut eveniant bona.*

VI.

L'ignorance excuse-t-elle de péché ? Il   L'Ignorance
faut distinguer, avec les Jurisconsultes, en- excuse-t-elle?
tre ignorance du droit, & ignorance du fait,
juris, & facti. Ignorer, par exemple, qu'il
n'est pas permis de tuer, c'est ignorance du
droit : ignorer que ce qu'on voit de loin est
un homme, & le tuer, pensant que c'est
une bête, c'est ignorance du fait. Par le *Droit*
nous entendons ici le droit naturel. Car il
peut y avoir une ignorance du droit positif
qui excuse, parce qu'elle aura été invincible.
Ceci supposé, l'ignorance du fait excuse, mais
celle du droit n'excuse point. Un homme,
comme je viens de le dire, qui auroit tué,
parce qu'il n'auroit pas sçu que l'homicide
est défendu, ne seroit point excusé du crime

de l'homicide, parce qu'il a dû sçavoir la loi. Celui qui en auroit tué un autre, le prenant pour un sanglier, peut être excusé de péché, parce qu'il a pû se méprendre innocemment. La question présente ne roule donc que sur l'ignorance du droit : savoir si, lorsqu'on a commis quelqu'action interdite par la loi, parce qu'on ignoroit que la loi la défendît, loi qu'on pouvoit & qu'on devoit sçavoir, on est innocent & excusable de péché. Ce sera Jesus-Christ lui-même qui donnera la solution. » Le serviteur qui a connu la vo- » lonté de son maître, dit le Sauveur, & » qui ne l'a point accomplie, sera sévére- » ment puni : & le serviteur qui n'a pas sçu » la volonté de son maître, & qui ne l'a pas » accomplie, sera puni moins rigoureuse- » ment ? « Les péchés commis par ignorance sont donc punis comme ceux qui sont commis avec connoissance ; il est vrai qu'ils sont moins punis, mais ils le sont toujours : l'ignorance ne les excuse pas, & ne fait point que l'action défendue ne soit pas péché en eux. Mais du moins l'ignorance ne les excuse-t-elle pas jusqu'à un certain point, en-sorte que ce ne soit que des péchés véniels, qui ne méritent point l'enfer ? » Non, répond » Saint Augustin, l'ignorance, celle même » qui ne vient point d'affectation à ignorer, » n'excuse personne au point qu'il ne soit » pas condamné au feu de l'enfer : elle lui » procure seulement d'être tourmenté moins » rigoureusement. « La raison est que cette ignorance simple & involontaire est crimi-nelle, & une punition justement méritée par quelque péché précédent. Je puis me dis-penser de m'étendre d'avantage, & me con-

Luc. 12.

L. de gr. &
lib. arb. n. 5.

tenter de renvoyer à l'Ecriture Sainte, où il est souvent parlé des péchés d'ignorance comme de péchés très-réels ; & aux Conciles qui ont frappé d'anathême cette proposition de l'Hérésiarque Pélage : » L'oubli & » l'ignorance ne font pas susceptibles de pé- » ché, parce que les actions, dont elles font » la cause, ne font pas volontaires, mais né- » cessaires & inévitables. « Il faut donc s'en »tenir à l'axiome des Jurisconsultes, *ignorantia* » *facti, non juris, excusat*, & en revenir, pour conclusion générale de tout ceci, à cette grande vérité, que la regle souveraine des mœurs est la loi de Dieu, & qu'il est de la derniere importance d'en être bien instruit, puisqu'on ne laisse pas d'être coupable lorsqu'on la viole, faute de la sçavoir.

Aug. de Gestis Pelag. c. 17. 18.

CHAPITRE VI.

Devoirs de la Justice. Premier Commandement de Dieu. La Foi, premiere Vertu Théologale.

I.

SI la loi de Dieu est la regle de la justice, les devoirs de la justice ne font autre chose que la pratique de ce que cette loi commande, & la fuite de ce qu'elle défend. Maître, disoit un Juif à Jesus-Christ, que ferai-je pour arriver à la Vie éternelle ? Gardez les Commandemens, répond le Sauveur. L'explication que nous allons donner du Décalogue, nous apprendra donc mieux que

La Foi.

toute autre inſtruction priſe d'ailleurs, quels ſont les devoirs de l'homme juſte.

Premier commandement. *Un ſeul Dieu tu adoreras & aimeras parfaitement*

Le premier devoir de la juſtice eſt donc de rendre à Dieu le culte qui lui eſt dû : & ce culte eſt la pratique de ce qu'on appelle les trois vertus théologales, la Foi, l'Eſpérance & la Charité. Par la Foi, nous croyons qu'il y a un Dieu, qu'il n'y en a qu'un ſeul ; nous nous ſoumettons à toutes les vérités qu'il nous a révélées, & nous l'honorons par tous les actes intérieurs & extérieurs de Religion. Ainſi l'homme juſte doit vivre dans la conviction intime de l'exiſtence de l'Etre Suprême, & dans l'adoration perpétuelle de ſes perfections infinies ; de ſon éternité, dans laquelle exiſtent les ſiecles ; de ſon immenſité, par laquelle il eſt préſent dans tous les lieux, ſans être renfermé dans aucun ; de ſa Toute-Puiſſance, qui eſt annoncée par tous les ouvrages de ſes mains ; de ſon immutabilité, par laquelle il eſt aujourd'hui ce qu'il étoit hier, & le ſera encore demain ; de ſa Providence, par laquelle il conſerve l'être de ſes créatures, les gouverne, & leur fournit leur entretien, préſide à tous les effets de la nature, & à tous les divers événemens des tems ; de ſa ſageſſe qui conduit toutes choſes à leur fin par des moyens infaillibles & diverſifiés à l'infini, qui atteint d'une extrémité à l'autre, & diſpoſe tout avec une force mêlée de douceur ; de ſa bonté, par laquelle il ſe rend acceſſible à tous ceux qui l'invoquent, toujours prêt à recevoir les pécheurs qui reviennent à lui ; de ſa juſtice, qui ſe fait ſentir par des fléaux terribles qu'il envoie de temps

en

en temps , & qui en annoncent d'autres qui
doivent être éternels. Voila de quoi le juste
doit souvent s'occuper , & sur quoi il doit
se répandre en admiration, pensant qu'il vit
au milieu de toutes ces merveilles , puisque
Dieu existe par-tout , & que par-tout où il
est, il y est avec toutes ses perfections. Il
doit souvent se dire à soi-même ce que disoit
Saint Paul : » Je vis, j'existe, je respire en
» Dieu. « Il doit se regarder dans le monde ,
comme dans un magnifique Temple, où le
firmament sert de Trône à l'Etre suprême,
la terre de marche - pied, & où il a autant
d'adorateurs muets qu'il y a d'êtres créés ;
adorateurs dont l'homme juste est la voix,
l'organe & le Prêtre.

Persuadé que tout ce qu'il y a dans le
genre humain, d'équité, de lumiere, de vertu, de raison, de sagesse, de vérité, est une
émanation des attributs de la Divinité, il
doit s'accoutumer à respecter la vérité, la vertu, l'équité, par-tout où elles se trouvent, à
n'estimer rien que ce qui est vrai, ce qui est
juste, ce qui est saint ; à ne jamais s'attribuer
à lui-même les lumieres de son esprit, ce qu'il
y a de justesse dans sa raison, de sagesse dans
ses vues , & à faire remonter tout à sa source. La foi de l'unité d'un Dieu en trois Personnes demande de lui , d'un côté, une adoration spéciale de ces trois Personnes ; ce qu'il
peut facilement pratiquer par l'usage respec-
tueux qu'il fera du signe de la Croix qu'il imprime si souvent sur lui-même en prononçant les trois augustes noms du Pere, du Fils
& du Saint-Esprit. D'un autre côté, elle exige
qu'il rende hommage à la Divine Unité, en
déplorant les tenèbres funestes où sont plon-

II. Partie.   D

gées tant de nations, qui, dès-là même qu'elles reconnoissent plusieurs dieux, n'en ont aucun ; & en remerciant souvent la divine bonté qui l'a fait naître dans la vraie Religion.

II.

Qualités de la Foi.

A la foi de la Divinité se joint la foi & la créance de tout ce qu'il lui a plu de révéler aux hommes ; cette foi doit être ferme, soumise, éclairée & simple. 1°. Elle doit être ferme, parce qu'elle a pour fondement la souveraine véracité de l'Être suprême, qui ne peut ni se tromper ni nous tromper ; & pour motifs de crédibilité, des preuves d'une évidence que rien n'égale, des Prophéties vérifiées par l'événement, sans qu'il y ait un seul point de manqué ; des miracles & des prodiges que nulle puissance créée n'auroit pu opérer ; une propagation surprenante de cette Religion, malgré les efforts des hommes & des démons conjurés ; des légions innombrables de martyrs, qui ont versé leur sang pour la défense de ces vérités avec un courage au-dessus de l'humain, & sans aucun profit pour cette vie ; la face de l'Univers renouvellée par la pratique devenue populaire de vertus sublimes, héroïques, qui n'avoient été jusques-là ni connues, ni même imaginées possibles. Cette fermeté que doit avoir la foi des vérités chrétiennes, exclut tout doute, toute incertitude ; il ne faut pas les croire d'une créance, pour ainsi dire, provisionnelle, comme l'on croit des choses qui peuvent être vraies, & qu'on n'a nul intérêt de contester; d'une créance d'imitation, comme pour suivre le torrent de la coutume ; d'une créance qui ne soit qu'un préjugé de naissance & d'éducation, parce qu'on est né dans un pays où cette créance est établie : mais ce doit être une persuasion, une conviction de cœur, qui nous rende les vérités aussi certaines que si nous les voyions de nos yeux, & si nous les touchions de nos mains, *invisibilem tanquam videns sustinuit.* Tel est l'hommage que doit tout Fidèle à la suprême Vérité qui a daigné parler.

2°. La Foi doit être soumise & non curieuse. La révélation est un flambeau qui luit dans l'obscurité : ce n'est qu'une réflexion de lumiere, comme dans un miroir, *per speculum* : nous voyons ; mais c'est à travers un voile, & comme par enigme, *in enigmate.* Il ne faut pas s'efforcer de pénétrer dans cette sainte obscurité, ni vouloir sonder la profondeur des myftères. Nous n'y réussirions pas, & nous risquerions de perdre tout ce que nous avons de lumiere. Nous devons penser que c'est cette obscurité même qui fait le mérite de la foi. Car quel mérite y auroit-il à croire ce que l'on voit avec une entiere évidence ? Aussi cette vertu n'est que pour cette vie ; elle n'a pas lieu dans le Ciel. Si on demande pourquoi Dieu a voulu conduire l'homme par cette voie obscure de la foi, je dirai qu'il l'a fait, partie par justice, partie par miséricorde : par justice, pour humilier l'homme, & le punir de la témérité qu'il avoit eue de toucher à l'arbre de la connoissance du bien & du mal, & d'aspirer à une science égale à celle de Dieu : par miséricorde, pour épargner à l'homme bien de l'étude & de la recherche, & faciliter aux simples la connoissance des choses néces-

2. Cor. 13.

D ij

faires au falut. S'il falloit tout examiner, le falut auroit été impoſſible aux deux tiers du genre humain.

3°. La Foi doit être éclairée. Cette qualité ne contredit pas la précédente. La Foi peut n'être pas curieuſe, & cependant être éclairée. Elle ne doit point être curieuſe pour ſçavoir le *comment*, c'eſt-à-dire, le dénouement des myſtères, ou pour vouloir découvrir, au-delà des vérités qui font la portion actuelle de la révélation : mais il eſt permis, louable, néceſſaire même, en quelque ſorte, de vouloir s'avancer dans la connoiſſance de ces vérités révélées, tant les vérités ſpéculatives, que les vérités morales, pour les mieux ſçavoir, pour en découvrir les beautés, en admirer l'enchaînement, en ſentir les rapports avec l'intérêt du cœur humain, en recueillir les conſolations qui y ſont attachées ; enfin, pour rendre la reconnoiſſance d'autant plus tendre & plus vive, que les bienfaits ſeront mieux apperçus. Auſſi le Sage, en même temps qu'il nous avertit ›› de ne point rechercher ce ›› qui eſt au-deſſus de notre portée, nous ›› exhorte à nous bien remplir, & à nous oc- ›› cuper continuellement de ce que Dieu a ›› voulu nous faire connoître. ‹‹ *Fortiora te ne quæſieris, ſed quæ præcepit tibi Deus, hæc cogita ſemper.* Et ce que le Sage preſcrit aux ſerviteurs de Dieu, Saint Paul demande à Dieu pour eux la grace de l'exécuter : ›› Nous ›› ne ceſſons, dit-il, de prier & de ſupplier ›› le Seigneur de vous remplir de toute ſa- ›› geſſe & de toute intelligence ſpirituelle, ›› & de vous faire croître inceſſamment dans ›› la connoiſſance & la ſcience de Dieu. ‹‹

4°. La Foi doit être ſimple, renfermée

Eccli. 3.

Coloff. 1.

dans ses bornes, sans aller au-delà des choses révélées, & sans rester en-deçà : sans
rien ajouter à la révélation, & sans en retrancher rien ; croire tout, ni plus, ni moins.
» Si quelqu'un, dit le Saint-Esprit à la fin   *Apoc. 21.*
de l'Apocalipse, » ose ajouter à ces paroles,
» ou en soustraire quelque chose, Dieu le
» punira. « Ne rien retrancher, parce que
Dieu est également croyable en tout ; ne
point choisir ses articles de foi, comme
font les Hérétiques qui retiennent ceux qu'il
leur plaît, & rejettent les autres ; comme
font aussi les libertins, qui admettent dans
les articles de foi ceux qui ne les embarras-
sent point, & répudient ceux qui incommodent leurs passions. Ne rien ajouter non-
plus : ne point donner comme certain des
choses incertaines, de fausses vies de Saints,
des miracles supposés ou douteux, de fausses reliques. Il faut avoir de la foi, disent de
faux zélés : en parlant ainsi, ils abusent du
nom respectable de la foi, ils le profanent ;
puisqu'ils transportent à des opinions ou à
des faussetés, l'hommage qui n'est dû qu'à
l'Etre suprême. L'abus seroit bien autrement
grand, s'il s'agissoit de nouveaux dogmes &
d'innovations dans la morale, contraires aux
dogmes véritables & aux vrayes regles des
mœurs. » Si quelqu'un, dit Saint Paul, vient   *Gal. 2.*
» vous annoncer un autre Evangile que celui
» que je vous ai annoncé, fût-il un Ange
» descendu du Ciel, dites-lui anathême. «
Comme c'est dans le sein de l'Eglise même
que cet abus peut arriver, il ne faut pas se
laisser prendre au piége. Tout ce qui se dit
dans l'Eglise, ce n'est pas l'Eglise qui le dit.
Elle est forcée de tolérer beaucoup de choses

qu'elle n'approuve pas. Nous ne devons donc donner pour objet à notre foi que ce que l'Eglise nous propose comme de foi. Car étant l'interprete infaillible de l'Ecriture, & la dépositaire de la Tradition, qui sont les deux regles de la foi, c'est à elle à proposer à ses enfans ce qui est contenu dans l'une & dans l'autre, en vertu de l'autorité que Jesus-Christ lui a donnée ; non pas de créer de nouveaux articles de foi, mais de déclarer ceux qui ont été révélés. Voilà à quoi la simplicité de la foi doit s'en tenir.

III.

Actes intérieurs de la Foi.

Revenons à la foi de la Divinité, par laquelle nous reconnoissons un Etre suprême, créateur de toutes choses, & qui en est la fin derniere. Cette reconnoissance nous impose des devoirs, qui sont les actes de religion tant intérieurs, qu'extérieurs. Les actes intérieurs sont l'adoration, la dévotion & la priere. L'adoration n'est pas une conviction spéculative de la grandeur de Dieu, un simple aveu de ses infinies perfections : les démons ont cette connoissance, & font cet aveu. On ne dira pas cependant que les Démons adorent Dieu, & lui rendent l'hommage religieux qui lui est dû. L'adoration n'est pas non plus un simple anéantissement de l'ame devant Dieu dans la vue de sa puissance & dans la crainte de sa justice. Ce ne seroit honorer Dieu qu'en esclave, qui tremble, & qui craint. La vraie adoration consiste dans l'estime qu'on fait de Dieu préférablement à tout, préférablement à soi-même ; dans le desir qu'on a qu'il soit honoré par-tout ; dans la complaisance de l'ame,

à ce que Dieu soit ce qu'il est, qu'il soit le maître, que tout dépende de lui, que tout tourne
à sa gloire. Ainsi, lorsque nous récitons l'O-
raison Dominicale, nous commençons par
un vrai acte d'adoration : *Sanctificetur nomen tuum*, que votre nom soit sanctifié. Quoique l'adoration soit du nombre des actes intérieurs de religion, elle ne laisse pas d'être
aussi extérieure, parce qu'elle opere sur le
corps. Baisser la tête, fléchir les genoux, se
prosterner, sont des productions naturelles
de la disposition du cœur qui adore : ce sont
aussi des appuis pour soutenir, & quelquefois même pour ranimer & fortifier les sentimens religieux de l'ame. Comme le corps
suit naturellement l'impression que l'ame res-
sent, l'ame à son tour prend souvent le pli
du corps. C'est ce qu'enseigne Saint Augus-
tin dans cet éloquent passage : » Il arrive, dit- *De cur. ger.*
» il, je ne sçai comment, que, quoique le *pro mort. c.*
» mouvement & la posture du corps ne se *5.*
» fasse qu'en vertu de quelque mouvement
» de l'ame qui l'a précédé, cet homme inté-
» rieur & invisible, qui a commandé l'action
» du corps, après que celle-ci a été faite,
» éprouve que sa disposition en est devenue
» plus forte, & qu'elle s'est accrue par cela
» même dont elle avoit été la cause, & qui
» étoit sa production. » Ainsi, un vrai adorateur
de Dieu se fait toujours connoître par quelqu'acte & quelque signe extérieur ; & on auroit raison de suspecter la religion d'un Chrétien dont le maintien n'annonceroit rien
du sentiment intérieur d'adoration. Cela n'arrive que trop souvent à ces gens qui portent le nom de Chrétiens & de Serviteurs du
vrai Dieu, & qu'on ne voit jamais dans au-

cune poſture d'humiliation en ſa préſence.

Un autre aĉte intérieur de religion, c'eſt la dévotion. Saint-Thomas la définit, une volonté prompte & ardente de rendre à Dieu le culte qui lui eſt dû. Ainſi, elle eſt à l'adoration, & aux autres aĉtes de religion, ce que la flamme eſt au feu, ce que le brillant eſt au diamant, ce que l'odeur eſt à la fleur. Autant le nom de dévotion eſt connu, autant il eſt mal entendu par la plûpart. Les uns la regardent comme une œuvre de ſurérogation, & portent même quelquefois l'indifférence juſqu'au mépris. Les autres la font conſiſter en quoi elle n'eſt pas, & la rendent odieuſe ou mépriſable aux autres par la maniere irréguliere dont ils la pratiquent. Un vrai juſte ſçaura toujours apprécier la dévotion ce qu'elle vaut, nonobſtant les préjugés contraires. Sans aller plus loin que la ſimple étymologie du nom, il en reconnoîtra le prix, en penſant que dévotion c'eſt dévouement ; & il n'héſitera pas à croire qu'un véritable adorateur de Dieu, doit lui être tout dévoué ; c'eſt-à-dire, qu'il doit être aĉtif dans tout ce qui concerne le ſervice de Dieu, ardent à mettre en uſage tout ce qui peut le lui faire pratiquer d'une maniere digne de Dieu, qu'il doit tendre & aſpirer à s'y perfeĉtionner : que s'il n'eſt pas obligé àtelle & telle pratique de dévotion, il ne peut pas ſe diſpenſer de toutes ; parce que, s'il a vraiment dans le cœur le dévouement qui eſt inſéparable de la vraie piété, il ne peut pas ſe faire qu'il ne produiſe quelque choſe au dehors. C'eſt donc prendre un parti très-dangereux pour le ſalut, & même très-déraiſonnable, que celui d'éviter de devenir dévot, & de fuir à deſſein certaines pratiques de piété, dans la crainte d'être ou de paſſer pour tel. D'un autre côté, le juſte ſe gardera bien de placer ſa dévotion dans des œuvres ſingulieres de ſurérogation, au préjudice de celles qui ſont d'obligation, comme de donner dans une multitude de pratiques extérieures, en négligeant les devoirs de ſon état, de fréquenter les Egliſes & les Sacremens ſans s'appliquer à s'avancer dans la pratique de la vertu & dans la réforme de ſes défauts ; en un mot, de faire montre de piété aux dépens de l'humilité, de la charité du prochain, de la vie mortifiée, & des autres vertus chrétiennes. On peut juſtement appliquer à ces faux dévots le reproche que Saint Paul fait aux Juifs de ſon temps, qui pleins de confiance dans les cérémonies légales, en même-temps qu'ils étoient prévaricateurs de l'eſſentiel de la loi, donnoient lieu aux étrangers de blaſphèmer le nom de Dieu, & de traiter la vraie piété de ſuperſtition & d'hypocriſie. Le troiſieme acte intérieur de religion eſt la priere. Nous réservons à traiter cette ample matiere, lorſque nous parlerons des moyens de conſerver la juſtice.

Rom. 2.

IV.

Les actes extérieurs de religion ſont le ſacrifice & tous les exercices publics du culte divin, établis dans la ſociété chrétienne. Les Théologiens y en joignent encore un autre qui eſt le vœu. Le ſacrifice eſt une action par laquelle nous témoignons à Dieu notre dépendance, & nous reconnoiſſons ſon ſouverain domaine, par l'intervention de quelque créature que nous lui offrons. Si l'offran-

Actes extérieurs de la Foi.

de se fait sans destruction de la chose, uniquement pour la consacrer au service de Dieu, c'est ce qu'on appelle offrande simple, oblation. Si la chose offerte est détruite, c'est le sacrifice proprement dit. Le sacrifice pris en ce sens est aussi ancien que le monde ; depuis le péché du premier homme, il semble que ce soit la nature elle - même qui l'ait inspiré. Dès qu'il s'est trouvé des serviteurs du vrai Dieu sur la terre, on a vu couler le sang des victimes. Cette immolation étoit comme une protestation que l'homme faisoit à Dieu du domaine qu'il reconnoissoit en lui sur sa propre personne, pour en disposer aussi souverainement, que l'homme disposoit lui - même de l'animal dont il détruisoit l'être. Cette maniere d'honorer Dieu par le Sacrifice étoit tellement gravée dans le cœur de l'homme, que les adorateurs des fausses divinités en ont fait usage dans le culte qu'ils leur rendoient. Rien n'étoit plus commun chez les idolâtres, que les sacrifices. On sçait ensuite combien de différentes espéces de sacrifices Dieu avoit prescrit par la loi qu'il avoit donnée aux Juifs, pour annoncer de loin & figurer l'unique sacrifice vraiment digne de sa majesté, qui est celui de l'Eglise chrétienne, dans lequel le Fils de Dieu continue & perpétue d'une maniere sacramentelle & mystique l'oblation sanglante qu'il a faite de sa sainte humanité sur l'arbre de la croix. Nous aurons lieu de parler amplement de l'auguste & ineffable sacrifice de la Messe en traitant des sacremens.

Il faut joindre au sacrifice tous les exercices publics de religion établis dans l'Eglise. Le culte n'a garde d'y manquer, & de s'é-

loigner des affemblées eccléfiaftiques, *non Hebr. 10.*
deferentes collectionem, dit Saint Paul. Il fçait
que cette réunion de tous les adorateurs du
Seigneur fréquemment raffemblés dans un
même lieu, rend l'hommage de l'adoration
beaucoup plus agréable à Dieu, par le concert unanime de tous les cœurs & de toutes
les voix, *uná voce dicentes*, & par la participation où entrent tous les membres de l'affemblée, des vertus & des mérites de chacun de ceux qui la compofent. Il s'enfuit de-
là que c'eft courir grand rifque de manquer à
l'adoration qui eft dûe à Dieu, que de n'entrer jamais dans les Temples, que pour affifter à une meffe courte, qu'on n'entendroit
même pas, fi l'Eglife n'en avoit fait un précepte fpécial, & de ne tenir aucun compte
d'affifter aux offices & à la divine Pfalmodie.
Le cœur adore bien froidement, lorfqu'il fe
reftraint fi fort fur le culte extérieur. Ce défaut eft encore plus fenfible dans ceux qui
ne font aucune différence des lieux faints
confacrés au culte public, d'avec les lieux
profanes ; qui s'y comportent d'une façon
peu religieufe ; qui manquent au refpect dû
à la maifon de Dieu, par une diffipation
fcandaleufe, par des converfations toutes
féculieres, par des poftures peu décentes,
par l'immodeftie des parures & le luxe des
habillemens.

V.

Il ne fera pas inutile de parler du vœu, Le Vœu.
quoique ce ne foit pas un acte général de
religion, commun à tous. Les Fidèles ne doivent point être laiffés dans une ignorance
entiere à ce fujet, à caufe des inconvéniens

qui peuvent s'y rencontrer, & des fautes qui peuvent s'y commettre. Ce qu'il y a de plus nécessaire à sçavoir sur la matiere du vœu, se réduit aux points qui suivent. 1°. L'on entend par vœu, une promesse qu'on fait à Dieu, par laquelle on s'engage à faire telle ou telle bonne œuvre, qui n'est point commandée, mais qui est de surérogation, dans la vue de servir Dieu plus parfaitement, *de meliori bono*. Une simple résolution ne fait pas un vœu : il faut que la volonté ait prétendu s'engager à Dieu. 2°. Si la matiere du vœu doit être quelque chose de plus parfait, on ne peut pas faire vœu ni de chose qui ne seroit pas permise, ni de chose puérile, ni de ce qui peut devenir nuisible. 3°. Le vœu forme une obligation indispensable. » Faites des vœux au Seigneur, » dit le Psalmiste, & acquittez - les : il » vaudroit mieux, dit Salomon, ne point » faire de vœu, que de ne point tenir les » promesses qu'on a faites à Dieu. « Ce seroit manquer essentiellement au respect dû à la Divinité, que de ne point exécuter les engagemens qu'on a pris pour son honneur. 4°. Les vœux n'obligent point lorsqu'ils sont nuls par eux-mêmes, ou lorsqu'ils le deviennent par l'évenement. Ils sont nuls par eux-mêmes, lorsqu'ils manquent des conditions requises, qui sont sur-tout la liberté & la délibération. Ainsi un vœu qui a été fait forcément, & parce qu'on a été violenté à le faire, n'est pas valide : un vœu fait à la légére, sans réflexions, sans mûre délibération, n'est point valide. Tels sont beaucoup de vœux faits précipitamment par de jeunes personnes, par des femmes, qui n'ont pas pris le

Ps. 75.

Eccl. 5.

temps nécessaire pour comprendre à quoi
elles s'engagent, pour examiner si elles auront la force de remplir l'œuvre qu'elles promettent ; ces vœux communément sont nuls.
Il faut cependant observer que tous les
vœux imprudens ne sont pas nuls. S'ils ont
été faits avec délibération, avec mûre réflexion, quelqu'imprudens qu'ils puissent
être d'ailleurs, ils ne sont point nuls par
eux-mêmes. Une personne, par exemple,
qui a fait vœu d'entrer en Religion, après y
avoir suffisamment réfléchi ; mais qui n'a pas
examiné comme il convenoit, si c'étoit sa
vocation, si elle étoit du nombre de ceux à
qui Dieu en accorde le don, lequel, comme
Jesus-Christ le déclare, n'est pas commun à
tous, *non omnes capiunt ;* cette personne a   *Matth. 19.*
fait un vœu imprudent, indiscret, mais qui
n'est pas nul par lui-même. Il faut en pareil
cas revenir à l'examen, & voir s'il convient
au salut d'effectuer le vœu. Si on reconnoît
le contraire, il faut se faire relever du vœu,
& le faire commuer en quelqu'autre bonne
œuvre proportionnée. Car on ne doit pas
croire qu'on puisse en être dispensé en entier :
dès qu'on a eu intention de promettre quelque chose à Dieu pour son service, il faut
bien que cela ait quelqu'exécution ; outre
que l'on mérite quelque punition pour l'imprudence, l'indiscrétion, la présomption
dont on s'est rendu coupable envers Dieu.
Pour ce qui est des vœux qui deviennent nuls
par l'impossibilité de les observer, il suffit de
se présenter aux Supérieurs Ecclésiastiques,
qui nous déclareront déchargés du vœu. 5°.
La dispense d'un vœu obtenue sans cause,
sans raison légitime, est nulle devant Dieu,

& ne décharge pas la conscience. C'est la décision de Saint Bernard, parlant au Pape lui-même dans ses livres *de la Confidération*. Une telle dispense, dit-il, n'est pas une fidele dispensation, mais une cruelle dissipa-tion : *Non fidelis dispensatio, sed crudelis dissipatio*. 6°. De tout ceci il résulte qu'il faut être très-sobre à faire des vœux, & que du moins, il n'en faut jamais faire qu'avec bon conseil.

L. 3. c. 4.

VI.

Péchés contre la Foi.

Après avoir parcouru les différens actes de religion, il est à propos de voir les espéces différentes de péchés qui lui sont contraires. 1°. L'idolatrie, qui consiste à rendre à des créatures l'honneur suprême qui n'est dû qu'à Dieu. Ceux qui le rendroient aux Saints que l'Eglise honore, seroient coupables de ce crime. 2°. La superstition qui se commet de trois façons ; par la divination, lorsqu'on cherche à connoitre des choses cachées en s'adressant au démon, ou en employant des moyens qui ne peuvent venir que de lui ; par un culte de Dieu irrégulier, lorsqu'on prétend l'honorer & assurer son salut par des pratiques qui ne sont fondées que sur des traditions humaines, & qui ne sont ni établies de Dieu, ni approuvées par l'Eglise : enfin, par des observances superstitieuses, en attachant à des causes qui ne sont point naturelles des effets certains ; comme d'ajouter foi aux songes, de guérir certaines maladies par des pratiques qui n'ont aucun rapport à la guérison, & qui ne peuvent la produire que, ou par miracle, auquel cas c'est tenter Dieu, ou par l'opération du dé-

mon , ce qui appartient au crime d'idolatrie. Il eſt néceſſaire d'avertir que cette ſorte
de ſuperſtition eſt un péché très grief, ainſi
que tous les ſaints Peres , ſaint Auguſtin entre
autres , & ſaint Chryſoſtome en ont toujours
jugé : que cependant rien n'eſt plus commun
dans le monde , & qu'il eſt étonnant que les
Paſteurs & Confeſſeurs y faſſent ſi peu d'attention. Un autre avis également important ,
c'eſt que ce ſeroit une mauvaiſe excuſe de
dire , qu'en employant ces pratiques ſuperſ-
titieuſes , on a ſoin de dire auparavant : Je
renonce à tout paĉte , s'il y en a. Dès qu'on
eſt dans le doute , & qu'on ſuppoſe qu'il peut
y avoir quelque intervention du démon, il
ne faut point le faire. Ce n'eſt pas y renoncer
véritablement , que d'agir dans le doute.
Que diroit-on d'un homme qui n'étant point
aſſuré qu'il y eût dans un contrat quelque
clauſe uſuraire , le ſigneroit cependant par
proviſion , après avoir dit : S'il y a de l'uſure,
j'y renonce ? Le croiroit-on bien excuſé de
péché ? Quant à ceux qui s'autoriſent dans
ces ſuperſtitions , ſur ce que l'effet ſouvent
s'enſuit , on leur répondra avec ſaint Auguſtin , que Dieu , par un jugement terrible , permet que l'événement ſuive les divinations &
les ſuperſtitions, pour punir les téméraires qui
y ont ajouté foi , par l'aveuglement où il les
laiſſe tomber, & l'attachement qu'ils y ont plus
que jamais , à cauſe du ſuccès qui s'en eſt enſui-
vi. 3°. L'héréſie , qui conſiſte à nier quelque
article de foi avec obſtination. Il y faut joindre les doutes volontaires ſur quelque vérité
révélée. 4°. L'irréligion & le ſacrilége , c'eſt-
à-dire , la profanation des choſes ſaintes ,
des temples , des reliques des Saints , des pa-

roles de l'Ecriture, des Sacremens, & ainſi de tout ce qui eſt conſacré à Dieu. Si c'étoit la profanation du ſaint nom de Dieu, ce ſeroit ce qu'on appelle le blaſphême. C'eſt au péché d'irréligion qu'il faut ramener le crime de ſimonie, qu'on commet en achetant des choſes ſpirituelles par du temporel : comme lorſqu'on acquiert un Bénéfice à prix d'argent, ou qu'on ſe le procure par quelque moyen qui eſt appréciable ; par des ſervices temporels rendus à deſſein, par des préſens, par des ſollicitations, par des prieres, des importunités. C'eſt ſur quoi le commun des Fidéles n'eſt point inſtruit, & dont il ne devroit pas cependant être totalement ignorant. Les peres & meres, faute d'inſtruction, ſont expoſés à faire des fautes très-conſidérables & en elles-mêmes & dans leurs ſuites. Ils commencent par décider de la vocation de leurs enfans pour l'état Eccléſiaſtique, parce qu'ils regardent cet état du même œil que les autres établiſſemens du monde, & qu'ils choiſiſſent celui-là comme une reſſource plus facile & plus prompte pour fournir aux beſoins de la vie, *vivendi artificium.* Voilà déja la tache de ſimonie dans l'intention & dans les vues ; procurer à ſes enfans l'entrée dans les fonctions ſpirituelles du ſacré miniſtere, dans la vue de pourvoir à leur temporel ou au ſoutien de leur famille. S'ils ont déja ſous les yeux quelque Bénéfice qu'ils comptent leur faire tomber, & en faire entrer les revenus dans ceux de la famille, & qu'ils décident la vocation par ce motif, la ſimonie eſt encore plus marquée : donner ſes enfans à l'Egliſe pour le temporel d'un Bénéfice. Si l'occaſion ſe préſente d'en poſtuler un, que

ne font-ils pas ? On fait des offres, on follici-
te, on négocie, fouvent même on n'a pas
honte de ftipuler des fommes d'argent : fimo-
nie groffiere & toute claire ; acheter les chofes céleftes, les dignités eccléfiaftiques, le
don de Dieu. Ne font-ce pas là de grands
crimes dont ces parens intéreffés fe chargent
devant Dieu ? Mais ce ne font pas les feuls.
Ils fe rendent refponfables de tout le mal qui
en arrivera ; l'Eglife mal fervie par des Miniftres mal appellés, fouvent déshonorée par
leur vie mondaine, pour ne rien dire de plus ;
les peuples fcandalifés, laiffés fans inftruction, conduits fans lumiere, ou entierement
abandonnés ; les Sacremens profanés, tant
par ces Eccléfiaftiques intrus, que par les
peuples auxquels ils les prodiguent fans dif-
cernement. Il eft hors de doute que tous ces
péchés font fur le compte de ceux qui en
font la premiere caufe. Ces réflexions fervi-
ront à rendre les Séculiers plus circonfpects
à cet égard, & leur infpireront au moins de
prendre confeil de perfonnes bien fûres,
avant que de fe mêler de Bénéfices & d'em-
plois eccléfiaftiques.

CHAPITRE VII.

*Suite des Devoirs de la Justice Chré-
tienne ; & suite du premier Commandement. L'Espérance, seconde Vertu
Théologale.*

I.

L'Espérance.

L'éccli. 2.

LA vertu qui suit la Foi, & qui forme un second devoir de religion envers Dieu, c'est l'Espérance : » Vous qui craignez le Sei- » gneur, croyez en lui. Vous qui craignez le » Seigneur, espérez en lui. Vous qui craignez » le Seigneur, aimez-le «. Ce sont les paroles du Sage, qui expriment les trois vertus Théologales, Foi, Espérance, Charité : c'est par ces trois choses que Dieu est dignement servi & honoré. Nous avons vû la Foi, voyons maintenant l'Espérance. C'est une vertu qui nous fait attendre de Dieu avec une ferme confiance la vie éternelle & tous les secours nécessaires pour y arriver. Pourquoi cette vertu fait-elle partie du culte suprême qui est dû à Dieu, & qui est ordonné par le premier Commandement ? C'est que comme Dieu est le souverain bien & la fin derniere de la créature raisonnable, l'espérance est un hommage qu'elle lui rend en cette qualité, ne voulant être heureuse que de lui : c'est que comme il est miséricordieux, & que sa miséricorde est infinie, nous rendons gloire à cet attribut de la Divinité, en espérant en Dieu, attendant tout de lui, mettant notre confiance en lui : c'est que comme il est vrai dans ses promesses, fidele à les accomplir, nous honorons sa suprême fidélité, en nous appuyant sur ses divines promesses, dont nous espérons fermement l'accomplissement en nous : c'est que comme il est Tout-puissant, que rien ne lui est impossible, que son pouvoir n'est surmonté par aucune autre puissance, ni arrêté par aucun obstacle, nous glorifions & nous révérons sa Toute-puissance, en attendant de sa grace le salut éternel malgré toutes les difficultés qui se rencontrent dans sa poursuite : c'est que comme nous sommes foibles & la foiblesse même, n'ayant de notre propre fond que le néant & le péché; par l'espérance, nous confessons notre absolue dépendance de son secours, & nous le reconnoissons comme source de toute justice : c'est enfin que, comme il nous ordonne, pour ainsi dire, à toutes les pages des Livres saints, d'espérer en lui, & qu'il prend même la qualité de Dieu d'espérance, *Deus spei* ; par l'espérance, nous obéissons au précepte qu'il nous en fait, & par notre obéissance nous lui rendons ce que nous lui devons. Le contraste du désespoir nous fera encore mieux sentir combien l'espérance de l'homme est honorable à Dieu. Car désespérer de son salut, n'est-ce pas renoncer à Dieu comme souverain bien ; n'est-ce pas méconnoître l'immensité de sa miséricorde, comme si notre malice l'emportoit sur elle ; n'est-ce pas lui contester la toute-puissance qu'il a pour changer les cœurs, & les affranchir de l'esclavage du démon & de la tyrannie des passions ; n'est-ce pas révoquer en doute la vérité de ses promesses, ou lui refuſer l'obéiſſance due au commandement exprès qu'il nous fait de nous approprier ſes promeſſes par l'eſpérance ? Voilà quel eſt le crime de déſeſpoir, d'où il eſt aiſé de comprendre le mérite de la vertu oppoſée.

II.

Objet de l'Eſpérance.

Ce n'eſt pas qu'une eſpérance telle quelle, ait ce mérite. Il faut une eſpérance bien entendue. Nous allons en donner une idée juſte, en expliquant ce qu'elle a pour objet, quels ſont ſes fondemens, je veux dire les vrais motifs ſur leſquels elle eſt appuyée, quelle eſt la maniere de ſe rendre propres & perſonnels ces motifs généraux ? L'objet de l'eſpérance n'eſt point borné, il comprend tout ce que l'homme peut deſirer raiſonnablement, les biens à venir, cette ſouveraine félicité pour laquelle l'homme eſt créé, & dont il porte dans ſon cœur un ſecret deſir qui fait partie de ſon être, & qui en eſt inſéparable : tous les vrais biens de la vie préſente, les biens de la grace en premier, pour mériter ce bonheur futur ; les ſecours temporels par acceſſoire, pour remplir les beſoins du corps. C'eſt ce qui eſt ſi bien exprimé par cette courte parole de Jeſus-Chriſt : » Cherchez » premierement le Royaume de Dieu [voilà » la félicité du Ciel :] & ſa juſtice, [voilà les » biens de la grace :] & le reſte vous ſera » donné comme par ſurcroît, [voilà les be- » ſoins de la vie préſente «.] L'unique réflexion qu'il y a à faire ſur cet objet de l'eſpérance, c'eſt que comme toutes ces choſes y ſont renfermées, ſi on venoit à les ſéparer, ſur-tout les deux premieres, on courroit grand riſque ; enſorte que ſi on ne les eſpé-

Matth. 6.

roit pas toutes deux ensemble , on n'auroit plus la vertu de l'espérance pour aucune.

Cette réflexion est plus importante qu'on ne pense : car il est très-ordinaire de diviser & de partager son espérance. Pour le premier objet qui est le salut éternel , tout le monde le souhaite ; beaucoup non-seulement le souhaitent, mais l'espérent, bien ou mal. Il en est de même du troisieme objet , tous attendent de la Pro idence ce qui est nécessaire à la vie du corps ; mais combien y a-t-il de Chrétiens qui laissent-là le second , je veux dire, les graces nécessaires pour mener une vie sainte , méritoire du bonheur éternel ! On dit bien de bouche qu'on espére la grace de Dieu , on prononce des prieres qui en expriment la demande ; mais cela ne fait pas un sentiment réel & effectif. En voici la preuve. On n'espere pas véritablement ce qu'on ne desire point, ce qu'on ne desire que foiblement, ce qu'on n'est pas empressé d'obtenir , ce qu'on regarde avec indifférence. Or beaucoup de Chrétiens sont dans cette disposition par rapport à la grace de la sainteté , par rapport à la justice, par rapport à la pratique des vertus par lesquelles on parvient à la félicité de l'autre vie. On cherche le Royaume de Dieu ; mais on ne cherche pas la justice : on souhaite d'être sauvé , on ne voudroit pas être damné ; mais on ne souhaite pas de même d'être saint , vertueux, chrétien vivant de la foi, exact observateur des Commandemens de Dieu, disciple fidele de Jesus-Christ & de l'Evangile, sectateur des bonnes œuvres. On souhaitera bien la rémission de ses péchés, on tâchera de se la procurer par l'absolution ; mais souhaite-t-on de même une vie exempte de crime ? On souhaitera de faire une bonne mort ; mais souhaite-t-on de même une bonne vie ? Cependant l'exemption du crime, la bonne vie, font des moyens indifpenfablement néceffaires pour être fauvé ; & les fecours de la grace qui font le fecond objet de l'efpérance, ne font pas feulement la grace de l'abfolution & la grace d'une bonne mort ; mais c'eft auffi la grace de la fainteté, de la chafteté, de l'humilité, de la piété, de la vie pénitente ; parce que le Ciel ne fera ouvert qu'à ceux qui auront pratiqué ces vertus tôt ou tard. Cela fuppofé, on peut dire que l'efpérance dans la plûpart des Chrétiens eft bien pleine d'illufion, bien défectueufe, bien imparfaite ; puifqu'un de fes objets effentiels eft de manque chez eux. S'ils vouloient me foutenir qu'ils efperent les biens de la grace auffi-bien que ceux de l'autre vie, je leur ferois une queftion, fçavoir s'ils feroient bien contens de n'être pas mieux exaucés & de réuffir auffi peu dans l'efpérance qu'ils ont du Paradis, que dans celle qu'ils prétendent avoir de devenir de bons Chrétiens ; ce qui ne leur arrive jamais. Il eft donc vrai qu'ils ne defirent & n'efperent pas les biens de la grace, comme ils defirent & efperent la félicité de l'autre vie : puifqu'ils fe confolent fi aifément de n'avoir pas les premiers, pendant qu'ils feroient inconfolables fi la feconde venoit à leur manquer.

III.

Fondemens généraux de l'Efpérance.

Paffons maintenant aux vrais fondemens de l'efpérance chrétienne. Les trois principaux font les promeffes que Dieu a faites aux hommes, sa grande miséricorde & sa divine Providence : les promesses, fondement de l'espérance des biens de la gloire pour l'autre vie : la miséricorde, fondement de l'espérance des biens de la grace pour celle-ci : la Providence, fondement de l'espérance des biens du corps. Ecoutons l'Apôtre : » Comme » les hommes jurent par quelqu'un qui est plus » grand qu'eux, & que le serment est la plus » grande assurance qu'ils puissent donner de » leur parole, Dieu voulant aussi faire voir » avec plus de certitude aux héritiers de la » promesse, la fermeté immuable de son » Decret, a ajouté le serment à sa parole ; » afin qu'étant appuyés sur ces deux choses » inébranlables, dans lesquelles il est impossi- » ble que Dieu nous trompe, nous ayons » une puissante consolation, par l'espérance » qui nous est proposée : laquelle sert à notre » ame d'une ancre ferme & assurée qui pé- » nétre jusqu'au sanctuaire qui est au-dedans » du voile, où Jesus, comme Précurseur, est » entré pour nous «. Saint Paul dit tout dans ce passage. Dieu a promis, il a promis avec serment : Dieu ne peut point nous tromper dans ce qu'il nous promet, parce qu'il est vrai & fidéle : il le peut encore moins, lorsque le serment est joint à la promesse. Que nous a-t-il promis ? l'héritage éternel, la possession de ce repos où Jesus-Christ est déja entré. Quelle doit être notre espérance ? ferme comme une ancre qui fixe & qui tient immobile un vaisseau au milieu des flots. Enfin, où sont consignées ces promesses ? Saint Paul les trouve dès les premiers tems, dans celles que Dieu fit à Abraham. Or qu'est-ce que nous voyons dans la Genèse,

Hebr. 6.

que Dieu a promis à Abraham ? Je jure par moi-même, que je te bénirai, je te donnerai en héritage une Terre délicieufe : Je ferai moi-même ta récompenfe très-grande, *ero merces tua magna nimis*. Et cet héritage, cette terre promife, le même Apôtre dit que c'eft la Cité célefte, dont Dieu lui-même eft l'architecte, la patrie du Ciel, que ces Saints attendoient, après laquelle ils foupiroient.

Gen. 15.

Hebr. 11.

Le fondement de l'efpérance pour les biens de la grace, n'eft pas moins folide. C'eft la miféricorde d'un Dieu en qui tout eft infini & fans bornes, la miféricorde comme toutes les autres perfections. Miféricorde gratuite, qui n'attend pas les mérites de l'homme, & qui fe communique à des indignes : miféricorde furabondante, qui fe répand quelquefois fur de grands pécheurs plus que fur d'autres : miféricorde riche, qui renferme tous les tréfors de la grace pour tous les befoins : miféricorde paternelle, divine, généreufe, qui non-feulement nous permet, mais encore nous commande & nous fait un précepte d'efpérer en elle : miféricorde toute-puiffante, dont rien ne peut empêcher l'effet ni arrêter les opérations.

Pour ce qui regarde les befoins du corps, c'eft la foi de la Providence qui établit notre efpérance. Celui qui nous a donné un corps, nous donnera dequoi le foutenir. C'eft un bon Pere qui aura foin de nous, puifqu'il pourvoit avec tant d'attention à la fubfiftance des autres êtres qui ne valent pas tant que nous. Rien n'échape à fa connoiffance : il voit tous nos befoins : il fçait mieux que nous ce qu'il nous faut. Rien ne peut mettre

obftacle

obstacle à ses bienfaits. Aucune des créatures qui composent ce grand Univers, ne lui est étrangere & indifferente : » Il a soin » de tous, dit Saint Augustin, comme si » c'étoit un seul, il a soin d'un seul comme » si c'étoit tous « : *Sic curat omnes quasi unum, sic curat unum quasi omnes.* Il y a cependant cette différence entre la Providence qui a pour objet les choses temporelles, les biens du corps, & celle qui regarde les choses spirituelles, les biens de la grace, que les effets de la premiere sont surbordonnés à ceux de la seconde ; que ce n'est que par rapport aux biens de la grace, que la Providence paternelle de Dieu nous fournit ceux qui touchent le corps ; qu'elle ne nous fournit ceux-ci qu'autant & de la maniere qu'ils peuvent entrer dans l'ordre de notre salut. D'où il s'ensuit que l'attente de ces biens temporels ne doit être en nous que conditionnelle : au lieu que celle des biens spirituels doit être sans réserve ; que nous ne devons par conséquent espérer & demander ceux-là qu'avec soumission à ce qu'il plaira à Dieu d'en ordonner, & que nous devons espérer & demander les seconds absolument : bien persuadés qu'avec ceux-ci rien ne nous manquera, & que si les premiers venoient à nous manquer, c'est qu'ils ne seroient plus nécessaires à notre unique vrai bien, qui est notre salut.

<h2 style="text-align:center">IV.</h2>

Il ne suffit pas de connoître les fondemens généraux de l'espérance : il faut sçavoir comment ils peuvent devenir personnels pour chaque particulier. Car chacun pourroit dire:

Dieu est fidèle dans les promesses ; je le sçai : Dieu est infiniment miséricordieux ; je n'en doute nullement. Mais que sçai-je si je suis compris dans ces promesses ? Que sçai-je si cette miséricorde s'étendra jusqu'à moi ? Quelque certaines que soient les promesses du Seigneur, quelqu'infinie que soit sa miséricorde, tous cependant n'éprouveront pas l'effet des premieres , & ne recevront pas les bienfaits de la seconde : tous ne se sanctifieront pas , tous ne seront pas sauvés.

Etablissons d'abord deux principes. Le premier est que c'est un precepte, un devoir commandé, d'espérer ; que ce précepte oblige tout le monde , de même que le précepte d'adorer & d'aimer : Dieu précepte de la loi éternelle, qui en commandant à l'homme de rendre à l'Etre Suprême le culte qui lui est dû, commande par conséquent d'honorer toutes ses perfections, sa vérité par la foi, sa bonté par l'espérance, sa qualité de fin derniere par la charité , tous ses divins attributs par la vertu de religion. Si donc l'espérance est de précepte, il n'est plus question de demander, pourquoi espérerai-je ? Sur quel motif le ferai-je ? Que sçai-je si j'ai fondement d'espérer, si je suis du nombre des Elus, si les promesses sont pour moi ? Il vous suffit, répondrai-je, de sçavoir que Dieu vous le commande. Dès qu'il y a un précepte, il n'y a plus d'éclaircissement à demander, ni d'examen à faire : il ne s'agit plus que d'obéir. Obéissez donc, & espérez, puisque Dieu le veut : il ne vous faut plus d'autre raison.

Le second principe est que Dieu a attaché toutes les graces à l'espérance, & qu'il accorde tout à qui espere; c'est ce qui est marqué par-tout dans l'Ecriture. Si Abraham a été trouvé juste devant Dieu, » c'est, dit Saint » Paul, parce qu'il a espéré contre toute es- » pérance. Nos Peres, dit David, ont es- » péré en vous, Seigneur; & parce qu'ils » ont espéré, ils n'ont point été trompés » dans leur attente. Espérez en Dieu, dit » encore David, & il vous accordera toutes » vos demandes. J'ai espéré en vous, Sei- » gneur, & je ne serai jamais confondu. Qui- » conque met sa confiance en Dieu, n'est » point trompé dans son espérance? L'espé- » rance ne confond & ne trompe point. Que » l'homme prie avec foi sans hésiter, & il » sera exaucé. « Qu'on ne demande donc plus comment & sur quel fondement chacun est en droit d'espérer. Dès que l'espérance a un succès certain & infaillible, il me suffit d'espérer pour avoir la confiance que j'obtiendrai. J'espérerai donc parce que j'espère; l'espérance elle-même sera le fondement de mon espérance. Je m'approprierai à moi en particulier les promesses du Seigneur; je m'approprierai sa miséricorde; je m'approprierai sa toute-puissance pour sauver, je m'approprierai les mérites de Jesus-Christ. Je me regarderai comme étant du nombre des Prédestinés; comme étant enfant de la Promesse : & en le faisant jusqu'à la mort, je ne craindrai point de me tromper, puisque d'un côté je ne fais que ce que Dieu me commande, & que de l'autre je fais une chose à laquelle est attaché l'effet des promesses du Seigneur, de sa miséricorde, de sa toute-puissance, des mérites de Jesus-Christ. On sent bien que je ne parle ainsi que pour des

E ij

Chrétiens qui ont quelque bonne volonté , qui defirent de fe fauver, & qui y travaillent ; mais qui feroient tentés de défiance & de découragement , parce qu'ils n'avancent pas comme ils voudroient. Car tout ce que j'ai dit raffûreroit mal à propos des Chrétiens charnels , des pécheurs endormis dans le crime, qui croiroient être à la fin fauvés, en difant pendant toute leur vie : j'efpere. J'ai même montré plus haut, qu'ils n'ont & ne peuvent avoir dans cet état la vraie efpérance chrétienne, puifqu'elle renferme dans fon objet la converfion, la fanctification, ce qu'ils ne fouhaitent ni ne defirent.

V.

Fondemens particuliers de l'Efpérance.

Après avoir ainfi formé fon efpérance fur les motifs généraux, qu'on s'eft rendu propres & perfonnels par ces deux principes que je viens d'expofer, on travaille enfuite à l'affermir & à la faire croître par des motifs plus particuliers. Comme on fçait que les graces font attachées à l'efpérance & à la confiance en Dieu, on fait réflexion fur celles qu'on a déja reçues, & qui font autant de témoignages qu'on eft aimé de Dieu, qu'on a quelque part aux promeffes, à la miféricorde. Plus on trouve en foi de ces témoignages & de ces marques de l'amour de Dieu, plus on a fujet de croire qu'on eft du nombre des Prédeftinés , & qu'on n'eft pas dans la claffe de ceux que Dieu a laiffés dans la maffe de perdition. Cela ne fera jamais certitude : auffi l'efpérance exclut la certitude entiere. C'eft une des erreurs des Calviniftes, de dire que tout homme jufte doit croire, comme un article de foi, qu'il eft jufte, &

qu'il sera sauvé. Mais s'il n'y a pas certitude de foi sans l'espérance, il y a confiance & une ferme confiance. Or il est visible que plus on a de preuves & de marques que Dieu nous fait & nous veut du bien, plus on a lieu d'avoir confiance pour son salut : parce que, plus on a de ces marques, plus on approche de la ressemblance à un Prédestiné, & plus on s'éloigne de la ressemblance à un Réprouvé. Voilà comment l'espérance, comment la confiance s'augmente, s'accroît, se fortifie, s'affermit : on va d'espérance en espérance, de confiance en confiance, *ex fide in fidem.*

Rom. 1.

Voici donc comme raisonne un Chrétien enfant de l'espérance, & comment il accumule les raisons personnelles qu'il a d'espérer. 1°. » Ce que Dieu a fait pour moi jusqu'à » présent, me donne lieu d'espérer qu'il fera » le reste. » J'ai cette confiance, disoit Saint » Paul, que celui qui a commencé achevera. » Il m'a déja délivré & préservé de beaucoup » de périls ; il me délivrera & me préservera » encore, je l'espere ainsi. « En effet, ce qui est déja fait, n'est plus à faire : ce sont autant de degrés qui m'approchent de la ressemblance avec un Elu, qui m'éloignent par conséquent, & me séparent d'autant de la multitude des Réprouvés, pour qui il n'a pas tant fait. 2°. Ce que Dieu fait actuellement en moi, me donne lieu d'espérer qu'il continuera. C'est encore un degré de plus qui me distingue & me sépare de ceux que Dieu délaisse. Saint Paul en fait un principe pour les Justes, à qui il fait remarquer que le plus fort du salut est fait pour eux, dès qu'ils sont dans la justice. » Si, dit-il, lorsque nous

Philip. 1.

2. Cor. 1.

Rom. 5.

E iij

» étions ennemis de Dieu, Dieu nous a ré-
» conciliés avec lui ; à plus forte raison,
» maintenant qu'il nous a réconciliés, il nous
» sauvera. « L'application du principe peut
se faire aussi aux pécheurs pénitens. Ce qu'ils
ont de contrition, ce qu'ils voyent en eux d'a-
mendement, de pénitence, de commencement
de bonne vie, sont autant de dégrés d'éloignement de la réprobation ; autant de marques
qu'on en est loin à proportion. 3°. » Ce que
» je ferai de bien dans la suite, continue le
» Chrétien vivant de la Foi, augmentera
» encore mon espérance, puisqu'en faisant
» de bonnes œuvres , je rendrai certaine
» ma vocation & mon élection. « Suivant la
parole de Saint Pierre : Plus j'en ferai, plus
elle me deviendra certaine. Chose remar-
quable ! Bien loin que la doctrine de la confiance détruise les bonnes œuvres, rien n'en
prouve & n'en suppose mieux la nécessité,
puisque sans les bonnes œuvres, il manque-
roit un appui bien important & même néces-
faire à la confiance. Il faut en dire autant de
la crainte. L'espérance qui banniroit toute
crainte en cette vie, seroit mal entendue :
c'est un devoir d'opérer son salut avec frayeur
& tremblement ; or un devoir n'en doit point
exclure un autre : il faut remplir tous les
deux ; & bien loin qu'en pratiquant celui
d'une crainte humble & salutaire, on s'expose
à affoiblir la confiance, au contraire la crainte
elle - même mêlée d'amour étant une bonne
œuvre, fera partie de ces bonnes œuvres qui
servent à rendre certaine la vocation & l'é-
lection.

VI.

La difcuffion que nous venons de faire de la matiere de l'Efpérance, nous conduit natu-rellement à l'intelligence des péchés contrai-res à cette vertu. Nous avons affigné à l'ef-pérance trois objets, les biens de la gloire, les biens de la grace, & les chofes néceffaires à la vie du corps. On peche contre l'efpéran-ce quand au premier point, par l'oubli des biens du Ciel. On péche quant au fecond de deux façons, par excès & par défaut, par la préfomption & par le défefpoir. On peche quant au troifieme, par la follicitude du temporel.

L'oubli des biens de l'autre vie. L'efpéran-ce eft une attente ; on n'attend point ce qu'on ne defire pas, ce qu'on oublie, ce dont on fe foucie peu. On ne dira pas d'un homme fenfé & férieux, qu'il efpere d'amaffer beau-coup de petites coquilles fur le bord d'une riviere, comme font les enfans, parce qu'à fon âge il méprife les amufemens des enfans. On ne dira pas qu'un homme efpere de re-voir un inconnu qu'il a eu occafion de voir dans une hôtellerie, parce qu'il fe foucie peu de cet inconnu. Il eft donc effentiel à l'efpérance d'aimer ce qu'on efpere d'aimer pendant l'é-ternité. Combien y a-t-il donc de Chrétiens qui pechent contre l'efperance, & dont l'ef-pérance eft morte, puifqu'il y en a tant qui ne penfent jamais aux biens de l'autre vie, & qui les ont totalement oubliés ? Il faut porter ce jugement de cette multitude d'am-bitieux, de voluptueux, d'avares, de gens amateurs idolâtres de la vie, qui, à l'article de la mort, difent en vrais Payens, faut-il

1. Reg. 15. donc mourir ? *Siccine separat amara mors ?*

La Présomption. Mettre sa confiance en soi-même, comme font ces pécheurs qui diffèrent de se convertir , & qui se persuadent qu'ils le feront quand ils le voudront. Se persuader qu'on obtiendra les graces dont on a besoin , sans en prendre les moyens , comme font ces pénitens lâches qui prétendent rentrer en grace sans faire pénitence : comme font aussi des Justes indolens , qui croyent se soutenir dans le bien , sans prier , sans veiller sur eux - mêmes , sans fuir les occasions. S'imaginer témérairement qu'on est en état de grace , sans en avoir les marques , qui sont les bonnes œuvres , une vie chrétienne & évangélique.

Le désespoir , & la simple défiance. C'est ce qu'on voit dans un pécheur qui veut se persuader que Dieu l'a abandonné , & qui prend le parti de vivre dans l'impénitence ; oubliant que la miséricorde de Dieu est infinie , & infiniment supérieure à la malice de l'homme. La simple défiance , quoique beaucoup moins criminelle que le désespoir , est cependant un péché contre l'espérance : car qui dit Espérance , dit confiance. Ainsi ces ames foibles , qui se découragent à la vue de leurs imperfections , ou des difficultés de la vertu , ou des dangers du salut , se rendent coupables devant Dieu plus ou moins , suivant qu'elles s'abandonnent au découragement ; & elles s'exposent à tomber dans le grand crime du désespoir. Car la défiance peut mener jusque - là de degré en degré , si on la laisse croître.

La sollicitude du temporel , c'est-à-dire , la trop grande inquiétude dans la recherche des choses néceſſaires à la vie du corps, la défiance de la Providence, les murmures contre les événemens qu'elle permet, l'empreſſement dans les efforts humains que l'on fait pour réuſſir dans les affaires temporelles, comme ſi on attendoit le ſuccès uniquement de ſon induſtrie.

CHAPITRE VIII.

Suite des Devoirs, & ſuite du premier Commandement. La Charité, troiſiéme Vertu Théologale.

I.

» VOus aimerez Dieu, dit la Loi, de » tout votre eſprit, de toute votre ame, » de toutes vos forces. Voilà, ajoute Jeſus- » Chriſt, le grand Commandement, « parce qu'en effet il eſt le plus important de tous, & que ſans l'obſervation de celui-ci, celle de tous les autres ne ſerviroit de rien. Aimer Dieu, c'eſt un devoir de juſtice. C'eſt le tribut & l'hommage dû à ſes perfections ineffables & infinies, ſageſſe, puiſſance, bonté, juſtice, éternité, immenſité, premier principe, fin derniere de toutes choſes. C'eſt un devoir de reconnoiſſance, fondé ſur ces titres infiniment aimables de Créateur, de Conſervateur, de Rédempteur. C'eſt un devoir de religion. » On n'adore véritablement, dit » Saint Auguſtin, que ce que l'on aime : « *Hoc colitur, quod amatur.* C'eſt un devoir d'intérêt pour l'homme. Dieu eſt ſon Souverain bien. » Vous nous avez faits pour vous,

La Charité.

Matth. 22.

E v

» Seigneur, dit encore Saint Augustin, &
» notre cœur ne sera jamais content, que lors-
» qu'il se reposera en vous. « C'est un devoir
qui précède tout commandement, & dont la
nature a gravé les principes dans le cœur de
l'homme. Nous portons en nous un amour
inné de la grandeur : qu'y a-t-il de plus grand
que Dieu ? Nous sommes naturellement amateurs du beau : quelle beauté comparable à
celle de cet Etre, qui est le Créateur de toute beauté, *quanto speciosior speciei generator?*
Nous sommes faits pour être heureux : on
détruiroit plutôt notre être, que d'en sépa-
rer ce desir du bonheur : qu'y a-t-il hors de
Dieu, qui puisse nous rendre heureux ; puisque tous les plaisirs & tous les biens créés
n'ont jamais pu remplir ce desir insatiable de
la félicité ? C'est un devoir de préférence.
Tous les autres sont commandés par la charité, peuvent être suppléés par la charité,
ne méritent rien, ne sont rien sans la charité,
dit Saint Paul. Il est donc bien surprenant
qu'on ait porté l'aveuglement jusqu'à révoquer en doute si c'est une obligation spéciale
d'aimer Dieu, si l'on peut être sauvé sans
l'avoir aimé, être réconcilié avec lui sans son
amour : qu'on ait mis en probléme, s'il faut
faire souvent des actes d'amour de Dieu,
combien de fois par an, s'il ne suffiroit pas
d'en faire un à l'article de la mort. Nous n'en-
treprendrons pas de combattre ces monstres
d'opinions. Ce seroit faire injure à la piété
des bons Chrétiens pour qui nous écrivons :
outre que ce qui n'est que de spéculation
n'intéresse pas directement les mœurs, ne les
intéresse que d'une maniere peu fructueuse :
après qu'on aura bien démontré qu'il faut

aimer Dieu, qu'il faut faire des actes de cet amour, en n'aura pas fait le plus important.

L'essentiel est de savoir comment ce devoir peut être rempli, & ce que c'est proprement que de faire des actes d'amour de Dieu dans la pratique. Toute cette pratique est renfermée dans un seul point, qui est le rapport de toutes ses actions à Dieu : c'est-à-dire, de prendre Dieu pour la fin derniere de tout ce que l'on fait, faire tout pour la gloire de Dieu, ne faire rien que ce qui peut lui plaire. Ainsi rapporter tout à Dieu, c'est la perfection de l'amour : manquer à se rapporter à Dieu en chose legere, c'est un péché véniel contre l'amour de Dieu : manquer à se rapporter à Dieu en chose importante, c'est un péché mortel contre l'amour de Dieu. Je dis *rapporter*, & non pas *offrir* : ce sont deux choses qui paroissent synonymes, & qui sont cependant fort différentes. Offrir ses actions à Dieu, ne signifie pas que Dieu soit la fin de ce qu'on lui offre. Un présent, un don qu'on fait à quelqu'un, ne dit pas qu'on le prenne pour sa fin derniere, qu'on se donnera à lui, qu'on ne veut vivre que pour lui, qu'on renonce à sa propre volonté, pour faire la sienne en tout. Mais rapporter, dit tout cela. C'est comme si on disoit de chacune de ses actions : Je fais telle chose, parce que Dieu le veut, parce qu'il me le commande, parce que cela lui est agréable, parce que je veux me conformer en cela à sa volonté, & non à la mienne. En un mot, offrir, c'est vouloir plaire à Dieu en faisant telle & telle chose, qui peut-être ne lui plait pas ; ou, sans être bien assûré qu'elle lui plait : rapporter, c'est vouloir faire telle chose, parce que la chose elle-même plaît à Dieu.

II.

Rapport des actions à Dieu.
R. m. 14.

La raison du grand devoir du rapport de toutes les actions à Dieu, est celle qu'en apporte Saint Paul : *Domini sumus*, » nous » appartenons au Seigneur : « & tout en nous appartient à Dieu, nos pensées, nos affections, nos sens, tous les mouvemens de notre corps. Tout lui appartient, parce qu'il est le Créateur de tout ; tout lui appartient, parce que Jesus-Christ son Fils lui a tout acheté au prix de son sang ; tout lui appartient, parce qu'il est la fin derniere de tout. Tout lui appartient, parce que nous ne pouvons ni penser ni parler, ni agir, ni respirer sans lui ; & qu'en tout cela il influe dans l'action, nous aide à la faire ; & qu'ainsi ce seroit le deshonorer, que de faire servir son action d'influence à quelque chose qui ne seroit pas pour sa gloire. »

1. Cor. 10. Quelque chose, dit Saint » Paul, que vous fassiez, soit que vous bu- » viez ou que vous mangiez, soit que vous » parliez ou que vous agissiez, faites tout *Coloss. 3.* » pour la gloire de Dieu. « Tous les Saints Peres & tous les Théologiens ont reconnu dans ces paroles, non un conseil de perfection, mais un précepte & un devoir d'obligation. *Quidam dicunt quod non est præceprum ; & hoc est falsum*, dit Saint Thomas. Saint Basile, pour montrer l'universalité du précepte qui n'excepte point les cho-*Reg. brev.* ses les plus indifférentes, dit que » la paro-*interrog. 23.* » le oiseuse que Jesus-Christ condamne » de péché dans l'Evangile, est une parole » qui sans être mauvaise en soi, ne fait rien

» pour le service de Dieu , *quod ad proposi-*
» *tum in Domino usum non facit.* « Saint Jerôme descend dans un détail encore plus
grand que Saint Paul ; & donne une telle
étendue au devoir de rapporter tout à Dieu ,
qu'il y comprend les plus petites , & même
les plus viles des actions de l'homme, remuer
la main , se moucher, cracher, satisfaire aux
besoins de la nature , *movere manum , sputa*
jacere , relevare alvum. On peut voir dans
quantité de Livres de piété , & d'ouvrages de
Théologie , des milliers de passages des Saints
Peres qui attestent la foi de l'Eglise dans tous
les siécles. Saint Augustin sur-tout n'enseigne autre chose , dans tous ses admirables
Ecrits ; & les preuves qu'il emploie sont sans
replique. Ecoutons-le. « Qui dit tout , n'ex-
» cepte rien. Quand donc Dieu nous dit :
» Vous aimerez le Seigneur votre Dieu de
» tout votre cœur, de tout votre entende-
» ment , de toutes vos puissances , de toutes
» vos facultés , de toutes vos forces , il ne
» laisse aucune portion de notre vie qui puisse
» se soustraire à cet amour , & qu'il nous soit
» libre d'employer pour l'amour de quel-
» qu'autre chose que lui , *nullam vitæ nostræ*
» *partem reliquit , quæ vacare debeat , ut aliâ*
» *re velit frui.* »

Mais , dira-t-on , suivant l'interprétation
qu'on a donnée du terme de rapporter , il faut
qu'une chose puisse servir à la gloire de Dieu ,
afin qu'elle puisse lui être rapportée. Comment donc ce devoir peut-il s'étendre jusqu'à des choses & des actions , qui ne sçau-
roient en aucune façon contribuer à la gloire
de Dieu ; celles , par exemple , que nous
avons articulées , d'après Saint Jerôme , qui

ne regardent que les nécessités de la nature
& les besoins de l'humanité ? Pourquoi non ?
N'est-il pas de la gloire de Dieu qu'il soit
obéi ? On agit donc pour sa gloire, lorsqu'on
ne fait toutes les choses qui viennent d'être
nommées que pour obéir au commandement
qu'il nous a fait d'entretenir la vie d'un corps
qu'il nous a donné ? N'est-il pas encore de la
gloire de Dieu, que nous ne nous rendions
pas incapables de remplir les devoirs de l'é-
tat où il nous a placés, de faire toutes les
bonnes œuvres qu'il demandera de nous pendant notre vie ? On agit donc pour sa gloire,
lorsqu'on satisfait à ce que notre corps exige pour se maintenir en santé, & pour conserver son œconomie animale, sans laquelle
il ne vivroit pas.

III.

Suite.

Venons à la pratique. Une telle obligation d'une aussi vaste étendue est-elle suscep-
tible d'exécution ? Il semble que c'est imposer
à l'homme un devoir qui est au - dessus de ses
forces, puisque d'un côté on le réduiroit à
une contention perpétuelle d'esprit qu'il n'est
pas capable de porter, & que de l'autre, sa
légéreté naturelle, jointe à une multitude
d'affaires nécessaires dont il est occupé, lui
causeroit une distraction incompatible avec
le rapport qui doit être de chaque instant.
C'est ce qui demande explication. Ce rapport de nos actions à Dieu se fait par l'intention qu'on a de ne rien faire que ce qui
plaît à Dieu. Or il faut distinguer plusieurs
sortes d'intentions, & nous trouverons la solution de la difficulté proposée. Il y a intention actuelle, & intention virtuelle. L'in-

tention actuelle, est le rapport qu'on fait à Dieu actuellement d'une telle action en y pensant spécialement. On convient que cette intention n'est pas pratiquable à chaque instant, & qu'ainsi elle n'est pas nécessaire pour remplir le grand devoir du rapport universel. L'intention virtuelle est celle qui est censée persévérer en vertu d'une intention actuelle qui a précédé. Ainsi un bon Chrétien qui pense à Dieu de temps en temps, qui a pris au commencement de la journée la résolution de ne rien faire que pour l'amour de Dieu & pour sa gloire, & qui dans le cours de la journée renouvelle le plus souvent qu'il peut la résolution prise à son lever, est censé rapporter à Dieu toutes & chacune de ses actions, celles-là mêmes dans lesquelles il ne pense pas à Dieu. Une comparaison fera mieux comprendre ceci. On dit d'un ambitieux, qu'il rapporte tout à la vaine gloire; quoique cependant il ne soit pas vrai, qu'il n'y ait aucun instant de la journée, auquel il ne pense expressément à la vaine gloire & à tout ce qui est l'objet de l'ambition. Mais parce que toutes les fois qu'il y pense, il se confirme dans l'amour des honneurs, que c'est cet amour qui donne le branle à toutes ses actions, on peut affirmer avec vérité, que tout ce qu'il fait, tout ce qu'il dit, tout ce qu'il pense, a pour fin dernière la vaine gloire.

Il y a deux autres espèces d'intention; mais qui ne suffiroient pas: l'intention qu'on appelle habituelle, & l'intention interprétative. L'intention habituelle est l'habitude qu'on s'est formée de faire ce rapport, & qui peut subsister un temps considérable sans qu'on fasse des actes. Il est visible qu'avec

celle-là seule on n'a pas le mérite de rapporter à Dieu tout ce que l'on fait, qu'elle n'é-
quivaut pas à un rapport actuel ou virtuel :
autrement on pourroit dire que dans le temps
même qu'on commet un péché véniel, on
rapporteroit cette action à Dieu ; puisque
dans le temps qu'on le commet, on conserve l'intention habituelle qu'on n'a pas perdue : car les habitudes ne se perdent pas par
un seul acte contraire : elles subsistent même
au milieu de plusieurs actes opposés. L'intention interprétative, qui n'est appellée intention que très-improprement, est celle
qui consiste à faire des actions qui peuvent
être rapportées à Dieu, qui sont référibles
de leur nature, sans que, de la part de celui
qui les fait, il y ait aucune intention personnelle, ni actuelle, ni virtuelle. Celle-ci
est encore moins suffisante que l'autre ; parce
qu'elle n'est pas même intention ; c'est un
mot vuide sans réalité. Avec une telle intention, si elle avoit lieu, un enfant, un fou, un
imbécile, une bête même auroit le mérite de
rapporter ses actions à Dieu ; puisqu'un enfant, un fou, une bête font bien des choses
qui par leur nature peuvent être rapportées,
sont susceptibles de rapport à Dieu. Il ne suffit donc pas, pour satisfaire au grand commandement, de ne jamais rien faire, qui ne
puisse être rapporté à Dieu, & avoir Dieu
pour fin : il faut faire & exécuter réellement
ce rapport, ou par un acte présent, ou par
une fréquente répétition du rapport actuel,
qui étant ainsi renouvellé, affecte & rend
méritoires toutes les actions intermédiaires
dans lesquelles on ne pense pas actuellement
à Dieu. On entend bien que ceci n'a lieu que

pour les actions qui ne font pas mauvaises :
car pour les péchés véniels, qui furviennent
dans l'entre-temps, ce feroit une penfée ex-
travagante de croire que le rapport virtuel les
rendroit agréables à Dieu.

IV.

Cette maniere d'expliquer la pratique de
l'amour de Dieu, par le rapport que nous lui
faifons de toutes nos actions, eft courte &
fimple, & abrége bien de l'ouvrage. Il eft
aifé par cette méthode de répondre à toutes
les queftions qu'on peut faire fur l'amour de
Dieu : elle en rend même plufieurs inutiles
qui n'ont plus lieu. Par exemple, lorfqu'on
demandera s'il faut aimer Dieu d'un amour
d'efpérance ou d'un amour de charité : en
répondant qu'il faut tout faire pour plaire à
Dieu, on a répondu à la queftion. Il eft vifible que toutes les fois qu'on cherche à plaire
à Dieu, parce que Dieu mérite qu'on agiffe
ainfi, & que la créature lui doit cet hommage, c'eft la charité. Lorfqu'on demandera
comment un Directeur pourra connoître fi
la converfion de fon pénitent eft formée par
l'amour, fi c'eft une vraie contrition ou fi
ce n'eft qu'une attrition fans amour, on répondra qu'il ne s'agit que de s'affurer, s'il
fait tous les jours, le foir, le matin, de
tems en tems le rapport de fes actions à la
gloire de Dieu, en fe propofant Dieu pour
fin. Lorfqu'on demandera s'il faut faire des
actes d'amour de Dieu, quand il en faut
faire, combien de fois par mois, par année :
queftion fuperflue, dès qu'il faut avoir Dieu
pour fin dans tout ce qu'on fait, il n'en faut
pas davantage : cela feul vaut tous les actes

d'amour, par lesquels on diroit à Dieu : mon Dieu, je vous aime. Il pourroit même arriver absolument parlant, qu'un homme auroit véritablement aimé Dieu pendant toute sa vie, sans avoir dit souvent ou de cœur ou de bouche ces paroles : Seigneur, je vous aime. De même qu'il arrive souvent que des enfans bien nés & qui aiment tendrement leur pere, ne lui disent jamais en termes formels : mon pere, je vous aime. C'est bien l'aimer, que de chercher à lui plaire en tout. On demande encore, si pour s'assurer qu'on a l'amour de Dieu, il faut le sentir ; si Dieu exige un amour affectueux qui attendrisse le cœur. Dès qu'aimer Dieu, c'est lui rapporter ses actions, la sensibilité, l'onction, l'affectueux, l'attendrissement du cœur n'est pas une chose essentielle. C'est une consolation que Dieu accorde ou retire comme il lui plait : mais on ne laissera pas de sentir qu'on aime Dieu. Car peut-on faire ce qu'on fait pour Dieu, sans sentir qu'on le fait ?

Il n'y a rien de particulier à dire sur les péchés contraires à l'amour de Dieu, parce que tous les péchés, de quelque espéce qu'ils soient, y sont contraires : toutes les fois qu'on péche, en quelque maniere que ce soit, on désobéit à Dieu, & par conséquent on ne l'aime point. On peut seulement ajouter que dans une action bonne d'ailleurs, le défaut de rapport à Dieu la rend défectueuse ; & qu'en cela l'homme péche encore contre l'amour de Dieu. Je passe sous silence l'unique péché qui seroit formellement contraire à l'amour de Dieu ; il est si horrible seulement à penser, qu'il seroit choquant d'en parler : c'est la haine.

V.

La charité a un second objet après Dieu, c'est le prochain. Ce seroit donc ici le lieu de traiter la matiere de l'amour du prochain ; mais pour éviter les redites, nous renverrons le Lecteur à la cinquieme des béatitudes Evangéliques qui seront expliquées à la fin du Livre ; & à ce qui sera dit plus bas de la vengeance & de l'amour des ennemis, dans l'explication du cinquieme Commandement. Nous ajouterons seulement ici ce qui concerne un des grands devoirs de la charité, qui est l'aumône : en quoi consiste l'exercice de l'amour du prochain à l'égard des pauvres.

L'amour du prochain a cela de particulier, suivant l'Apôtre Saint Jean , qu'en aimant nos freres, nous prouvons que nous aimons Dieu : ” Comment, dit ce Saint Apôtre , ” celui qui n'aime pas son frere qu'il voit, ” peut-il dire qu'il aime Dieu qu'il ne voit ” pas „. C'est comme s'il disoit : Votre prochain que vous voyez, est l'image de Dieu que vous ne voyez point : il est créé à son image & à sa ressemblance : si vous n'aimez pas l'image , vous n'aimez donc point celui qu'elle représente. Si l'homme en général est l'image de Dieu, les pauvres en particulier font les représentans de Jesus-Christ : il est caché dans leur personne, il les a substitués, subrogés à ses droits ; il nous a déclaré que tout ce qu'on fait de bien au moindre de ses freres, il se le tient fait à lui-même ; ensorte que nous ne pourrons nous acquitter pleinement de tout ce que nous devons à Jesus-Christ, que dans la personne des pauvres. Aussi dans le grand jour du Jugement géné-

Charité envers le prochain. Aumône.

1. *Joan.* 4.

ral les élus feront bénis, parce qu'ils auront nourri Jefus-Chrift dans les pauvres qui avoient faim, vêtu Jefus-Chrift dans les pauvres qui étoient nuds; & les réprouvés feront maudits, parce qu'ils auront manqué à nourrir & à vêtir Jefus-Chrift dans les pauvres. C'eft donc un devoir de religion envers Jefus-Chrift, de faire l'aumône; & le précepte de l'aumône procede de l'amour que nous lui devons, comme celui d'aimer notre prochain en général, part de celui qui nous oblige à aimer Dieu. C'eft de quoi les Apôtres étoient bien perfuadés. « Si quelqu'un, dit Saint Jean, voit fon frere dans la néceffité, & qu'au lieu de l'affifter, il lui ferme fes entrailles, comment la charité de Dieu demeure-t-elle en lui ? »

1. *Joan. 3.*

C'eft encore un devoir de juftice & d'équité. L'inégalité des conditions établies parmi les hommes par la Providence, ne feroit pas un arrangement digne de la fageffe du Seigneur, fi en même tems qu'il a créé des riches & des pauvres, fi inégalement partagés des chofes néceffaires à la vie, il n'avoit pourvu à rétablir l'égalité par l'obligation impofée aux riches de faire fubfifter les pauvres. C'eft auffi ce qu'il a fait; en donnant aux premiers du fuperflu, il a mis dans leurs mains la portion des feconds, afin qu'en bons œconomes, en fideles adminiftrateurs, en fages intendans de fa grande famille, ils pourvuffent aux befoins de fes enfans & de fes Sujets. C'eft donc une dette de juftice que nous acquittons, quand nous faifons l'aumône; puifque nous ne faifons que leur rendre ce qui leur appartient, ce qui eft la part que Dieu leur a affignée dans les fruits de la terre, créés également pour la totalité du genre humain. « Ce n'eſt pas du nôtre, dit » Saint Grégoire, que nous donnons aux » pauvres, c'eſt ce qui eſt à eux que nous » leur rendons. » Pour mieux comprendre que la condition des riches n'eſt qu'une condition d'économes & d'adminiſtrateurs, diſtinguons trois choſes dans les biens de la terre ; la propriété, l'uſage ou l'uſufruit, & l'adminiſtration. A qui eſt la propriété ? A Dieu ſeul. « La terre eſt à moi, dit le Sei- » gneur; vous n'êtes que mes fermiers : *Terra mea eſt, vos eſtis coloni.* L'uſage ou l'uſufruit eſt pour toute la communauté des hommes. Le ſoleil luit pour tous. L'air eſt pour la reſpiration de tous ; l'un n'a pas plus de droit qu'un autre à reſpirer l'air, & à voir la lumiere. Pourquoi n'en ſeroit-il pas de même de toutes ces autres créatures qui ſont pour le ſervice de l'homme ? Il ne reſte donc pour les riches en partage que l'adminiſtration, la diſpenſation, la diſtribution. Ainſi bien loin qu'ils puiſſent, comme propriétaires, retenir pour eux tout ce qu'ils ont entre leurs mains, ils n'ont pas même le droit excluſif d'uſufruitiers : l'uſage entier ne leur appartient pas. Tout ce qu'ils ont de plus que les autres, c'eſt qu'ils ſont prépoſés pour faire la portion à chacun, en ne retenant que la leur.

Un troiſiéme motif qui doit nous engager à faire l'aumône, c'eſt que c'eſt encore un devoir d'intérêt perſonnel. C'eſt une œuvre de bénédiction pour celui qui la fait. S'il eſt pécheur, elle lui obtient, non pas le droit de continuer impunément à pécher, mais le grand don de la converſion. S'il eſt pénitent, l'aumône eſt un grand moyen d'expier ſes

Lévit. 25.

péchés & de satisfaire à la Justice Divine. Nous en avons vu les preuves dans les *Principes de la Conversion*. S'il est du nombre des Justes, elle lui procure, suivant la doctrine de Saint Paul, l'accroissement de la justice : pour du temporel qu'il seme dans le sein des pauvres, il recueille une abondante moisson de biens spirituels, *multiplicabit incrementa frugum justitiæ nostræ.* L'aumône détache l'homme de ses richesses, lui en procure le mépris, le rend pauvre d'esprit. Elle sanctifie la possession & l'usage des biens de la terre qu'il a entre ses mains, purifie ce qu'il pourroit y avoir de l'iniquité des richesses, à raison des acquisitions injustes faites par ses ayeux & inconnues à lui, & lui procure à lui-même la grace de bien user de la part qu'il réserve pour lui. L'aumône le rend participant des mérites de Jesus-Christ qu'il assiste en la personne des pauvres. Enfin elle lui donne assurance pour l'autre vie de toutes les richesses du Ciel, dont le Seigneur versera dans son sein une mesure pleine, pressée, entassée, pour les largesses que sa charité aura répandues avec profusion sur les indigens.

VI.

Quelle regle faut-il suivre pour fixer la mesure de nos aumônes ? Car si elle est d'une si étroite obligation, ainsi que nous venons de le voir, il est important de ne pas nous méprendre sur la mesure, & de ne pas nous mettre en danger de violer le précepte, en ne le remplissant pas dans toute son étendue. La regle est courte & simple. C'est de faire l'aumône de tout son superflu , & de ne se réserver que son nécessaire. Souvenons-nous de ce que nous venons de dire, que nous ne sommes, par rapport à Dieu, que les économes de nos biens ; il s'enfuit de-là, que nous ne pouvons légitimement nous approprier que ce qui nous est nécessaire pour notre subsistance conformément à notre état, obligés par conséquent de distribuer aux pauvres le reste tout entier : afin que tout soit à l'égalité dans la grande famille du genre humain, *ut fiat æqualitas.* Il n'y auroit qu'un seul cas, où nous serions dispensés de la regle ; ce seroit celui où il n'y auroit plus de pauvres dans le monde. Mais c'est ce qui n'arrivera jamais. Jésus-Christ nous a en prévenus : « Vous aurez toujours des pauvres » avec vous, » dit-il à ses Apôtres. Il est vrai qu'à entendre parler les riches, ils n'ont presque point de superflu, parce qu'ils étendent leur nécessaire à l'infini : ils se font des nécessités de mille amusemens souvent criminels, toujours inutiles. Ils se croyent en droit d'augmenter leurs dépenses à proportion de leurs revenus. Ils s'imaginent qu'il n'y a point de mal à user de son bien suivant son caprice ; ils auroient honte de ne pas se traiter en riches, de ne pas se meubler en riches, de ne pas s'habiller en riches ; ils feroient beaucoup mieux de faire l'aumône en riches.

Cette abondance, qui doit se trouver dans les aumônes, ne regarde pas seulement un petit nombre d'opulens & de puissans du siécle. Elle est pour tout le monde, dans la proportion de ce que chacun a de superflu. « Si vous avez beaucoup, disoit Tobie à son fils, « donnez beaucoup. Si vous avez peu,

2. Cor. 8.

Joan. 12.

Tob. 4.

,, donnez de ce peu. ,, Et ce peu que nous donnerons, si c'est tout notre superflu, & que nous n'en souftrayions rien, sera pour nous une aumône aussi abondante que les grandes libéralités des riches : suivant la déclaration que Jesus-Christ en a faite à l'occasion de la pauvre veuve qui mit dans le tronc deux deniers, pendant que d'autres y versoient des manequins d'or & d'argent. « Je vous dis en *Luc. 21.* ,, vérité, que cette pauvre veuve a plus mis ,, que tous les autres ; car ceux-ci ont mis de ,, leur abondance, au lieu qu'elle a donné ,, de son nécessaire, elle y a mis toute sa ,, subsistance. ,,

CHAPITRE IX.

Suite des Devoirs de la Justice Chrétienne. II, III & IVe Commandemens de Dieu, I & IIe Commandemens de l'Eglise.

I.

Dieu en vain tu ne jureras, &c.

Le Jurement. PRENDRE le nom de Dieu en vain, c'est ou faire un faux serment, ou jurer sans nécessité. L'un & l'autre est défendu. Le faux serment, qu'on nomme parjure, est du nombre des grands crimes suivant toutes les loix. Dans l'ancienne loi il étoit puni de mort. Dans les loix civiles, il est condamné à des peines très-sévères. Dans les loix Ecclésiastiques des premiers siécles, le coupable étoit condamné à onze ans de pénitence Canonique :

que : Dans les siecles suivans, le Droit Ca-
non, qui a mitigé la rigueur de la loi, a réduit la pénitence à sept ans. Il ne faut qu'a-
voir les premieres notions de la Religion,
pour sentir quelle est l'énormité de ce péché.
La Majesté de l'Etre suprême est quelque
chose de si saint, de si auguste, que c'est
l'insulter de la maniere la plus outrageuse,
que de le prendre à témoin d'une chose fausse, ou de ne pas tenir une promesse dont on
a fait Dieu garant, pour ainsi dire, en inter-
posant son nom dans la promesse, ou enfin
de s'engager par serment à commettre un
crime, rendant en quelque façon Dieu lui-
même dépositaire du criminel engagement.
Car ce sont les trois especes de parjure. Or
c'est à raison de leur énormité que Jesus-
Christ, dans l'Evangile, interdit tout jurement, parce que l'habitude du jurement conduit souvent au parjure. Elle conduit au parjure de la premiere espece, qui est de prendre Dieu à témoin d'une chose fausse. « Ces
» gens, dit Salvien, qui ont sans cesse le nom
» de Dieu dans la bouche, qui ne peuvent
» rien dire sans y faire entrer le nom de Dieu
» & de Jesus-Christ, n'ont jamais moins
» envie de faire ce qu'ils promettent, que
» lorsqu'ils employent ces noms adorables
» dans la promesse. » Et quand même ils ne
feroient pas ces sermens à dessein de tromper, ils s'exposent toujours par l'accoutumance de jurer, à le faire sur des choses qui
ne sont pas vraies, sans y penser : & ils ne
laissent pas d'être parjures, puisque le serment tombe sur du faux. Il en est de même
de la seconde espece de parjure, qui est de
ne pas tenir son serment. Comme l'habitude

II. Partie. F

Basil. Ep. ad Amphil.

*L. 4. de gu-
bern. Dei.*

fait faire de ces fermens fans nombre, on eſt
fâché d'avoir promis, on ne tient pas ſa promeſſe, & on devient parjure. Pour la troiſiéme eſpece de parjure, ou de profanation
du nom de Dieu, qui eſt de s'engager par
ſerment à quelque choſe de criminel, & de
l'effectuer enſuite, ce qui fait un ſecond péché, les perſonnes habituées à jurer, s'y ex-
poſent encore. L'indiſcrétion avec laquelle
ils employent le ſerment à tout propos,
leur donne ſouvent occaſion de promettre
des choſes criminelles, & un faux reſpect
pour le ſerment les porte à les exécuter. La
raiſon pour laquelle une promeſſe faite avec
ſerment n'oblige pas, quand la choſe pro-
miſe eſt mauvaiſe, c'eſt que Dieu ne peut
pas approuver le crime ; & qu'ainſi quand
on l'a pris à témoin de la promeſſe, il ne l'a
point acceptée, & dès-lors elle ne lie pas. **On**
a péché en la faiſant ; on pécheroit de nouveau en la tenant.

La défenſe faite par le Décalogue de prendre le nom de Dieu en vain, a été étendue
par Jeſus-Chriſt à toute ſorte de jurement,
même par les créatures. « Vous avez ap-
» pris, dit le Sauveur, qu'il a été dit aux
» anciens : Vous ne vous parjurerez point ;
» & moi je vous dis, de ne point jurer du
» tout, ni par le Ciel, ni par la Terre, &c. »
Nous remarquerons d'abord que toute maniere de jurer par le nom de Dieu eſt défendue. C'eſt Saint Auguſtin qui fait la remarque. « Beaucoup de gens, dit-il, igno-
» rent ce que c'eſt que jurer : ils croyent
» ne pas jurer, lorſqu'ils ont dans la bouche,
» Dieu le ſçait, Dieu m'eſt témoin, j'en
» prens Dieu à témoin, ſur mon ame ; &

Matth. 5.

Ep. 157. ad
Hilar.

» ils se croyent innocens, à cause qu'ils ne
» disent pas, *per Deum*, par Dieu. » Pourquoi Jesus-Christ défend-il de jurer par aucune créature ? On en trouve la raison dans
une parole qu'il dit aux Pharisiens : « Celui   *Matth. 23.*
» qui jure par le Temple, jure par celui qui
» l'habite, qui est Dieu. » Ainsi lorsqu'on
jure par quelque créature, c'est par le Créateur qu'on jure. En effet, il est de la nature
du serment, qu'il soit fait au nom de quelqu'un qui soit supérieur à celui qui le fait.
Le principe est de Saint Paul, *per majorem*   *Hebr. 6.*
sui jurant. D'ailleurs, par le serment, on a
intention, si on y manque, de subir la punition de la part de celui qu'on a pris à témoin. Or les créatures corporelles, le Ciel,
la Terre, ne sont pas supérieures à l'homme ;
il est supérieur lui-même à toutes : les créatures de plus sont inanimées & ne peuvent
rien faire pour punir l'homme. Ainsi jurer
par elles, c'est jurer par celui qui les a
faites.

Mais ne peut-on pas jurer par soi-même ?
Jesus - Christ le défend : Vous ne jurerez
point par votre tête ; *Neque per caput tuum.*   *Matth. 5.*
C'est ce qu'on appelle le jurement d'impré-
cation, lorsqu'on se souhaite quelque mal, si
on ne tient pas son serment. Jesus - Christ en
donne encore la raison. » Car, dit-il, vous ne
» pouvez pas même changer la couleur d'un
» seul de vos cheveux, & le rendre blanc
» ou noir. « Comme s'il disoit : Votre tête
n'est point à vous : vous n'en pouvez point
disposer : vous n'êtes point maître ni de votre
corps, ni de votre vie, ni de celle des autres. Dieu seul en est le maître. C'est donc
usurper l'autorité Divine, que de se condam-

F ij

ner à mourir, si ce qu'on affirme n'est pas vrai, ou si on ne tient pas ce qu'on promet.

II.

Je ne crois pas qu'il soit nécessaire d'avertir, de ce que personne n'ignore, qu'il y a des occasions où le jurement est permis, lorsqu'il est nécessaire pour des choses de grande importance, & que les loix l'ordonnent. Car ce n'est pas à chaque Particulier à juger de la nécessité. Bien loin que le serment soit criminel dans le cas de la nécessité supposée, il est un acte de réligion, puisque c'est alors un hommage qu'on rend à la vérité de Dieu, à son immensité, par laquelle il voit & entend tout, à sa justice & à sa puissance, desquelles on se rend justiciable. Sans vouloir nous ériger en juges & en censeurs, nous ne pouvons pas nous dispenser d'observer que les sermens sont étrangement multipliés par les loix ou les usages de la société civile, & que cette multiplication occasionne un nombre effroyable de parjures. Il seroit à souhaiter qu'on pût y trouver quelque remede. Une derniere réflexion à faire sur la matiere du jurement, c'est que les mêmes raisons qui défendent de jurer, défendent aussi de faire faire aux autres des sermens. Ainsi il faut prendre garde, dans le commerce ordinaire de la vie, de ne point donner occasion de jurer aux personnes avec qui l'on traite : ce qui arrive lorsqu'on fait trop de difficulté de les croire, sur-tout si ce sont des gens qui ne se font aucun scrupule de jurer. Pour ce qui est des sermens qui se font en justice, il est rare qu'on puisse innocemment déférer le serment à sa partie, c'est-à-dire, exiger, fous l'autorité du Juge, qu'elle foit prife à fon affirmation. Ordinairement, c'eft donner occafion à un faux ferment, & cela très-gratuitement. Un homme affez in-jufte pour retenir le bien d'autrui, ne fera pas fcrupuleux de faire un parjure : en ce cas, on n'aura rien gagné, & on aura fait offenfer Dieu.

III.

Le troifiéme Commandement. *Les Diman-ches tu garderas*, &c. Et les I & IIe Com-mandemens de l'Eglife. *Les Fétes tu fanc-tifieras*, &c. *Dimanches & Fétes Meffe ouiras*, &c.

La peine de mort, prononcée contre celui qui ne gardoit pas le Sabbat dans l'ancienne Loi, fuffit pour montrer & l'énormité du cri-me qu'on commet en violant ce commande-ment & l'étroite obligation de l'obferver. Le Sabbat, c'eft-à-dire, la fanctification du fep-tieme jour de chaque femaine, eft une loi auffi ancienne que le monde. Dieu l'a établi auffi-tôt après la création. L'ufage de toutes les Nations, quoique Payennes, de faire les femaines de fept jours, après lefquels on re-venoit encore à compter fept autres jours, montre que cette loi, établie par le Créateur, avoit tranfpiré chez les peuples qui ne con-noiffoient pas le vrai Dieu. L'Eglife a fubfti-tué au feptieme jour le premier de chaque femaine en l'honneur de la Réfurrection de J. C. de même que Dieu avoit choifi le feptieme en mémoire de fon repos après l'ouvrage de la création, qui dura fix jours. Cette inftitu-tion du Dimanche, c'eft ainfi qu'on l'appelle,

Sanctification des Diman-ches & des Fêtes.

dies Dominica, le jour du Seigneur, eſt d'inſtitution apoſtolique. On voit au commencement de l'Apocalypſe de l'Apôtre S. Jean, qu'il eſt fait mention du Dimanche.

Apoc. 1.

La ſanctification de ce jour conſiſte en deux choſes : 1°. Dans les exercices de piété auxquels on doit l'employer : 2°. Dans la ceſſation du travail : avec cette différence, que le premier point eſt de droit naturel divin, & le ſecond n'eſt que de droit poſitif; c'eſt pourquoi le premier ne ſouffre point diſpenſe, du moins quant au fond, & le ſecond en eſt ſuſceptible. Les exercices de piété auxquels doit être conſacré le ſaint jour de Dimanche, ſont tout ce qui appartient au culte de Dieu & à la ſanctification de l'homme : chanter les louanges de Dieu, méditer ſa Parole, pratiquer des œuvres de charité, s'abſtenir des occupations profanes qui détournent du ſervice de Dieu, ſur-tout éviter le péché, & de plus ſatisfaire à ce qui eſt preſcrit en particulier par l'Egliſe pour ſanctifier ce jour. Ce qu'il y a d'intérieur dans ces exercices, eſt indiſpenſable, comme de s'occuper de ſaintes penſées, d'adorer Dieu, de ne point paſſer le jour d'une maniere profane. Ce qu'il y a d'extérieur, peut, pour de bonnes raiſons, n'être point pratiqué à la Lettre, comme d'entendre la Meſſe, lorſqu'il y a impoſſibilité abſolue de le faire, en cas de maladie, par exemple, ou de quelqu'autre empêchement légitime. La ceſſation de travail conſiſte à s'abſtenir des œuvres qu'on appelle *ſerviles*. Une néceſſité véritable & indipenſable excuſe ceux qui manqueroient à ce point de la ſanctification du Dimanche.

Suivant ces principes, il faut convenir qu'il

n'y a guères de commandement du Décalogue qui soit plus mal observé que celui-ci , & qu'un très-grand nombre de Chrétiens qui se croient justes, ne sont pas du nombre des vrais justes. Tels sont ceux qui se contentent d'assister à une Messe basse, & qui passent toute la journée ou dans l'oisiveté , ou dans des affaires toutes séculieres , ou dans de longues promenades, des divertissemens dissipans , des parties de chasse , des repas : comme si une demi-heure sur vingt-quatre , dont le jour est composé, suffisoit pour dire qu'on a sanctifié le jour entier. Tels sont encore ceux qui ne sçavent ce que c'est que d'assister aux offices qui se font dans l'Eglise , & qui par conséquent ne donnent pas plus au culte Divin , dans ce jour, que dans les autres. Il est fâcheux que souvent les Ecclésiastiques ne fassent pas mieux que les Fidèles à cet égard. Tels sont de même ceux qui par l'amour du gain, sans une vraie nécessité, font des œuvres serviles ; & si ceux qui ont l'autorité en main pour empêcher l'abus, n'y pourvoyent pas, ils ne sont point innocens devant Dieu ; encore plus coupables, s'ils l'autorisent. Tels sont aussi ceux qui continuent durant tous ces jours-là de vaquer à leurs occupations ordinaires, quand ce sont des occupations toutes séculieres , hors le cas d'une pressante nécessité, ou d'une œuvre de charité. En vain allégueroient-ils pour prétexte, que ce ne sont pas des occupations mauvaises, on ne doit jamais en exercer de telles aucun jour de la semaine , & le jour du Dimanche , il faut faire quelque chose de mieux que le reste de la semaine, puisqu'il faut le sanctifier d'une maniere spéciale. Or ce ne feroit faire rien de plus, que de s'abftenir feulement de ce qui eft mauvais. Tels font enfin ceux qui font caufe que d'autres violent le précepte, en occupant des domeftiques fans leur donner le tems d'affifter à l'office & aux inftructions ; qui choififfent toujours ces jours-là pour faire des fêtes, donner de grands repas, & obligent ainfi leurs gens à faire de l'ouvrage le jour entier ; qui remettent au Dimanche à faire travailler les ouvriers, Barbiers & autres ; à recevoir les ouvrages des Artifans. On doit fçavoir, outre tout ce qui a été dit, que l'efprit de l'Eglife eft que les Fidèles préferent les Offices de la Paroiffe à ceux des autres Eglifes, fur-tout les Offices du matin : la fréquentation de la Paroiffe, où le troupeau fe trouve réuni au Pafteur, *plebs facerdoti adunata*, comme parle faint Cyprien, eft un point de difcipline établi dès les premiers fiécles de l'Eglife, ordonné par les faints Canons, & qui n'a jamais varié.

IV.

Le quatriéme Commandement. *Pere & Mere honoreras*, &c.

Devoirs envers les Parens.

L'Apôtre faint Paul, pour faire fentir l'importance des devoirs prefcrits par ce Commandement, fait la remarque que c'eft le premier auquel Dieu ait ajouté une promeffe & attaché une récompenfe : *Mandatum primum in promiffione.* En effet, le Seigneur après avoir intimé l'Ordonnance d'honorer fon pere & fa mere, met de fuite ces paroles : » afin que vous viviez long-tems fur la » terre ; « c'eft-à-dire, afin que vous foyez

Eph. 6.

heureux ici bas, ce qui eſt la récompenſe du Juif ; ou bien, afin que vous viviez éternellement dans la terre des vivans, ce qui eſt la récompenſe du Chrétien. Cette attention qu'a eue Dieu à intéreſſer l'homme à l'obſervation de ce précepte, nous fait entendre qu'il eſt grand & précieux devant Dieu. Auſſi les ſaints Apôtres, dans leurs Epîtres, en ont ſpécialement recommandé l'obſervance ; & Jeſus-Chriſt en a pris hautement la défenſe contre certaines interprétations abuſives qu'y donnoient les Phariſiens.

Le prix de l'obéiſſance s'eſtime par la dignité du Supérieur qui commande. Ainſi l'obéiſſance que devoit Adam à la défenſe de manger du fruit défendu, étoit un devoir de grande conféquence, parce que c'étoit Dieu même qui lui avoit fait la défenſe de ſa propre bouche. Or quand même l'homme n'auroit pas péché, il l'auroit aſſujetti à l'autorité de ſes pere & mere. Ce ſont donc les premiers Supérieurs établis dans le monde. Ce ſont les ſeuls Supérieurs de droit naturel. Tous les autres ſont de nouvelle création, & n'exiſtent qu'à cauſe du péché. Car s'il n'y avoit point de péchés, il n'y auroit ni Rois pour contenir les méchans par la crainte des peines, ni Maîtres pour inſtruire les ignorans, ni Directeurs pour conduire les pénitens. Voilà donc ce qui rend l'autorité paternelle la plus reſpectable de toutes : elle prend ſa ſource dans l'état de la nature innocente ; & ceux qui en ſont revêtus ſont la premiere & la plus ancienne image de l'autorité Divine par rapport à l'homme. L'obéiſſance due aux parens ne ſouffre point de diſpenſe que dans des cas rares : nulle diſpenfe à raifon de l'âge ; quoique les enfans dans l'âge avancé , ne foient pas tenus aux mêmes devoirs extérieurs , que les jeunes enfans, ils doivent toujours le même refpect & les mêmes égards à leurs peres & meres : nulle difpenfe à raifon des talens & des qualités ; par quelque endroit qu'un enfant foit fupérieur à fes parens, il leur doit toujours l'obéiffance révérentielle & filiale : nulle difpenfe à raifon de la dignité ; l'Ecriture-Sainte rapporte de la Reine Efther, qu'elle rendoit fur le Trône , à fon oncle Mardochée qui lui avoit tenu lieu de pere dans fon enfance, la même foumiffion qu'elle lui avoit rendue dans fes premieres années. On fçait en quoi confifte l'honneur que les enfans doivent à leurs parens ; refpect , amour , obéiffance , déférence , affiftance dans leurs befoins , fupport de leurs défauts.

V.

Devoirs envers les Supérieurs.

Dans ce Commandement où il n'eft parlé que des peres & meres , eft compris l'honneur dû à toutes les efpeces de Supérieurs qui font établis dans le monde par l'ordre de la Providence : » Quiconque , dit S. Paul, » réfifte aux Puiffances, réfifte à l'Ordonnan-» ce de Dieu «. Ainfi nous devons la foumiffion & le refpect aux Rois & à toutes les perfonnes conftituées en dignité , aux Princes, aux Juges, aux Magiftrats. Quels qu'ils foient perfonnellement , nous ne fommes jamais difpenfés des devoirs de Sujets & de Citoyens. Lorfque S. Pierre & S. Paul recommandoient cette foumiffion , c'étoit Néron , le plus infâme de tous les hommes & le plus cruel de tous les tyrans , qui étoit

Rom. 13.

sur le Trône. On doit le respect & l'obéissance à tous ceux qui ont rang de Supérieurs, en quelque genre que ce soit, Supérieurs de Communautés, Précepteurs, Maitres dans les Maisons particulieres : mais sur-tout aux Supérieurs Ecclésiastiques dont l'autorité est doublement divine, étant d'un côté émanée de celle de Dieu, comme les autres, & ayant d'un autre côté en partage des fonctions divines. L'âge tout seul donne un titre de supériorité ; & le Saint-Esprit, dans l'Ecriture, *Levit. 19.* ordonne de porter respect aux veillards. Enfin l'esprit du Christianisme nous fait recon- *1. Tim. 5.* noitre encore beaucoup d'autres supérieurs ; autant qu'il y a d'hommes, ce sont autant de supérieurs pour un bon Chrétien, pour le juste à qui nous parlons dans ce Livre. L'humilité nous inspire ces vues : *in humilitate,* dit Saint Paul, *superiores sibi invicem arbitran-* *Philip. 2.* *tes.* Nous devons donc une sorte d'obéissance & de soumission à tout le monde ; prévenir d'honneur nos égaux, leur ceder volontiers, ne point contester avec opiniâtreté : ne point commander à nos inférieurs avec hauteur, avec empire, avec dureté. Entrons dans l'esprit de la Loi primitive de l'obéissance. Pourquoi Dieu a-t-il voulu conduire l'homme par cette voie ? C'est pour le préserver du grand vice de l'orgueil, & pour l'accoutumer à ne point suivre son amour propre, à ne point se confier à sa propre volonté. La vue du Créateur, dans la Loi unique qu'il avoit faite à l'homme innocent, étoit, dit S. Augustin, de nous montrer l'utilité & le prix de l'obéissance, *L. 2. de pecc.* en défendant à l'homme de manger d'un fruit *mer. c. 2.* qui n'étoit point mauvais. Tel a été, à plus forte raison, le dessein de Dieu, lorsqu'après

F vj

l péché il a donné aux hommes tant de différens fupérieurs ; il a voulu leur procurer le
moyen de dompter l'orgueil dont ils font de-
venus efclaves.

VI.

Regles de
l'obéiffance.

C'eft donc un grand avantage pour l'homme, que la dépendance, & rien ne lui eft plus
falutaire que l'obéiffance. Plus il s'y renfer-
mera, plus il affurera l'œuvre de fa fanctification, & fes efpérances pour l'autre vie. Elle
a cependant des bornes, & elle ne doit point
être pratiquée au préjudice d'une obéiffance
primitive & principale, qui eft l'obéiffance
due à Dieu. En tout ce qui n'eft point oppofé
à fa Loi, on ne peut que tirer un grand profit
de l'obéiffance. Mais dès que les volontés
des Supérieurs n'y feroient pas conformes,
alors non-feulement l'obligation d'obéir ceffe,
mais on feroit mal en obéiffant. C'eft la dé-
cifion des faints Apôtres : » Il vaut mieux,
» difent-ils dans le Sanedrin des Juifs, obéir
» à Dieu, qu'aux hommes «. Saint Bafile,
faint Auguftin, faint Bernard, tous les faints
Docteurs de l'Eglife ont eu grand foin de
nous précautionner contre l'illufion fur cet
article. Saint Bafile en a fait une de fes Regles
afcetiques. Saint Bernard a fait un Traité où
il traite expreffément cette matiere. Et faint
Auguftin prouve la même chofe par une
comparaifon bien fenfible. » Si un Juge fub-
» alterne m'ordonne quelque chofe contre
» les Ordonnances du Proconful, je défobéi-
» rai au Juge fubalterne pour obéir au Pro-
» conful : & fi le Proconful me commande
» de faire ce que l'Empereur auroit défendu,
» je défobéirai au Proconful, pour ne pas
» défobéir à l'Empereur «. L'application eft

Act. 5.

Reg. Brev.
114. d præc.
& difp-nf.

Serm. 62. de
verb. Evang.

facile à faire. Quelque grande que foit l'au‑
torité d'un fupérieur , foit dans le Civil, foit
dans le fpirituel, elle eft toujours au-deflous
de celle de Dieu : & dans la concurrence je
dois défobéir à l'autorité humaine pour ne
pas violer la Loi de Dieu. On peut bien
s'abftenir de faire quelque bonne œuvre qui
n'eft pas d'obligation, par déférence pour l'au‑
torité d'un fupérieur : c'eft un des fens par
où fe vérifie la parole de l'Ecriture, » l'obéif‑
» fance vaut mieux que le facrifice «, *melior* 1. Reg. 1 7.
eft obedientia , quàm victimæ. Mais il ne fera
jamais permis de manquer à un devoir d'o‑
bligation, ou de faire une chofe mauvaife &
défendue par la Loi divine, pour obéir à un
homme quel qu'il foit. Loin donc de l'homme
jufte le faux & pernicieux fyftême de l'obéif‑
fance aveugle, qui ne croit pas devoir en au‑
cun cas examiner les ordres de fes fupérieurs,
& qui compte fa confcience déchargée & in‑
nocente , en faifant un mal , parce qu'elle
aura chargé celle du fupérieur qui l'aura
commandé. Cette obéiffance aveugle n'eft
due qu'à Dieu, qui ne peut jamais comman‑
der rien que de bon, & à l'Eglife univerfelle
qui ne peut jamais ordonner rien de mal.

VII.

Le même Commandement qui régle les Devoirs des
devoirs des inférieurs, eft cenfé régler auffi Superieurs.
ceux des Supérieurs. Car s'il eft jufte d'obéir
aux Puiffances, de les refpecter, il eft égale‑
ment jufte que celles-ci rendent ce qu'elles
doivent à ceux qui leur font foumis. Ainfi
tous ceux qui ont quelque autorité , font
obligés de prendre foin des fubalternes : les
peres de famille , de leurs enfans & de leurs

domeſtiques ; les Paſteurs de leurs ouailles ; les Princes de leurs ſujets : tous ces différens Supérieurs doivent veiller aux beſoins de ceux qui leur ſont ſoumis , tant pour l'ame que pour le corps. Je n'entrerai pas dans le détail. On le trouvera dans beaucoup de Livres de piété.

CHAPITRE X.

Suite des Devoirs. V, VI, VII, IX & Xe Commandemens de Dieu.

I.

Le cinquiéme Commandement. *Homicide point ne ſeras* , &c.

L'Homicide. LE péché de l'homicide ne conſiſte pas ſimplement à tuer quelqu'un : ce qui fait le crime , c'eſt d'ôter la vie à un homme de ſon autorité privée. Ainſi le Prince & les Magiſtrats qui puniſſent de mort les malfaiteurs, ne ſont point homicides : parce qu'ils le font par l'autorité publique que Dieu leur a miſe en main. Les Soldats qui tuent dans une guerre juſte ne ſont point homicides , parce qu'ils tuent en vertu de la même autorité publique. Si Abraham avoit immolé ſon fils , il n'auroit pas été coupable d'homicide , parce qu'il l'auroit fait par l'ordre de Dieu. Hors ces cas , on eſt homicide en ôtant la vie à un autre homme, & on commet un des plus grands crimes. On peut juger de ſon énormité par les peines dont il eſt puni, tant par la juſtice Divine, que par

celle des hommes. » Si quelqu'un , dit Dieu
» dans la Genese parlant à Noë, répand le   *Gen. 9.*
» sang humain, on répandra le sien , parce
» que l'homme à qui il a ôté la vie , a été
» créé à l'image de Dieu «. Voilà tout ensemble & la punition & la raison de la punition. Pourquoi l'homicide est-il puni de
mort ? c'est qu'en tuant son semblable , on
a détruit l'image de Dieu. Toutes les Loix
civiles sont conformes à cet ancien Arrêt
prononcé par la bouche de Dieu même.
Dans le tems des pénitences canoniques ,
l'Eglise condamnoit à vingt ans de pénitence pour un homicide volontaire , & à cinq
pour un homicide à son corps défendant.
Elle avoit une si grande horreur de ce péché ,
qu'elle le punissoit sévérement dans le cas
même le plus graciable.

On peut être homicide devant Dieu sans
avoir ôté la vie à personne , lorsqu'on a voulu
le faire , ou qu'on a desiré la mort de quelqu'un. C'est pour cela que Jesus-Christ, ensuite de la loi du Décalogue qui défend
l'homicide & le déclare digne de condamna-
tion , y joint celle qu'il établit pour défendre   *Matth. 5.*
la colere, & la défend sous la même peine
de la condamnation par le Jugement : parce
qu'en effet, les emportemens de la colere
rendent souvent l'homme homicide de vo-
lonté : » La colere, dit saint Gregoire, sou-   *L. 5. moral.*
» haite que Dieu fasse ce que l'homme en   *c. 30.*
» colere n'ose pas faire par lui-même ; d'où
» il s'ensuit qu'il commet l'homicide par le
» desir & par la parole «. En effet, si la
crainte du supplice n'arrêtoit la main , on
peut croire qu'on ne verroit qu'homicides
& que meurtres dans le monde. La preuve

eſt qu'il n'eſt rien de plus ordinaire que de voir des hommes dans l'emportement, ſouhaiter la mort à celui qui eſt l'objet de leur colere , & exprimer par leurs diſcours le ſouhait qu'ils en ont dans l'ame. Rien de plus commun encore , que de voir des hommes ſe réjouir de la mort d'un ennemi lorſqu'elle eſt arrivée. Dans tous ces cas on eſt homicide de cœur & de volonté. Il faut porter le même jugement de ceux qui concourent à un homicide , qui le conſeillent , qui l'approuvent. Il faut en dire autant de ceux qui portent dans leur cœur une haine bien formée de leur prochain : celui qui hait ſon frere , dit ſaint Jean , eſt un homicide , *qui odit fratrem ſuum, homicida eſt.* Pourroit-on même imaginer quelque moyen poſſible de diſculper d'une volonté habituellement & éternellement homicide ces Gentilshommes qui infatués du point d'honneur , ſont toujours très-déterminés à accepter un duel. Car le duel exécuté réellement , eſt un vrai homicide ; il eſt même double ; on y va pour tuer , & on s'expoſe à ſe faire tuer ſoimême.

3. Joan. 3.

II.

Après ce détail, il ſeroit ſuperflu d'entrerdans toutes les queſtions que des Caſuiſtes modernes ſe ſont aviſés de faire ſur les différens cas où il ſeroit permis de tuer , ſelon eux. Ne pourroit-on pas tuer un voleur , qui nous prend notre bourſe ? Ne pourroit-on pas ſans péché ôter la vie à un calomniateur & à tout autre qui nous attaque dans notre honneur ? Ne pourroit-on pas procurer la mort à celui qu'on ſçauroit être dans le

Suite.

deffein de nous tuer , lorfqu'on craint qu'il ne le faffe ? Une fille ne pourroit-elle pas fe défaire de fon fruit, pour fauver fon honneur ? Mais laiffons-là toutes ces queftions fcandaleufes, qui ont été profcrites comme elles le méritoient par l'Eglife dans le fiécle paffé. Nous nous contenterons feulement de dire deux mots fur une queftion plus plaufible & plus tolérable, que faint Auguftin & faint Thomas entr'autres ont traitée, & fur laquelle ils femblent être d'avis différent. On demande s'il eft permis de tuer pour fauver fa propre vie. Saint Auguftin à qui le cas a *L. 1. de lib.* été propofé deux fois, répond qu'il ne croit *arb. c. 4,.* pas permis de tuer un voleur qui nous atta- *Ep. 47. ad* que & veut nous ôter la vie. La raifon eft *Publicol.* qu'un Chrétien étant obligé de méprifer tous les biens du corps , même fa vie , il s'enfuit qu'il ne doit point fauver fa vie aux dépens de celle d'un autre. Saint Ambroife penfe *L. 3. de Of-* de même. On pourroit appuyer ce fentiment *fic. c. 4.* fur l'ordre que la raifon & la religion établiffent entre les objets de l'amour. Il eft certain que nous devons aimer les biens fpirituels , préférablement aux biens corporels. Dans le cas préfent, le bien fpirituel de notre prochain eft en concurrence avec notre bien corporel. Car fi l'aggreffeur eft tué , il eft perdu pour l'éternité , mourant en état de péché mortel. Si nous fommes tués , nous ne perdons que la vie du corps , & notre falut eft affuré par l'acte héroïque de charité que nous faifons en facrifiant notre vie. N'eft-ce pas-là ce que dit l'Apôtre faint Jean , que *1. Joan. 3.* nous devons donner notre vie pour nos fre- *22. q. 64. a.* res, *debemus.* Saint Thomas paroît être d'un *7.* avis contraire. Il dit que lorfque quelqu'un

attaque notre vie , il eſt permis de le tuer ;
pourvû que ce ſoit avec la modération d'une
innocente défenſe , *cum moderamine incul-*
patæ tutelæ , c'eſt-à-dire , ſans aucun motif
de haine , ni avec aucun ſentiment de vengeance : & pour plus grande explication , il
veut qu'on n'ait aucune intention de tuer ,
mais ſimplement de ſe défendre : il ne veut
pas non plus qu'on faſſe alors rien qui aille
droit à tuer , il permet ſeulement qu'on faſſe
ce qui ira à le déſarmer , à le bleſſer , à le
mettre hors d'état de tuer. La raiſon qu'il
donne de ſon ſentiment , eſt qu'il eſt permis
de pourvoir à ſa propre vie , plutôt qu'à
celle d'un autre. Après avoir expoſé les raiſons des deux ſentimens , je dirai que la dé-
ciſion de ſaint Thomas revêtue de tous ſes
correctifs , ſe rapproche beaucoup de celle de
ſaint Ambroiſe & de ſaint Auguſtin.

III.

Vengeance. Ce n'eſt pas ſeulement l'homicide & le
déſir de l'homicide qui ſont défendus par le
cinquieme Commandement. Jeſus - Chriſt
nous a appris qu'il défend auſſi la colere &
tout ce qui appartient à la colere , les ou-
trages , les inſultes , les paroles injurieuſes :
Vous avez appris , &c. Nous avons dit plus
haut que la raiſon pourquoi la défenſe de la
colere eſt compriſe dans celle de l'homicide ,
eſt qu'elle conduit à l'homicide , ſi on lui laiſſe
faire ſes progrès. A plus forte raiſon , la haine
du prochain , les inimitiés , les reſſentimens
de la vengeance ſont condamnés par le même
précepte , la haine étant ſouvent par elle-
même un péché tout formé d'homicide. On
peut conſulter ſur la colere , ce que nous en

avons dit dans les *Principes de la Conversion,*
où nous avons expliqué les sept péchés Capitaux. Mais il est à propos de dire quelque
chose sur la haine & la vengeance, & sur les
vertus contraires, l'amour des ennemis &
le pardon des injures.

La Loi évangélique est claire & précise.
" Vous avez appris qu'il a été dit aux An- *Matth. 5.*
" ciens : Vous aimerez votre ami & vous
" haïrez votre ennemi. Et moi je vous dis :
" aimez vos ennemis, faites du bien à ceux
" qui vous font du mal ; priez, pour ceux
" qui vous persécutent ". Si nous demandons aux saints Peres la raison de la Loi,
Tertullien, saint Augustin, saint Chrysostome
nous diront " que celui qui nous fait du mal,
" s'en fait plus à lui-même qu'à nous, qu'ainsi
" il est plus à plaindre qu'à hair : qu'il se
" blesse lui-même par l'injustice qu'il com-
" met, pendant qu'il ne nous ôte aucun des
" vrais biens, qui sont ceux de l'ame : que
" c'est la passion qui l'aveugle, qui l'empor-
" te, qui le jette dans des écarts ; nouvelle
" raison d'avoir plutôt compassion de lui,
" que de l'inimitié contre lui ". Car dit un
sage Philosophe, quel homme sensé s'avi- *Seneque de*
sera jamais de se mettre en colere contre un *irâ.*
voyageur qu'il voit égaré de son chemin ;
erranti de viâ quis irascitur ? Mais comme il
s'agit ici d'une pratique à laquelle la nature
répugne extrêmement, ne cherchons point
d'autre motif de nous y soumettre, que le
précepte formel, absolu, itératif que nous
en fait Jesus-Christ le suprême Législateur.
Quand le maître parle, il n'y a plus qu'à
obéir, sur-tout, lorsqu'il commande aussi
affirmativement, & qu'il insiste aussi forte-

ment. Il ne nous menace de rien moins que de n'être point de ſes diſciples, de n'être pas chrétiens, ſi nous ne pardonnons à nos en-nemis : » Si vous ne faites du bien, dit-il, » qu'à ceux qui vous en font, que faites-» vous de plus que des Payens « ? Il nous déclare que « ſi nous n'aimons nos ennemis, » juſqu'à les combler de bienfaits, nous ne » ſerons plus les enfans de Dieu, qui fait » luire ſon ſoleil ſur les méchans comme ſur » les bons ». Il nous proteſte ailleurs, que « ſi » nous ne remettons à notre prochain les » injures qu'il nous a faites, Dieu ne nous » remettra pas nos péchés «.

Matth. 5.

Matth. 6.

IV.

Amour des Ennemis.

Il faut bien remarquer que ce que nous ordonne le Sauveur par rapport aux enne-mis, ce n'eſt pas ſeulement de ne les point haïr ; il nous commande de les aimer, *diligi-te :* il exige de nous le même amour pour eux, que pour les autres hommes, le même amour que nous avons pour nous-mêmes. Aimer ſon prochain comme ſoi-même, c'eſt la régle générale : & tout homme, ſans ex-ception, quel qu'il ſoit, eſt notre prochain. Ce n'eſt donc pas accomplir la loi, que de dire qu'on ne veut pas de mal à ſon ennemi, pendant qu'on le rejette de ſon ſouvenir ; qu'on ne penſe à lui qu'avec dedain, qu'on ne veut pas le voir, qu'on cherche à ſe ven-ger de lui par des paroles, ſi on ne le fait pas par des actions. Ce n'eſt pas accomplir la Loi, que de s'entretenir à ſon égard dans des ſentimens d'indifférence, de n'être pas diſ-poſé à lui faire du bien dans l'occaſion, de ne pas l'affectionner juſqu'à prier pour lui,

& lui souhaiter tout ce qu'on se souhaite à soi-même. Il est vrai que pour ce qui regarde les devoirs extérieurs de l'amitié, c'est à la prudence à les régler. Il peut arriver, qu'il ne soit point à propos de faire à un ennemi les mêmes démonstrations d'amitié qu'à un ami ; mais il faut être dans la disposition de les faire, si cela peut être nécessaire pour étouffer en soi les sentimens de haine, pour les étouffer dans le cœur de l'ennemi, pour éviter & prévenir le scandale : il faut être prêt sur-tout à ne lui refuser jamais aucun des services & des bons offices dont il aura besoin.

Par rapport à la réconciliation, qui est une suite du pardon & le reméde des inimitiés, Jesus-Christ nous a encore prescrit notre devoir : » Si lorsque vous faites votre présent à » l'autel, dit le Sauveur, vous vous souve- » nez que votre frere a quelque chose sur le » cœur contre vous, laissez-là votre présent, » & allez vous réconcilier avec votre frere, » vous reviendrez ensuite faire votre offran- » de «. Il faut donc dès qu'on s'apperçoit de quelque inimitié qui nous divise d'avec notre prochain, travailler à la faire cesser, aller au-devant, & ne rien négliger pour rétablir la paix & la bonne intelligence. Nous le devons sur-tout, lorsque c'est nous qui avons donné lieu à notre prochain d'être mécontent & d'avoir quelque chose sur le cœur contre nous. La justice veut que nous fassions nous-mêmes les premieres démarches. Saint Chrisostome pense que nous devons les faire, lors même que le tort n'est pas de notre côté, mais que c'est l'autre qui est en faute. Saint Augustin paroît être d'un autre

Matth. 5.

avis. On peut les concilier, en difant que quelquefois l'innocent doit faire les avances, & que d'autres fois il n'y eft pas tenu. Ce font les conjonctures qui doivent décider, conformément à ce que dictera la charité & le bien de la paix : car s'il y avoit apparence qu'en faifant les premiers pas, on auroit le bonheur de gagner fon frere, pourquoi héfiteroit-on à les faire, pour procurer un auffi grand bien ?

V,

Scandale.

Ce que nous avons dit fur l'homicide, ne regarde que l'homicide corporel. Il y en a un d'une autre efpece qui eft pareillement défendu par le cinquiéme Commandement. C'eft celui qu'on appelle homicide fpirituel, autrement le fcandale. C'eft ce qui nous refte à expliquer. Scandale, felon la force du mot, eft ce qui fe rencontre dans le chemin aux pieds d'un homme qui marche, & qui le fait tomber. Ainfi le péché de fcandale confifte à donner à quelqu'un occafion de pécher, ou par de mauvais exemples, ou par de mauvais entretiens, ou par de mauvais confeils. Le fcandale eft appellé homicide fpirituel, parce qu'en portant les autres à commettre le mal, ou en leur donnant lieu de le faire, on procure la mort fpirituelle de leur ame. Il eft donc bien nommé homicide, & il l'emporte même en malice fur l'homicide corporel, autant que la vie de l'ame eft plus noble & plus précieufe que celle du corps. L'idée que nous venons de donner du péché de fcandale, n'eft pas tout-à-fait celle qu'on en a dans le monde. On appelle communément fcandale, lorfque quelqu'un fait des choses qui frappent & révoltent les gens de bien qui en font témoins. C'en est un à la vérité, mais ce n'est pas là le plus criminel & le plus pernicieux. Le grand scandale au contraire est celui qui, bien loin de révolter ceux qui font témoins de la chose, les engage au contraire à faire le mal qu'ils voyent faire, ou qu'on leur conseille. C'est par le scandale ainsi entendu qu'on les fait périr, & qu'on donne la mort à leur ame : au lieu que par l'autre, souvent on ne cause la mort de personne, & tout le mal qui en arrive, c'est de faire deshonneur à la Religion. Pour juger de l'énormité de ce péché, dans le sens que nous le prenons, il suffira de faire attention au jugement que Jesus-Christ en porte. « Quiconque, dit-il, aura scandalisé *Matth.* 18. » un de ces petits qui croyent en moi, il lui » seroit plus avantageux qu'on lui attachât » une meule de moulin au cou, & qu'on le » précipitât dans la mer. » Quel crime, qui mérite un aussi étrange châtiment !

On demandera pourquoi Jesus-Christ ne parle que du scandale donné aux petits. Ce n'est pas qu'il ne soit toujours un grand crime, quels que soyent ceux à qui on le donne, grands ou petits. C'est que communément c'est à l'égard des petits & des foibles qu'il fait plus de ravage, & qu'il a moins d'effet sur les forts. Qui sont maintenant ces petits à qui il faut surtout éviter de donner scandale ? Ce sont ceux qui sont petits d'âge, les jeunes gens qui sont par leur âge plus susceptibles des mauvaises impressions : les petits d'état, les gens du commun, les domestiques, qui sont plus accoutumés à ne régler leur conduite que sur l'exemple : les petits dans la foi, ceux qui font moins inftruits, moins affermis & enracinés dans le bien. Il s'enfuit de-là qu'il ne fuffit pas, pour éviter le péché de fcandale, de ne rien faire de mal en préfence de ces fortes de perfonnes, mais qu'il faut encore s'abftenir de faire devant eux ce qui n'étant point mal en foi, leur paroîtroit cependant être tel, parce que cela les porteroit & les accoutumeroit à commettre le mal connu pour tel. C'eft Saint Paul qui nous donne cette regle. « Si en mangeant certai-

I. Cor. 8. » nes viandes permifes, vous fcandalifez vo-
» tre frere, qui les croit défendues, & qui
» vous voit en manger, vous êtes caufe de
» la perte de votre frere foible, vous perdez
» celui pour qui Jefus-Chrift eft mort ; parce
» que votre exemple l'autorifera à manger
» de ce qu'il croit défendu. Pour moi, fi je
» fçavois qu'en mangeant de la viande, je
» ferois un fujet de fcandale à mon frere, je
» me condamnerois à ne jamais en manger. »

J'obferverai en finiffant, qu'il y a des fcandales permanens, qui font ceux dont il faut fe garder avec le plus d'attention. Telles font les chofes qui peuvent être perfévéramment des occafions de péché aux autres : les mauvais livres, par exemple, les mauvaifes peintures, les figures indécentes, l'immodeftie des femmes dans leur maniere de s'habiller, ou même dans leurs portraits. Comme ces fcandales demeurent & ne paffent point, ils font beaucoup plus de mal, parce qu'ils font offenfer Dieu fans fin, & tuent une multitude d'ames par les péchés du cœur, les péchés des fens, dont ils font l'occafion & la caufe.

VI.

VI.

Les VI & IXᵉ Commandemens. *Luxurieux,* &c. *L'Œuvre de chair,* &c.

Nous avons suffisamment traité cette matiere dans les *principes de la Conversion,* en expliquant les péchés capitaux : voyez y l'article de l'impureté. On peut consulter aussi ce qui est dit ci-dessus sur les péchés de pensée & de desir.

Chap. IV.
Nom. II &
III.

VII.

Les VII & Xᵉ Commandemens. *Bien d'autrui,* &c. *L'avoir d'autrui,* &c.

Ces deux Commandemens défendent en général de faire tort à son prochain dans ses biens, ou de souhaiter de le lui faire, soit en lui prenant injustement ce qui lui appartient ; soit en exigeant ce qu'il ne doit pas ; soit en retenant injustement, & ne lui restituant pas ce qui est à lui & qu'on lui doit ; soit enfin en commettant quelqu'injustice que ce soit à son égard. Ceux qui sont complices de l'injustice péchent aussi bien que ceux qui la font ; tels sont ceux qui la conseillent, qui aident à la faire, qui ne l'empêchent pas lorsqu'ils y sont obligés, & qu'ils le peuvent.

Le détail des regles, des devoirs, des prévarications sur cet article seroit immense. Je ne me suis pas proposé de descendre dans le particulier sur tout ce qui concerne les Commandemens du Décalogue. On peut avoir recours aux livres où cela se trouve fait. Mon dessein a été seulement de faire observer ce qu'il y a de plus important par rapport à l'esprit de la loi, ou ce qui est moins connu du commun des Chrétiens. Par rapport à la matiere présente, il y a deux points qui méritent plus d'attention. Le premier, c'est l'esprit de la loi dans le VII. Commandement, qui est de condamner la cupidité, le desir des richesses, l'amour des biens du monde : parce que c'est dans la cupidité que toutes les injustices, défendues par ce Commandement, prennent leur source. Ce que j'ai dit de l'avarice en discutant les péchés capitaux dans l'autre Volume, instruira suffisamment à cet égard. L'autre point qui demande réflexion, c'est l'espece d'injustice qui se commet par l'usure. Celle-ci est si commune, qu'on pourroit dire de notre siecle, ce que David disoit du sien, & ce qu'il déploroit par ces paroles : « Je n'ai vu qu'iniquité dans » la Cité, l'usure & la fraude regnent au mi-» lieu de ses places, *non defecit de plateis ejus usura & dolus.*

VIII.

L'Usure.

Le péché de l'usure consiste à tirer profit d'un argent prêté & non aliéné, *lucrum ex mutuo*, c'est-à-dire, stipuler des intérêts à tant par an, jusqu'à ce que le fond soit rendu. S'il étoit aliéné, il n'y auroit plus d'injustice ; parce qu'alors c'est une espece de contrat d'achat & de rente, par lequel on achete, moyennant une somme proportionnée, une rente à perpétuité, ce qui est permis. Ainsi les rentes constituées sont licites & n'ont rien de vicieux. Il en est de même des rentes sur un simple billet avec promesse de passer contrat ; parce qu'il y a dans les unes

& dans les autres, aliénation du fond, dont on ne peut pas exiger le remboursement. La raison de l'injustice qui se trouve dans l'usure, c'est que le prêt est une œuvre de charité qui doit être gratuite; *mutuum date*, dit Notre Seigneur, *nihil inde sperantes*: prê-tez sans en rien espérer. Les Philosophes même payens, aussi bien que les Saints Pe-res & les Théologiens, en donnent une au-tre raison. C'est que l'argent est une chose stérile de soi-même, qui ne produit rien: la monnoye n'est établie que pour faire les échanges: elle n'est ni un fonds fructueux, ni une marchandise: elle est seulement l'ins-trument dont on se sert pour l'acquisition des fonds & le commerce des marchandises. Mais indépendamment de tout raisonne-ment, il doit suffire à un Chrétien de sça-voir que toutes les Loix Divines & Humai-nes, Ecclésiastiques & Civiles, condamnent l'usure, & la condamnent sans exception & sans restriction, tant celle qu'on exerce en-vers les pauvres, qui est la plus criante, que celle que l'on pratique avec les riches.

Luc. 6.

Quoique celle-ci, en apparence, n'ait rien qui soit grossierement injuste, elle l'est ce-pendant & a de mauvais effets de près ou de loin, pour le bien ou des particuliers qui en souffrent, ou de la société à laquelle les pratiques usuraires nuisent beaucoup. En-sorte que pour prévenir tout inconvénient, il étoit convenable que toute usure absolu-ment fût interdite, même pour les cas où on n'en appercevroit aucun mauvais effet. C'est ainsi que les Loix Civiles interdisent beau-coup de choses qui, dans certaines rencon-tres, ne paroîtroient pas mauvaises; mais qui étant mauvaises le plus communément, doivent être absolument défendues & interdites en tout. Ceci soit dit pour contenter ceux qui ne goûteroient pas la raison spéculative que j'ai rapportée plus haut d'après les Philosophes & les Saints Docteurs, qui démontre que l'usure est intrinsèquement mauvaise par sa nature, & condamnée par la loi naturelle, à cause de la stérilité intrinsèque de l'argent.

Pour aller au-devant de toutes les difficultés, il faut encore répondre à un prétexte dont on se sert souvent pour autoriser des pratiques usuraires. On dit que l'Etat les permet, & que les Princes donnent quelquefois des Déclarations, où sans condamner ces pratiques, on fait des réglemens à ce sujet. Si on veut parler juste, il ne faut pas dire que l'Etat permet ces pratiques : il faut dire seulement qu'il les tolere ; & que s'il établit des regles à ce sujet, c'est moins pour les approuver & les autoriser, que pour mettre simplement des bornes à l'étendue très-préjudiciable au bien public, qu'on leur donneroit, ou pour prévenir d'autres injustices accessoires qui s'y mêleroient, dans l'impossibilité où l'on est d'extirper la cupidité, & de supprimer entierement ces pratiques irrégulieres & illicites.

IX.

Suite.

On commet donc le péché d'usure, toutes les fois qu'on stipule quelque profit, en faisant quelque prêt d'argent : & par la raison du contraire, on n'est pas coupable d'usure, lorsque le profit qu'on tireroit d'une somme d'argent n'est pas produit par un prêt.

Ainsi l'émolument qu'on tirera d'un argent mis en société chez un Négociant, est légitime ; parce que dans le cas de société, on partage les risques & les pertes aussi bien que les gains & les profits : c'est une espéce d'achat : on achete les gains qui reviendront peut-être, au prix des pertes qu'on veut bien supporter, s'il en arrive. C'est le jugement qu'on doit porter de tous les contrats qui peuvent être ramenés à l'idée de vente & d'achat ; ce qui ne se trouve jamais dans le pur prêt : car en prêtant, on demeure assuré de son fond, & pour le profit qu'on prétend tirer, on ne donne rien qui soit le prix de l'achat.

Il y a cependant des cas où l'on peut, pour de l'argent prêté, redemander quelque chose de plus que le fond. Mais dans ces cas-là, ce qu'on redemande ne doit point être appellé intérêt, ni profit : c'est simplement indemnité, dédommagement. Cette indemnité est légitime dans le cas du gain cessant & du dommage naissant, *lucrum cessans, damnum emergens.* Voici un exemple. Un marchand a une somme d'argent destinée pour un emploi actuel & présent : on vient la lui emprunter. Pour faire plaisir à l'emprunteur, il manque l'emploi qu'il en alloit faire : voilà un tort qu'il se fait, une perte qu'il souffre : il lui est permis de stipuler quelque profit, non à titre d'intérêt, mais à titre d'indemnité. Ou bien, c'est un marchand qui n'a pas besoin actuellement de son argent, mais qui en aura absolument besoin dans six mois. Si dans six mois l'emprunteur ne le rembourse pas, il souffre un dommage causé par le prêt, il est en droit de demander alors une indemnité. Mais afin qu'il n'y ait rien en ceci d'illégitime & d'irrégulier, il faut qu'il s'y rencontre plufieurs conditions ; autrement ce feroit ufure palliée. Il faut que le dommage foit réel. Car fi l'argent qu'on prête, n'étoit pas actuellement déterminé à un emploi marqué, mais qu'on eût feulement intention de le placer dans l'occafion, le dommage ne feroit pas actuel : il étoit incertain fi on auroit trouvé un bon emploi dans la fuite ; en combien de manieres peut-il arriver qu'on n'en trouve pas de tel ? Il faut en fecond lieu, que ce foit le prêt qui foit caufe du dommage : car fi on avoit eu d'autre argent vacant, c'en étoit affez pour obvier au dommage. Il faut en troifieme lieu, que le dédommagement ne foit pas reglé fur une proportion rigoureufe avec le prétendu dommage ; mais fuivant une eftimation judicieufe, felon les apparences du profit plus ou moins confidérable qu'on auroit pû retirer de l'emploi de fon argent ; lequel profit n'eft pas toujours auffi grand qu'on l'auroit efpéré. Comme ces matieres font délicates & épineufes, on confeille aux perfonnes qui ont une confcience timorée, de prendre avis de perfonnes fages, éclairées & attachées aux bonnes régles, toutes les fois qu'elles fe trouvent dans le cas d'affaires, où il y a fujet de craindre que l'ufure n'y entre par quelque endroit. Et lorfqu'après les réflexions faites, il y a du doute, elles ne peuvent faire plus fagement que de prendre le parti le plus fûr, qui eft de ne point tirer d'intérêt.

CHAPITRE XI.

Suite des Devoirs. Le VIIIe Comman-
dement de Dieu, & les III, IV, V,
VIe Commandemens de l'Eglise.

I.

Le huitiéme Commandement. *Faux*
Témoignage, &c.

Menfonge.

P AR ce Commandement, le Décalogue
défend un des plus grands crimes. L'É-
criture-Sainte ne parle jamais qu'avec horreur du faux témoin : & il le mérite bien.
Il outrage la Divine majefté, en prenant Dieu
à témoin de la fauffeté. Il infulte l'autorité
divine qui réfide dans la perfonne des Juges
qu'il trompe. Il opprime les innocens, &
leur fait perdre la réputation, les biens, la
vie. Si nous entrons dans l'efprit de la Loi,
la défenfe du faux témoignage s'étend à tout
menfonge, puifque dans tout menfonge on
témoigne, on affirme quelque chofe contre
la vérité. S'il eft vrai qu'il y ait des menfon-
ges en matiere légere, il n'eft pas moins
vrai qu'ils font toujours péchés & offenfes de
Dieu, parce qu'il n'y a aucun cas où il foit
permis de parler contre la vérité fous quelque prétexte que ce foit, ni pour procurer
quelque bien, ni pour empêcher quelque
mal, ni pour rendre fervice à quelqu'un, ni
fimplement par divertiffement. En effet, fi
l'on convient qu'il n'eft jamais permis de
bleffer l'équité, de bleffer la charité, pour-

G iv

quoi le feroit-il de bleſſer la vérité ? Dieu eſt charité, Dieu eſt la ſouveraine équité ; Dieu n'eſt-il pas de même la ſuprême vérité ? Or ſi tout menſonge eſt un péché plus ou moins conſidérable, il n'en faut pas davantage à l'homme juſte, au vrai chrétien, pour s'interdire tout menſonge, quelque léger qu'il ſoit. Les équivoques, les reſtrictions mentales ſont réputées menſonges ; parce qu'on ne les emploie que pour tromper le prochain & pour lui faire croire quelque choſe de faux : de ſorte que la vérité y eſt offenſée, comme lorſqu'on aſſure une fauſſeté. Il eſt vrai qu'on peut taire une vérité, ne la pas dire, & que quelquefois le prochain eſt trompé par notre réticence ; mais alors ce n'eſt pas nous qui le trompons, puiſque nous ne lui diſons rien que de vrai : c'eſt lui qui ſe trompe & qui veut ſe tromper, en jugeant trop précipitamment. Nous n'avons intention que de lui laiſſer ignorer une vérité que nous ne ſommes point obligés de lui dire : s'il va plus loin & qu'il croie quelque choſe de faux, c'eſt ſa faute.

II.

Flatterie.   Les menſonges les plus criminels, défendus par la Loi, ſont la flatterie & la calomnie. La flatterie conſiſte à louer une perſonne qui ne le mérite pas. En lui faiſant croire qu'elle a une grande vertu, en excuſant ſes vices, & les traveſtiſſant en bonnes qualités, non-ſeulement on ment, non-ſeulement on la trompe, mais on la trompe d'une maniere qui lui eſt très-préjudiciable : parce qu'on l'entretient dans ſes défauts & dans ſes vices, on l'y autoriſe, on la tranquilliſe dans un mauvais état qui la mene à la perdition. C'est à quoi on ne pense pas dans le monde, au milieu duquel est établi un commerce public & continuel de flatteries : & combien de personnes bien rangées d'ailleurs la pratiquent sans scrupule ? Je sçais que, par rapport aux Grands, aux personnes placées dans les hautes dignités, on est obligé de leur parler d'une maniere très-respectueuse ; mais il ne s'ensuit pas qu'il soit permis de les encenser par de faux éloges. Qu'on les loue, si l'on veut, sur quelque talent, quelque bonne qualité, quelque vertu humaine, s'ils en ont : mais qu'on n'aille pas plus loin ; & c'est une mauvaise excuse de dire, qu'en les louant de ce qu'ils ne sont pas, on veut leur apprendre ce qu'ils devroient être. Malgré cette bonne intention, la louange qui porte à faux, sera toujours un piége où l'amour propre de la personne se laissera prendre.

On peut encore pécher par la flatterie, en louant les personnes en leur présence, de ce qu'il y a de bon en elles, lorsqu'on le fait avec indiscrétion & sans modération ; parce qu'on les tente par-là de vanité, & qu'il n'est jamais permis de donner occasion de pécher à son prochain. Le plus sûr, par conséquent, est de ne jamais louer personne en sa présence, si ce n'est en passant, & sans beaucoup insister, ou pour quelqu'utilité qu'on s'en promettroit pour la personne. La flatterie sera d'une espece plus criminelle, si on loue le prochain sur des choses qui, quoiqu'elles ne soyent pas des vices, ne sont pas vraiment dignes de louanges, parce que ce ne sont pas de vrais biens ; comme quand on

G v

loue les riches fur leur opulence, les femmes fur leur beauté, les mondains fur la magnificence de leurs maifons, de leur train, de leurs ameublemens. C'eft flatter la cupidité & l'orgueil de ces fortes de gens ; c'eft les aider à s'attacher encore davantage aux chofes frivoles de la terre. Peut-on fe perfuader qu'on foit innocent, en le faifant ?

III.

Calomnie.

La calomnie eft le contrepied de la flatterie. Elle confifte, au contraire, à accufer fauffement une perfonne des péchés & des vices dont elle n'eft pas atteinte. Il n'y a de différence entre le faux témoignagne & la calomnie, qu'en ce que le faux témoignage fe commet en Juftice devant un Tribunal, & non pas la calomnie. Ainfi, pour le fond du péché, il eft le même dans la calomnie que dans le faux témoignage : elle a la même énormité. L'un & l'autre font également en horreur dans le monde, également déteftés par tout. Ils ont encore cela de commun, qu'on ne peut échapper à la damnation éternelle, lorfqu'on en eft coupable, qu'en fe rétractant nettement, quelque chofe qu'il doive en coûter, & pour la réputation & même pour la vie. Tout Chrétien attentif aux intérêts de fa confcience, doit beaucoup s'obferver, lorfqu'il parle de fon prochain, parce qu'il eft facile de tomber dans la calomnie, fans prefqu'y penfer. On n'en eft point exempt, par exemple, lorfque le mal qu'on rapporte d'un autre eft douteux, & que cependant on le raconte affirmativement ; ou bien lorfqu'on exagere le mal, & qu'on y ajoute des circonftances aggravantes. Il n'y a que la légereté de la matiere, qui puisse alors rendre la faute légere.

On peut encore mettre au nombre des péchés défendus par le VIIIe Commandement, la simple médisance, qui consiste à dire de son prochain un mal véritable. Quoiqu'on ne mente point, on ne laisse pas de commettre une injustice à son égard, en blessant sa réputation : car c'est la lui ôter que de rendre publique quelque chose qui le deshonore & qui n'étoit pas connue. Si c'est en matiere considérable, la médisance ne pourra point être excusée de péché mortel ; & d'un péché d'autant plus funeste à celui qui le commet, qu'il est plus difficile de le réparer. Car on ne peut pas le faire, comme dans la calomnie, en se rétractant : dès que ce qu'on a dit est véritable, il n'est pas permis de le nier : il faut prendre des biais pour réintégrer dans l'esprit des autres l'estime de la personne. Autre difficulté, lorsque la médisance s'est répandue de bouche en bouche : quel moyen de faire la réparation, par tout où le mal a gagné ! Il n'est pas même possible de le sçavoir.

IV.

Les quatre derniers Commandemens de l'Eglise. *Tous tes péchés*, &c. *Ton Créateur*, &c. *Quatre-Tems*, &c. *Vendredi chair*, &c.

Le premier & le deuxiéme, sur la sanctification des Dimanches & des Fêtes, ont été expliqués avec le troisiéme Commandement de Dieu. Le troisiéme & le quatriéme trouveront leur explication dans l'endroit où nous parlerons des Sacremens de Pénitence &

d'Euchariſtie. Ainſi nous n'avons ici à diſcuter que les deux derniers, qui concernent l'abſtinence & le jeûne preſcrits en certains tems de l'année & en certains jours. Ce que nous dirons du jeûne aura ſon application à l'abſtinence de certains alimens, qui eſt jointe au jeûne.

Il faut ſçavoir d'abord, que le jeûne en général eſt de précepte Divin. On a toujours pratiqué des jeûnes dans la vraie Religion, & Jeſus-Chriſt l'a recommandé dans la nouvelle Loi. «Mes Diſciples, dit-il, jeûneront » lorſque l'Epoux leur ſera enlevé, » c'eſt-à-dire, lorſque je ſerai remonté au Ciel. Ainſi le précepte de l'Egliſe ne tombe que ſur la maniere de le pratiquer. Le jeûne eccléſiaſtique conſiſte à ne faire qu'un ſeul repas, & à s'abſtenir de la chair & d'autres alimens déſignés. Sur le premier article, l'Egliſe n'a jamais varié : ſur le ſecond, la diſcipline n'a pas toujours été la même. C'eſt aux Supérieurs à régler cette diſcipline. Le jeûne doit durer quarante jours avant Pâques. C'eſt ce qu'on appelle le Carême, qui eſt inſtitué pour ſervir de préparation à la grande ſolemnité. Les jeûnes des Vigiles de certaines Fêtes ſervent de même de préparation à ces ſolemnités, en même tems qu'ils ſont l'acquit de l'obligation générale de jeûner. Suivant le precepte de Jeſus-Chriſt, le jeûne des Quatre - Tems eſt établi pour ſanctifier les quatre ſaiſons de l'année, pour expier les fautes commiſes dans chaque ſaiſon, pour obtenir la bénédiction du Seigneur ſur les fruits de la terre, pour le remercier de ceux qu'on a recueillis, & lui demander la grace d'en bien uſer, enfin pour obtenir de lui de

Matth. 9.

bons Miniſtres de ſon Egliſe ; car c'eſt aux Quatre-Tems que les Ordinations ſe font.

Tous ces jeûnes ſont d'une obligation étroite & indiſpenſable ; & l'intention de l'Egliſe a été de nous y aſtreindre ſous peine de péché mortel, en vertu de l'autorité qu'elle a reçue de Jeſus-Chriſt, comme nous l'avons vu en parlant des Regles de la Juſtice Chrétienne, qui ſont les Loix de Dieu & celles de l'Egliſe. L'étroite obligation de celle qui regarde le jeûne, ſurtout du Carême, eſt atteſtée par la Tradition de tous les ſiécles. Le Concile de Gangres, au quatriéme ſiécle, prononce anathême contre quiconque n'obſervera pas les jeûnes univerſellement pratiqués dans l'Egliſe. Voici comme parle Saint Jerôme àl a fin du même ſiécle : « Nous jeûnons une quarantaine, ſuivant la » Tradition des Apôtres : non qu'il ne ſoit » pas permis de faire d'autres jeûnes ; mais » autre choſe eſt de jeûner par dévotion, » autre choſe, de jeûner par obligation : *Aliud voluntate, aliud neceſſitate jejunare.* Saint Auguſtin compte parmi les erreurs des Ariens, celle de nier l'obligation d'obſerver les jeûnes commandés. « Je demanderai, » dit Saint Cyrille d'Alexandrie, à ces vio- » lateurs de la loi du jeûne, lequel des deux » eſt le plus à redouter, ou de jeûner, ou de » brûler dans l'enfer. » Dans les ſiécles ſuivans, on s'eſt expliqué de même. Théodulfe, Evêque d'Orleans, rendra témoignage pour le neuviéme ſiécle. « Il eſt libre, dit-il, de » jeûner ou de ne pas jeûner dans le reſte de » l'année ; mais ne pas jeûner dans ce tems- » ci, c'eſt tranſgreſſer un Commandement » de Dieu, *præceptum Dei, tranſcendere eſt.*

Epiſt. ad Marcellin.

De hæreſ.

Hom. 1. Paſt.

Can. 37.

Voilà le précepte de l'Église qualifié Commandement de Dieu. Telle a été la foi de nos Peres ; ce qui doit lever tous les doutes & détruire tous les préjugés. Il est vrai qu'il peut y avoir des cas de dispense. Les Conciles en mettent trois : *Inevitabilis necessitas, fragilitatis evidens languor, ætatis impossibilitas* : Une nécessité inévitable, pour des œuvres nécessaires & qui ne peuvent se faire en jeûnant ; l'état de maladie ; l'impuissance causée par la trop grande jeunesse , ou par l'extrême caducité de l'âge. Mais ce sont ces raisons elles-mêmes de dispense qui confirment la loi, & qui montrent combien est grande son obligation.

Conc. VIII. Tolet.

V.

Suite.

Entrons maintenant dans la pratique de la Loi. J'ai dit que le jeûne ecclésiastique consiste essentiellement à ne faire qu'un repas dans le jour. C'est ainsi qu'on l'a toujours entendu. « Les autres jours on dîne, dit » Saint Augustin : les jours de jeûne on ne » dîne point , *non prandetur :* on ne fait donc que le repas du souper. Tel étoit encore l'usage dans le onzième siécle , du tems de Saint Bernard. Si le repas du soir a été avancé depuis ce tems-là , ce relâchement de la discipline ne détruit pas l'unité essentielle de repas ; ensorte que le dîner fait, il n'y a plus d'autre repas à faire ; il n'est pas permis de souper : & la collation , qui s'est introduite peu à peu , doit être si légere , qu'elle ne soit point un repas, ni pour la quantité , ni pour la qualité des alimens qu'on y prend. Ce ne doit être que comme un déjeûner ou un goûter qu'on fait dans le cours de l'année ,

Serm. 3. de quadrag.

uniquement pour se soutenir. Ainsi c'est se mocquer de la Loi, que de demander, si on ne peut pas faire le soir un repas aussi fort que le matin, pourvû qu'on ne mange point des mets succulens dont on fait usage au diner : si on y peut manger de gros légumes, du poisson apprêté sans beurre, &c. Par rapport à l'unité du repas, il faut observer que nos Peres ont toujours cru, qu'il étoit contre la Loi du jeûne de boire hors des repas uniques. Nous en avons un beau monument dans une parole de Saint Fructueux, Martyr d'Espagne. Comme on le menoit au supplice, on lui présenta à boire suivant la coutume ; mais parce qu'il n'étoit pas encore trois heures après-midi, qui étoit l'heure de rompre le jeûne dans les jours de petits jeûnes différens de celui du Carême, il refusa de boire & fit cette réponse, que le Poëte Prudence a mise en vers :

Jejunemus, aït, recuso potum,
Nondum nona diem resignat hora.

« Non, je ne boirai pas, il faut jeûner : » l'heure de rompre le jeûne n'est pas encore » arrivée. » Que dira-t-on de ceux qui se permettent, non-seulement la boisson de l'eau hors du repas les jours de jeûne, mais des liqueurs de toute espece, vin, chocolat, caffé, &c. ?

Nous avons marqué plus haut les trois uniques causes légitimes de dispense du jeûne : l'impuissance pour des affaires nécessaires, l'impuissance pour cause de maladie, & l'impuissance du côté de l'âge. Les affaires ne dispensent point, à moins qu'elles ne soyent d'une nécessité absolue. Aussi dans les premiers siécles de l'Eglife, beaucoup d'affaires ceffoient en Carême, & les Maîtres difpenfoient les ferviteurs des gros ouvrages, afin qu'ils pûffent jeûner. L'âge de même n'en difpenfe pas les vieillards, quand ils ne font pas dans l'impuiffance de jeûner, Il eft à obferver que, lorfqu'on a des raifons légitimes de difpenfe, la difpenfe ne s'étend pas plus loin que l'impuiffance. Ainfi celui qui ne peut pas jeûner, mais qui peut faire maigre, n'eft pas difpenfé de l'abftinence. Celui qui ne peut pas faire l'abftinence & qui peut jeûner, n'eft pas difpenfé du jeûne. Celui qui ne peut pas faire le jeûne entier, doit en faire ce qu'il peut : s'il mange, par exemple, un morceau le matin, parce qu'il ne peut pas s'en paffer, il fe contentera le foir de la collation, & ainfi du refte. En agir autrement, c'eft vouloir fe tromper; c'eft offenfer Dieu en s'accordant des difpenfes que Dieu n'agrée & ne ratifie point. Qu'on fe fouvienne toujours que c'eft ici une des Loix les plus refpectables de l'Eglife, qui defcend de la Tradition des Apôtres; & que quiconque voudra difputer contre, recevra pour réponfe cette parole de Saint Paul : Si quelqu'un prétend contefter, nous n'avons autre chofe à lui dire, finon que ce n'eft pas là notre coutume, ni celle de l'Eglife de Dieu : *Si quis videtur contentiofus effe, nos talem confuetudinem non habemus, neque Ecclefia Dei.*

1. *Cor.* 11.

CHAPITRE XII.

Moyens de conserver la Justice. Moyens intérieurs. La Priere.

I.

LEs moyens de conserver la justice chrétienne, & de se maintenir dans l'état de
grace, sont de deux sortes ; les uns sont intérieurs, que l'homme employe lui-même ;
les autres sont extérieurs, qui lui sont administrés par d'autres hommes. Les premiers
sont des œuvres de piété qu'il pratique pour
se soutenir dans le bien, tels que sont sur-
tout la priere & la vigilance. Les seconds
sont les Sacremens qu'il reçoit de la main
de l'Eglise, & qui sont les canaux par lesquels Dieu lui communique ses graces.

La priere tient le premier rang parmi les
moyens qu'employe le Juste, pour ne pas
perdre la justice. Nous ne répéterons point
ici ce que nous avons dit dans les *Principes
de la Conversion*, touchant les fondemens sur
lesquels est appuyé le devoir de la priere : sentiment de sa misere & de sa foiblesse : sentiment du besoin de la grace : sentiment de
l'indignité où l'on est de la grace qu'on demande : sentiment enfin de confiance dans
la bonté du Seigneur de qui on espere être
exaucé. On peut relire l'endroit, afin d'avoir
présens à l'esprit les principes qui y sont exposés, & qui servent de base à une partie de
ce que nous allons dire. Ce que j'ai remis à
traiter ici, c'est la pratique de la priere,

La Priere.
Ce que c'est.

Ch. 12.

Qu'eſt-ce que la priere ? quel eſt ſon objet ? quelles ſont les conditions qu'elle doit avoir ? que faut-il penſer de la priere vocale ? que faut-il ſçavoir de la priere mentale ou oraiſon ? qu'eſt-ce que c'eſt que la priere continuelle ? que faut-il penſer de la priere en commun & publique , des prieres particulieres , &c ? Ce ſera la matiere de ce Chapitre & du ſuivant.

Qu'eſt-ce que prier ? C'eſt demander. Or on ne demande que ce qu'on deſire. Ainſi prier , c'eſt ſouhaiter , c'eſt deſirer : *Deſiderium cordis* , dit le Roi Prophète. Voilà pourquoi Saint Paul , en même tems qu'il nous apprend que c'eſt l'Eſprit-Saint qui forme les prieres des Juſtes , dit qu'il prie en eux par des gémiſſemens ineſſables , *gemitibus incarrabilibus.* Le gémiſſement eſt une fonction du cœur ; & comme il eſt ineffable , c'eſt-à-dire , qu'il ne s'exprime point par des paroles , c'eſt une choſe qui reſte dans le cœur. Ainſi s'occuper de belles réflexions en préſence de Dieu , ſi on ne fait que cela , ce n'eſt point prier ; parce que les réflexions ſont des opérations de l'eſprit & non du cœur. Réciter haut ou bas des formules de priere , ce n'eſt pas prier , ſi le ſentiment du cœur n'accompagne pas cette récitation. Chanter des Pſeaumes , ce n'eſt pas non plus proprement prier , s'il ne s'agit que des louanges de Dieu ; c'eſt louer. Mais aimer Dieu , deſirer de l'aimer davantage , gémir de ce qu'on ne l'aime pas aſſez , ſoupirer après le ciel où l'on aime Dieu parfaitement , c'eſt prier : & ſi on ſoupire ſans ceſſe , on prie ſans ceſſe , quand même on ne ſeroit pas dans l'exercice actuel de la priere , *continuato deſiderio*

Rom. 8.

semper oramus. Telle est la morale de Saint Augustin, qui s'entendoit en matiere de priere, autant qu'en amour de Dieu.

Par la raison des contraires, les charnels, qui font le grand nombre dans l'Eglise, ne prient point, quoiqu'ils paroissent le faire. S'ils ne desirent en aucune forte l'amour de Dieu, s'ils ne soupirent point après, ils ne font pas censés prier, & devant Dieu ils font réputés muets, quand ils crieroient tout le jour. Ce font des parleurs qui ne disent mot, *muti loquaces*, comme les appelle Saint Augustin. Ou s'ils prient, ce n'est pas Dieu qu'ils prient ; car s'ils font fans desirs pour la piété, ils ne font pas pour cela dépourvus de desirs : ils désirent & aiment la vanité, les plaisirs, les chofes du monde ; c'est un desir & un amour qu'ils portent habituellement dans leur cœur. Mais alors à qui s'adressent ces desirs ? Quel Dieu prient-ils ? Ce n'est pas assurément celui qui condamne la volupté, la vanité, la cupidité, tel qu'est le vrai Dieu, le Dieu des Chrétiens. C'est donc un autre Dieu qu'ils prient, le Dieu de ce siécle, comme parle Saint Paul, c'est-à-dire, ce qui est horrible à penfer, le Démon. Maintenant, si l'on veut fe former l'idée d'une vraye & d'une belle priere dans le goût que nous venons d'établir, on n'a qu'à l'étudier dans des exemples. Une belle priere, ce font les larmes de Saint Pierre, c'est le filence de la Pécherefse aux pieds de Jesus-Chrift, ce font les empressemens de la Chananée, c'est l'importunité de l'ami qui demande des pains à son ami, & qui frappe à fa porte jufqu'à ce qu'il lui ouvre ; c'est le mouvement des lèvres de la pieufe Anne

Epist. ad Probum.

mere de Samuel, c'eſt le cri réitéré de l'A-
veugle de Jericho, ce ſont les ſoupirs de
Manaſſès dans la priſon. Dans toutes ces
prieres c'eſt le cœur qui parle, c'eſt le cœur
qui deſire, qui ſoupire, qui gémit.

II.

Son objet.
Oraiſon Do-
minicale.

Quel eſt l'objet de la priere ? Les biens de
la grace. Car la priere a pour cauſe nos beſoins ; j e dis, beſoins réels & véritables, tel
qu eſt e beſoin que nous avons de la grace.
Les biens du corps, les beſoins d'ici-bas n'y
entrent donc qu'autant qu'ils ſont liés à nos
beſoins ſpirituels, autant qu'il eſt néceſſaire,
par exemple, que nous vivions & que nous
ayons de quoi ſoutenir cette vie du corps,
pour travailler à notre ſalut & pour pratiquer la juſtice. Ainſi il eſt permis de demander les beſoins corporels, pourvû que ce ſoit
d'une maniere ſubordonnée à la demande des
ſpirituels, conditionnellement, avec réſigna-
tion, en un mot, de telle ſorte qu'ils ne
ſoyent point l'objet principal des ſouhaits &
des deſirs de notre cœur, & qu'ils ne ſoyent
demandés que d'une maniere ſubordonnée à
des choſes qui le méritent mieux. Conſul-
tons le modéle que Jeſus-Chriſt lui-même
nous a donné pour former & dreſſer toutes
nos prieres, l'Oraiſon Dominicale : nous y
trouverons le vrai objet de nos prieres dans
toute ſon étendue. Car ſi Saint Cyprien appelle le *Pater*, le modèle pour prier, *forma
orandi*, Saint Auguſtin l'appelle la regle des
ſaints deſirs, *regula ſanĉti deſiderii*. L'ana-
lyſe, que nous en allons faire, en ſera la
preuve.

Pater noſter. S'adreſſer à Dieu comme à

fon pere, c'eft une affaire du cœur. Lorfqu'un enfant parle à fon pere, c'eft fon cœur qui parle, parce que c'eft l'amour qui parle à l'amour, l'amour filial à l'amour paternel. Les fept demandes qui viennent enfuite, & qui compofent toute l'Oraifon, ne font que l'expreffion des différens defirs du cœur chrétien. Dans les deux premieres, c'eft le defir de la fin derniere, ce qui fait le vrai bonheur de l'homme. Dans les deux fuivantes, c'eft le defir des moyens d'y arriver. Dans les trois dernieres, c'eft le defir d'être délivré des obftacles qui pourroient nous empêcher d'y arriver.

Sanctificetur nomen tuum : Que votre nom foit fanctifié. Qu'il foit glorifié en moi & dans tous mes femblables : que nous puiffions tous rendre gloire à Dieu par notre bonne vie, que nous fervions à fa gloire par des mœurs dignes de lui, que nous l'honorions & le faffions honorer partout. C'eft là la fin pour laquelle l'homme a été créé. « Je » l'ai formé, dit Dieu, pour ma gloire, *in gloriam meam creavi eum*. C'eft la félicité pour ce monde-ci, fervir Dieu, l'adorer en efprit & en vérité, fe rapporter tout entier à lui, lui rendre ce qui lui eft dû à titre de premier Etre, de Créateur, de Rédempteur, de fouverain Seigneur.

Adveniat regnum tuum : Que votre Royaume arrive ; ce Royaume préparé aux Elus de toute éternité, ouvert aux hommes par la Mort & l'Afcenfion de Jefus - Chrift, le domicile de la fouveraine félicité, le glorieux repos de tous les vrais enfans de Dieu, qui y feront enyvrés d'un torrent éternel de délices. C'eft là la fin de l'homme pour l'autre vie & l'objet légitime de fes defirs. Souhai-

If. 43.

ter d'être heureux , c'est le cri de toute créature raisonnable , c'est la priere de la nature :
souhaiter d'être heureux en Dieu, avec Dieu,
du bonheur de Dieu même , c'est le cri du
Chrétien & la priere de la foi. Demander
autre chose , si ce n'est par rapport à la béatitude éternelle , c'est prier mal , puisque l'O-
raison Dominicale ne demande directement
que cela. Desirer autre chose , ce n'est pas un
saint desir , & ce ne peut être l'objet légitime
de la priere.

Fiat voluntas tua , sicut in cœlo & in terra :
Que votre volonté soit faite en la terre comme aux Cieux. Que là volonté de Dieu,
comme regle des devoirs , regle des mœurs,
principe & source des commandemens , soit
exécutée par moi sur la terre , avec la même
fidélité qu'elle l'est par les Esprits célestes :
que je pratique toutes les vertus qui me sont
commandées , que j'évite tous les péchés qui
me sont défendus , que j'observe tous les
préceptes de la Loi Divine. Que la volonté
de Dieu , comme cause de tous les événemens , soit accomplie , c'est-à-dire , que je
trouve bon qu'elle le soit , car elle l'est toujours : que j'y sois soumis & résigné , que
j'accepte tout de sa main paternelle , le mal
comme le bien : que mes volontés ne répu-
gnent à aucune des siennes , que je souffre
volontiers toutes les épreuves qu'il m'en-
voye pendant ma vie , que je reçoive la mort
avec une humble soumission , lorsqu'il me
l'envoyera. Tel est le moyen direct , principal , essentiel , de mériter de parvenir à mes
deux fins dernieres , la gloire de Dieu &
mon bonheur éternel : & c'est ce que je dois
demander dans mes prieres , parce que c'est
ce que je dois desirer.

Panem nostrum quotidianum da nobis hodie :
Donnez-nous aujourd'hui notre pain de chaque jour ; c'est-à-dire, tout ce qui est nécessaire à l'entretien de la vie de mon corps, & rien au-delà. Qui ne demande que du pain, ne demande que l'absolu nécessaire. Qui ne le demande que pour aujourd'hui, ne le demande pas comme un souverain bien, puisqu'il ne le demande qu'en passant, & seulement pour un tems : tout ce qui n'est pas du pain & tout ce qui n'est pas pour aujourd'hui, n'est pas demandé. Ainsi il n'est point question de plaisirs, de voluptés, d'honneurs, d'or, d'argent, de richesses, de bonne chere ; rien de tout cela n'est compris dans le pain, & par conséquent ne peut être ni demandé, ni desiré : & le pain lui-même n'est demandé que comme nécessaire, comme un moyen & non comme une fin ; si on le demande autrement, & si on demande autre chose, la priere est défectueuse, parce que le desir l'est : il n'est pas régulier, il n'est pas conforme à la Religion. Au reste, sous le nom de pain, sont compris tous les autres vrais besoins du corps, comme le vêtement & le reste ; & non-seulement les besoins du corps, mais tous ceux de l'ame, & tout ce qui contribue à la nourrir, tel que le pain de la vérité, de la charité, & la divine Eucharistie.

Dimitte nobis debita nostra, sicut & nos dimittimus debitoribus nostris : Pardonnez-nous nos offenses, comme nous pardonnons à ceux qui nous ont offensés. Nos péchés passés sont le premier obstacle à notre salut. Puisqu'il nous est permis, & même commandé, de desirer le salut éternel, il est naturel de desirer que les obstacles soyent levés, de gémir de ce que les péchés que nous avons commis sont du nombre, d'en souhaiter par conséquent la rémission, de la demander au prix de tout ce qu'il pourra nous en coûter, de sacrifier pour cela ce qu'il y a de plus cher à notre amour propre, nos ressentimens envers ceux qui ont commis des injustices contre nous, d'être disposés à souffrir tout le mal que les autres pourroient nous faire. Ceux donc qui ne seroient pas dans la disposition de pardonner aux autres, n'auroient pas le saint désir de la charité, qui souhaite du bien à ceux qu'elle aime ; & dès-lors en récitant l'Oraison Dominicale, ils ne prieroient pas, parce qu'en désirant un bien, qui est la rémission de leurs péchés, ils démentiroient ce désir par un autre désir incompatible.

Et ne nos inducas in tentationem : Et ne nous laissez pas succomber à la tentation. Deuxiéme obstacle du salut, les péchés nouveaux que nous pourrions commettre ensuite des tentations du Démon. Nous ne demandons point de n'avoir point de tentations, parce que ce ne sont pas les tentations qui font obstacle ; souvent elles sont occasion & matiere de mérite : c'est d'y succomber qui nous fermeroit la porte du Ciel ; de perdre, par de nouvelles fautes, l'état de grace où Dieu nous a mis ; de devenir plus coupables & en pire état qu'auparavant, par des rechûtes dans les anciennes iniquités ; c'est ce que nous devons craindre, & désirer le contraire. D'où il s'ensuit que des Chrétiens, qui ne désirent pas de persévérer, qui ne craignent point les rechûtes, qui s'exposent aux occasions, qui font de leur vie un cercle de

chûtes

chûtes & d'abfolutions, ne prient point, parce qu'ils ne defirent point ce qui doit être l'objet de la priere, la victoire fur les tentations, la fermeté dans le bien, la ftabilité dans la juftice.

Sed libera nos à malo. Mais délivrez-nous du mal. Ceci renferme en général tout ce qui peut être obftacle au falut, de quelqu'efpece qu'il foit, du côté de l'ame, du côté du corps. Ainfi on demande d'être délivré de fes mauvais penchans, d'être garanti de la contagion des mauvais exemples, de la féduction des erreurs qui font préchées hautement par les mondains, de l'enchantement de la figure du monde qui pafle ; on demande d'être préfervé des accidens de la vie, que notre foible vertu ne feroit pas en état de fupporter patiemment, des perfécutions violentes qui feroient au-deflus de nos forces, des miferes d'ici-bas qui retardent notre félicité, d'une mort trop prompte qui nous ôteroit le tems de faire pénitence, d'une vie trop longue ou trop gracieufe, qui augmenteroit notre attache à la terre, qui nous feroit oublier notre patrie & nous rendroit notre exil aimable. Ceux donc qui fe trouvent bien ici-bas, qui n'y voyent rien de mauvais pour eux, qui ne gémiflent pas fur les fcandales du monde, fur les dangers qu'ils y courent eux-mêmes, fur l'éloignement où la prifon de leur corps les retient de la préfence du Seigneur, ne prient pas, puifqu'ils ne defirent pas d'être délivres du mal.

III.

Quelles font les conditions de la priere ? C'eft fur fes fondemens qu'il faut fixer fes

Conditions
de la Priere.

qualités. Les quatre sentimens que j'ai indi-
qués en commençant, & qui sont dévelop-
pés ailleurs, nous les apprendront. Le premier sentiment est celui de nos besoins. La
priere doit donc être 1°. attentive, faite avec
attention. Prier, n'est pas un simple cérémonial, tel que beaucoup d'autres qui se trouvent exécutés sans qu'on y pense. Ce n'est
pas une œuvre de surérogation, qui n'intéresse pas essentiellement le salut. C'est une
affaire sérieuse, une affaire de conscience,
puisqu'elle est relative à nos besoins, qui
sont grands, multipliés à l'infini, & de toute
conséquence pour notre éternité. La priere
de David étoit une bonne priere, lorsqu'il li
disoit : « Mes yeux sont toujours levés vers
» Dieu; comme les yeux du serviteur sont
» colés sur la main de son maitre, & comme
» les yeux de la servante sont fixément ar-
» rêtés sur la main de sa maîtresse, ainsi mes
» yeux le sont sur le Seigneur, jusqu'à ce
» que j'aye obtenu son secours dans mes be-
» soins. »

Pf. 122.

Le deuxiéme sentiment, qui forme la priere, est celui de la nécessité de la grace. La
priere doit donc être 2°. humble. Car qui
attend une grace, attend une chose à laquelle
il n'a point droit, qui ne lui est point dûe,
pour laquelle il ne peut alléguer aucun titre
ni aucun mérite. La priere du Publicain étoit
humble. Comme il ne voyoit en lui que la
qualité de pécheur, il frappoit sa poitrine,
& réitéroit sans cesse l'aveu de son état, ne
reclamant auprès de Dieu que sa bonté propice, sa miséricorde : « O Dieu, soyez-moi
» propice, à moi misérable pécheur! »

Le troisiéme sentiment est celui de l'indi-

gnité où l'on est d'obtenir ce qu'on demande.
Ainsi la priere 3°. doit être persévérante.
Lorsqu'on pense que rien ne nous est dû, &
qu'on a même mérité par bien des endroits
d'être rejetté, on comprend qu'il faut tâcher d'obtenir par importunité ce qui pourroit être refusé en toute justice ; qu'il faut
presser, solliciter vivement un maître qu'on
a offensé, faire violence à celui dont on a
irrité la justice. Si le cœur est bien pénétré de
ces réflexions, on ne se lassera pas sitôt de
prier ; on y reviendra sans cesse, les rebuts
apparens du Seigneur ne rallentiront point
la ferveur, ses longs délais n'impatienteront
point. La Chananée prioit bien, parce qu'elle
prioit avec persévérance. Elle convenoit
qu'elle méritoit d'être rejettée comme étrangere, comme étant d'une nation pécheresse
& infidèle, comme n'étant pas du nombre
des enfans : & c'étoit précisément pour cette
raison qu'elle ne se rebutoit point du mépris
apparent que Jesus-Christ faisoit & de ses
supplications & de l'intercession des Apôtres
en sa faveur. Elle ne se lasse point de crier,
de fatiguer Jesus-Christ & les assistans ; elle
revient sans cesse à la charge.

Le quatriéme sentiment est un sentiment
de confiance qu'on sera exaucé. Ainsi la
priere 4°. doit être pleine de foi. Si on hé-
sitoit, si l'on doutoit de la puissance de Dieu,
si on se défioit de sa bonté, si on ne sup-
plioit que par provision, attendant le succès
comme par hazard, on ne plairoit point à
celui qui a attaché toutes ses graces à une
foi vive, qui les a promises à quiconque peut
croire, qui, en les accordant, a toujours
déclaré que c'étoit en récompense de la foi,

H ij

& a fait l'éloge de la foi du suppliant. C'est ce qu'on peut voir dans le Lépreux qui s'approche de Jesus-Christ pour demander sa guérison, dans le Centenier qui demande celle de son serviteur. « Si vous le voulez, » dit l'un, vous pouvez me guérir : Dites » seulement une parole, dit l'autre, & mon » domestique sera guéri, aussi promptement » que je suis obéi lorsque je commande quel- » que chose à un de mes soldats. » Voilà une foi vive de la Toute-puissance de celui à qui on s'adresse : foi qui a mérité l'admiration du Sauveur. Pour celle de la bonté présumée du Seigneur, la priere des sœurs de Lazare en est le modele. Le message qu'elles font faire, pour apprendre à Jesus-Christ l'infirmité de leur frere, est conçu dans des termes qui expriment leur grande confiance en sa bonté : « Seigneur, lui font-elles dire, » celui que vous aimez est malade. » La certitude qu'elles ont que le Sauveur aime Lazare, leur donne non pas certitude, mais ferme confiance qu'il continuera de l'aimer, & qu'il leur accordera ce qu'elles demandent pour lui.

Matth. 8.

Joan. 11.

IV.

Que faut-il penser de la priere vocale? Ne sembleroit-il pas que la priere étant le desir du cœur, celle de la bouche seroit superflue? Nullement. Elle est utile & nécessaire pour soutenir celle du cœur. Les paroles dans la priere, dit saint Augustin, nous sont nécessaires pour nous remettre dans l'esprit & devant les yeux ce que nous devons demander : « Ce sont des avertissemens qui nous » suggerent les sentimens dans lesquels nous

Priere vocale.

Ep. ad Prob.

» devons entrer pour bien prier ; » qui nous
font reſſouvenir de nos beſoins dans un certain détail, des vertus qui nous manquent,
des défauts que nous avons à corriger. Quel
profit, par exemple, ne tire-t-on pas pour la
priere, de la récitation des Pſeaumes de David ? Combien font-ils propres à nous pénétrer de la grandeur & de la multitude de nos
miſeres, de la confiance que nous devons
avoir dans la miſéricorde du Seigneur, de la
magnificence de ſes promeſſes, de la dépendance abſolue & univerſelle où nous ſommes de ſon ſecours, pour vaincre les ennemis
de notre ſalut ! Un autre avantage de la priere
vocale, c'eſt que l'énergie des paroles dont
elle eſt compoſée, la vivacité des ſentimens
que ces paroles expriment, la beauté des
images qu'elles préſentent, portent ſouvent
dans l'ame des impreſſions de piété, qui touchent, qui animent, qui enflamment. C'eſt
ce qu'éprouvoit ſaint Auguſtin lorſqu'il réci-
toit les Pſeaumes. « Quelles ardentes prieres
» vous offrois-je, Seigneur, lorſque je chan-
» tois ces Cantiques brûlans de foi ! Com-
» ment me ſentois-je tranſporté hors de moi,
» plein de feu au milieu de cette divine Pſal-
» modie ? Quel zèle, quelle ardeur m'enle-
» voit & m'enflammoit pour élever ma voix,
» & pour faire retentir, s'il eût été poſſible,
» ces ſacrés Cantiques aux oreilles de tout le
» genre humain ! C'eſt-là que je trouvois l'eſ-
» prit de componction, les larmes de la con-
» trition, les arrhes du ſalut, la voix de l'E-
» poux; c'eſt-là que j'entendois cette voix
» qui chante, ô mon ame, ne feras-tu pas
» ſoumiſe à Dieu, puiſque c'eſt de lui que
» vient ton ſalut ? » Il en arrivera de même

L. 9. Conf c. 4.

aux ames pieufes qui fe rendent familieres toutes les prieres qui compofent l'Office divin. Ce font les plus beaux endroits de l'Ecriture Sainte qui paffent, pour ainfi dire, en revue, & qui préfentent beaucoup de vérités, de vûes de religion auxquelles on ne penfoit pas, & qui nourriffent puiffamment l'efprit de priere. En prononçant de bouche ces Offices, & tâchant de s'en procurer l'intelligence en même tems qu'on les prononce, on ne peut pas manquer d'en retirer un merveilleux fruit.

Que faut-il penfer de l'Oraifon mentale, communément appellée Méditation? Comme la matiere eft délicate & importante, d'ailleurs affez peu connue ou mal entendue, elle demande une longue difcuffion. Nous en ferons un article particulier, après que-nous aurons achevé celui de la priere en général.

V.

Que faut-il penfer des prieres réglées qui fe font à certains tems marqués de la journée? Pourquoi fe met-on de tems en tems à la priere, puifque, fuivant les principes établis, il faut prier toujours? Saint Auguftin s'eft propofé la queftion, & y a répondu. « La raifon, dit-il, pour laquelle, quoique » nous devions prier fans ceffe par le defir » non interrompu du cœur, nous revenons » cependant de tems en tems dans certaines » heures à l'exercice de la priere, c'eft pour » en réveiller en nous l'efprit & la ferveur, » de peur que ce feu facré, s'étant un peu » rallenti par la diffipation inévitable des af- » faires, ne vînt à s'éteindre entierement, fi » nous n'avions foin de le rallumer fréquem-

Prieres ré-glées.

Ep. ad Prob.

« ment à diverses reprises. » Le saint Docteur, dans ces paroles, fait allusion à ce feu
qui devoit brûler jour & nuit sur l'Autel du
Temple Judaïque, que les Prêtres de l'ancienne Loi étoient chargés d'entretenir sous
peine de mort, & que Dieu leur avoit ordonné de renouveller soir & matin, afin qu'il
brûlât toujours. Les prieres réglées, distri-
buées aux différentes heures de la journée,
sont utiles pour faire dans l'ame du Chrétien
le même effet dans le sens spirituel, que la
vigilance des Prêtres d'Aaron produisoit dans
le Temple de Jérusalem, suivant le sens matériel. C'est donc une pratique salutaire dont
la piété ne peut pas facilement se passer : &
il y a de quoi s'étonner d'un certain mauvais
goût qui regne dans des Communautés
ecclésiastiques & chez beaucoup de particuliers, qui sont dans l'usage de dire tout de
suite les différentes parties de l'Office, au
lieu d'entrer dans l'esprit de l'Eglise, qui les
a partagés en différens morceaux, pour rappeller les Ministres au saint exercice de la
priere sept fois par jour, à l'exemple de Da-
vid, *septies in die laudem dixi tibi.* Au reste, *Pf. 118.*
si ces prieres réglées de la journée ne pro-
duisoient pas l'effet que nous venons de marquer, alors elles ne serviroient de rien. Ce
ne seroit plus qu'une observance Judaïque,
une pure cérémonie, qui devant Dieu n'auroit rien de plus que ces antiques observances qu'il rejettoit avec dédain. C'est ce qui
ne se rencontre que trop souvent dans l'E-
glise Chétienne, où Dieu est peu honoré
par tant d'Offices journaliers qui se font
exactement, & dont il ne revient aucun profit pour la piété.

H iv

VI.

Priere con-
tinuelle.
Ep. ad Prob.

Qu'est-ce que la priere continuelle ? C'est la priere de ces Solitaires d'Egypte, dont parle saint Augustin, « qui ne cessoient dans » tout le cours de la journée de s'élancer, » pour ainsi dire, vers le Ciel par de courtes » aspirations qui étoient comme des traits » lancés rapidement, & qu'on appelloit pour » cela des oraisons jaculatoires, *raptim ja-* » *culatas.* Aussi ne connoissoit-on chez eux » ni offices réglés, ni tems marqués pour la » priere. » S'il n'est pas donné à tous d'être ainsi dans une application continuelle à Dieu, on doit tâcher d'en approcher au moins de loin. C'est ce qui est possible à tout bon Chrétien, qui aura l'amour de Dieu bien établi dans le cœur. Autrement Jesus-Christ n'auroit pas fait un précepte de la priere conti-

Luc. 18. nuelle. *Oportet*, dit le Sauveur, « il faut prier » toujours, & ne point cesser de le faire. » Comme c'est l'amour qui prie, il n'y a qu'à aimer toujours, desirer toujours la vie éternelle & les biens de la grace, y penser souvent, s'habituer à la présence de Dieu, s'accoutumer à s'élever fréquemment à Dieu, sans effort, sans contention, comme en passant ; & surtout tenir son cœur dans le recueillement, en évitant tout ce qui est trop dissipant en genre de compagnies, de conversations, de visites.

VII.

Priere pu-
blique.

Que faut-il penser de la priere publique ? La priere faite en commun a la préférence sur les prieres particulieres. « En quelque lieu

Matth. 18. » que deux ou trois personnes, dit J. C., se

» trouvent assemblées en mon nom, je suis au
» milieu d'elles. » Cette courte parole est déci-
sive. Si J. C. se trouve présent d'une maniere
plus particuliere aux prieres que font plusieurs personnes réunies, il faut donc croire
qu'elles seront plutôt exaucées. La raison est
que c'est à l'Eglise en corps que tout est promis, que tout est accordé. C'est l'Epouse qui
obtient tout de l'Epoux : c'est cette armée
rangée en bataille qui fait à Dieu la douce
violence dont parle Tertullien. Ainsi ce
qu'on fait au nom de toute l'Eglise, comme
représentant l'Eglise, doit être plus agréable à Dieu, & rendre plus efficaces les prieres réunies de tout le Corps, & des petites
assemblées qui représentent le Corps. Cette
réunion a encore un autre avantage, en ce
que les foibles se trouvant en la compagnie
des forts, les pécheurs étant associés aux
justes, les premiers participent au mérite
des seconds ; Dieu fait grace aux uns par
considération pour les autres. Les plus vertueux deviennent les protecteurs des impar-
faits ; & ceux-ci trouvent plus d'accès auprès de Dieu, ayant ceux-là pour introduc-
teurs. Ne peut-on pas dire même que les
prieres faites en commun sont plus ferventes
dans ceux qui prient. L'exemple des plus
pieux anime ceux qui le sont moins. Les besoins de ces derniers touchent le cœur cha-
ritable des premiers, les intéressent davantage pour solliciter le Pere commun, & ra-
niment leur charité pour leurs freres. Enfin
ce sont plusieurs pauvres réunis ensemble,
qui ont devant leurs yeux un plus grand
nombre de besoins ramassés, & qui ont plus
de motifs présens de gémir & de s'humilier.

H v

CHAPITRE XIII.

Suite des moyens intérieurs. L'Oraison Mentale, ou la Méditation.

I.

Oraison mentale.

AUTANT il y a de goût pour la méditation dans un certain genre de personnes, autant elle est peu estimée des autres. Les gens de Communauté & les personnes du sexe, qui font dans le monde profession de piété, sont fort attachés à cet exercice, souvent sans grand profit. Le reste des Chrétiens, réglés d'ailleurs, trop souvent le négligent, & se privent des avantages qu'ils y trouveroient, en le pratiquant dans son véritable esprit. Ceux-ci ont besoin qu'on leur fasse connoître l'utilité de l'oraison mentale, & même sa nécessité dans un certain sens bien entendu. Ceux-là ont besoin qu'on leur indique le vrai goût & le vrai esprit de la méditation, pour écarter toutes les illusions où l'on peut tomber. Enfin il faut apprendre aux uns & aux autres la pratique de cet exercice de piété.

Il faut convenir que la prévention qu'ont beaucoup de personnes contre l'oraison mentale, qu'elles regardent comme un dévot amusement, & comme une invention humaine des derniers tems, seroit bien fondée, si on vouloit parler de l'oraison mentale avec ses abus & ses illusions. Mais qu'on la réduise à ce qu'elle est en elle-même, c'est une prétention destituée de toute vérité, que de vouloir que ce foit une nouveauté dans la Religion. Parcourons les Livres faints, nous verrons qu'il y eft fouvent fait mention de la méditation. Les Patriarches la faifoient. Il eft dit d'Ifaac, qu'il étoit dans l'ufage le foir de fortir dans la campagne pour méditer. De *Gen. 24.* quelque maniere qu'on veuille entendre ce mot, il eft vifible qu'il fignifie quelqu'autre chofe que de réciter des prieres vocales. Dieu avoit ordonné aux Juifs de méditer *Deuter. 6.* continuellement fa Loi, de la méditer en fe couchant, en fe levant, en marchant, en reftant à la maifon. On ne dira pas que dans cette Ordonnance, il s'agit feulement de lire la Loi, de s'en inftruire, de la fçavoir. On ne lit pas en marchant, en fe couchant, en fe levant. David, dans le Pfeaume 118, tourne fes phrafes en toute façon, pour dire « qu'il médite fans ceffe la Loi de Dieu. Il » la médite la nuit & s'en entretient dans » fon cœur. Il la médite le long du jour, ou- » tre les louanges de Dieu qu'il chantoit fept » fois dans la journée. » On voit ici les deux prieres bien marquées, la vocale & la men- tale : *Septies in die laudem dixi tibi : medita- bar legem tuam femper.* « Il cachoit dans fon » cœur les Commandemens de Dieu : il ne » les oublioit jamais, ne les perdoit point de » vûe : il aimoit à contempler les merveilles » de Dieu ; il prioit Dieu de les lui faire pé- » nétrer & bien comprendre. » La fageffe *Prov. 1.* éternelle, parlant par la bouche de Salomon, promet de fe laiffer trouver à ceux qui fe levent de bon matin pour la rechercher & l'étudier. Jefus-Chrift qui s'étoit, ce femble, propofé de ne pratiquer aucune œuvre fin- guliere qui n'auroit pas été de nature à être imitée par le commun des Chrétiens, Jesus-Chrift, dis-je, méditoit : il paſſoit les nuits en priere fur les montagnes. La Sainte Vierge, le plus parfait modéle de piété après Jeſus-Chrift, nous a laiſſé l'exemple d'une méditation fréquente & aſſidue. Marie, dit *Luc. 2.* l'Evangile, repaſſoit dans ſon cœur les grandes choſes qu'elle voyoit & entendoit. Saint Paul contemploit & prêchoit tour à tour : *2. Cor. 5. mente excedimus.* Il recommande à ſon Diſciple Thimothée, de méditer continuelle- *s. Tim. 4.* ment les avis qu'il lui avoit donnés : *Hæc meditare, in his eſto.* Nous avons parmi les Ouvrages des Saints pluſieurs Traités ſur la Méditation. Julien Pomere a laiſſé ſix livres *de vitâ contemplativâ.* Saint Bernard en a compoſé cinq *de conſideratione,* qu'il a dédiés au Pape Eugene III, ſon ancien éleve. Qu'on entende comme on voudra tous ces termes, méditer, repaſſer, contempler, vie contemplative, conſidération, on ſera forcé de convenir que c'eſt autre choſe que la priere vocale, la récitation de certaines formules de louanges ou d'oraiſon. Il y a donc dans la Religion un exercice de piété connu ſous le nom de méditation & d'oraiſon mentale. Nous dirons dans la ſuite en quoi il conſiſte. Il s'agit pour le préſent d'en montrer l'utilité, & même une ſorte de néceſſité pour ſe maintenir dans l'état de la juſtice.

Une des principales raiſons, c'eſt l'obligation où eſt le juſte d'entretenir & de faire croître en lui le ſaint amour : l'amour de Dieu eſt la vie de l'ame. Il lui faut, comme à la vie du corps, de l'aliment. Elle périroit à la fin, ſi elle ne prenoit de la nourriture & de l'accroiſſement. Joignez à cette réflexion la

nature du précepte de la charité. Elle est
commandée dans toute l'étendue qu'elle peut
avoir ; elle oblige l'homme d'aimer Dieu sans
mesure, c'est-à-dire, d'aspirer du moins &
de travailler à faire croître cet amour, afin
qu'il approche le plus près qu'il sera possible, de la charité pleine & parfaite des Saints
dans le Ciel. Car suivant les Peres & les Théologiens, suivant S. Augustin & S. Thomas, la
parfaite charité, telle qu'elle est dans le Ciel,
fait partie du précepte, *cadit sub præcepto*,
dit celui-ci, dans ce sens, qu'il est d'obligation
de la desirer & d'y tendre. Or quel peut être
l'aliment de la charité ? par où peut-elle prendre accroissement, si ce n'est par la connoissance plus parfaite de la grandeur de Dieu,
de ses beautés, de ses perfections, de sa
sainteté, de ses miséricordes, de ses bienfaits : par le souvenir plus fréquent & plus
réfléchi des Mysteres de Jesus-Christ & des
rapports que nous avons avec lui, par une
conviction plus vive du besoin que nous avons
de sa grace médicinale, de notre impuissance : par une attention plus particuliere à
nos miseres, aux défauts que nous avons à
réformer, aux vertus que nous avons à pratiquer, aux devoirs généraux & particuliers
que nous avons à remplir ; enfin, par une
vûe plus distincte de cette félicité future,
pour laquelle nous sommes créés, pour laquelle nous devons travailler sans relâche,
dont le desir ardent est l'ame de la piété. Les
fréquentes réflexions que fait l'ame sur tant
de différens objets qui sont tous d'une si
vaste étendue, est l'aliment unique de l'a-
mour. On n'aime qu'à proportion qu'on connoît, qu'on sent, qu'on est pénétré. Or ces

réflexions font ce qu'on appelle méditation, oraifon mentale.

II.

Ses avanta-
ges.

Ecoutons faint Bernard qui raffemble fous un point de vûe une multitude de bons effets que produit l'exercice de la méditation. « La » confidération, dit-il, purifie l'ame, regle » les paffions, corrige les écarts, forme les » mœurs, dirige la conduite. C'eft elle qui

De confid.
l. 1. c. 7.

» procure la connoiffance des chofes divines » & humaines. C'eft elle qui raffemble ce » qui eft épars, qui découvre les chofes fe- » crétes, qui approfondit la vérité, qui dif- » pofe de ce qu'il faut faire, qui repaffe & » revoit ce qu'on a fait, afin qu'il ne refte » rien dans l'ame qui n'ait été corrigé, ou » qui ait befoin de l'être. » On trouve dans ce tableau de quoi expliquer dans un fens fimple, vrai & naturel, ce que les modernes expriment par des termes un peu finguliers, & qui déplaifent à certaines perfonnes par une apparence de myfticité. Les Auteurs modernes nous parlent de trois vies, vie purgative, vie active, vie contemplative, & ils tirent de-là trois différentes efpeces d'oraifon, dont il eft inutile de rapporter les noms. Réduifons les chofes à leur jufte valeur & à des idées fimples : nous y trouverons du folide. Il n'y a qu'à diftribuer en différentes claffes tous les objets que renferme le paffage de faint Bernard. Nous avons, 1°. des défauts à corriger, des paffions à combattre, des habitudes à détruire : c'eft l'objet de ce que les modernes appellent vie purgative, & c'eft auffi l'un des effets que ce faint Docteur attribue à la méditation : « Elle purifie

» l'ame, elle regle les paſſions, elle corrige
» les écars, elle ne laiſſe rien dans l'ame qui
» ne ſoit corrigé ou qui ait beſoin de l'être. »
Nous appellerons cette oraiſon, l'oraiſon de
recherche. 2°. Nous avons des vertus à pratiquer, des devoirs à remplir, devoirs généraux du Chrétien, devoirs d'état. C'eſt le ſecond fruit de la méditation, ſelon ſaint Bernard. « Elle prévoit ce qu'on a à faire, elle
» repaſſe & revoit ce qu'on a fait. » Il n'y a
rien en cela de recherché & d'alambiqué,
non plus que dans ce qui a précédé. Nous
appellerons cette oraiſon, l'oraiſon de réflexion. Enfin, pour nous affermir dans la
piété, nous avons à enflammer en nous l'a-
mour de Dieu, l'amour des biens éternels :
nous avons à connoître à fond les vérités
évangéliques, les Myſteres du Sauveur, les
beautés & les grandeurs de la Religion, les
beſoins de l'homme. C'eſt le troiſiéme avantage que trouve ſaint Bernard dans la m ditation. « Elle procure l'intelligence des cho-
» ſes divines & humaines ; elle raſſemble ce
» qui eſt épars, elle découvre les choſes ſe-
» cretes, elle approfondit les vérités. » Tout
eſt ici encore ſimple & ſolide. Nous appellerons cette oraiſon, oraiſon de conſidération.
Parcourons maintenant ces divers objets &
ces différentes eſpeces de méditations, pour
mieux ſentir la grande utilité de cet exercice
bien entendu, & combien il ſeroit difficile à
quiconque travaille ſérieuſement à ſon ſalut,
de s'en paſſer.

III.

Premiere eſpece d'oraiſon. Oraiſon de re-
cherche. Le premier devoir du Chrétien, *Différentes eſpeces d'o-raiſon.*

c'eſt de ſe purifier de tout ce qui peut être en lui déſagréable à Dieu. Ce ſont les péchés qui produiſent ce malheureux effet. Pour s'en purifier, il faut connoître ceux auxquels on eſt ſujet, il faut s'en rappeller le ſouvenir par un examen fréquent de ſa conſcience. On aura beau lire de bons livres, cette lecture ne ſuppléra pas à la recherche de ce qu'on a de défectueux en ſoi. Il faut y penſer, il faut y réfléchir : ces réflexions ſont néceſſaires non-ſeulement pour connoître le mal, mais pour en concevoir l'horreur qu'il mérite, pour ſe remplir de l'idée des ſuites funeſtes que le péché entraîne après ſoi, & s'animer par-là à ſe réformer. Tout cela ſe trouve à la vérité dans les livres ; mais une lecture courante ne fait qu'occuper l'eſprit : elle n'effleure pas même le cœur, bien loin de pénétrer dans ſa ſubſtance, comme il faudroit que cela ſe fît pour parvenir à la purification de l'ame. « Il faut, dit ſaint Grégoire, » être du nombre des animaux purs dont il » eſt parlé dans l'Ancien Teſtament, qui ont » l'uſage de ruminer, & non pas de ces ani-» maux immondes qui ne le font pas : » c'eſt-à-dire, qu'il faut revenir ſur ce qu'on a lu, pour le mieux comprendre, pour faire paſſer dans le cœur quelqu'impreſſion forte qui le mette en action. Ce n'eſt pas tout. Quand on aura bien connu le détail de ſes fautes, l'ouvrage ne ſera qu'ébauché. Il faut remonter à la ſource, *fontem purifica*, dit ſaint Bernard. Il faut étudier le penchant dominant qui produit ces actes vicieux ; il faut démêler dans ſon ame les motifs ſecrets qui la remuent ; il faut rechercher les occaſions qui font éclorre ces fruits de la corruption du cœur. Si la lecture nous éclaire en général sur toutes ces choses, elle seule ne nous apprendra rien de personnel, si nous ne rentrons en nous-mêmes pour nous faire l'application de ces lumieres vagues. Ne faut-il pas de plus nous mettre devant les yeux les moyens propres à purifier & la source & les ruisseaux ; non pas seulement les moyens généraux, que la mémoire peut bien retenir & avoir présens, mais les moyens particuliers assortis à notre état, à notre caractere, à nos forces. Quelle ample matiere de réflexion ! Quel vaste champ ! Et combien ne faudra-t-il pas mettre son cœur sur ses voyes, comme parle l'Ecriture, si on veut travailler avec succès à cette salutaire purification ? C'étoit une des pieuses occupations du Roi Prophète : « J'ai médité, dit-il, dans mon » cœur ; je me suis exercé dans de fréquens » retours sur moi-même, j'ai fait la recher- » che dans mon ame, comme on la fait dans » une maison qu'on veut nettoyer : *Meditatus sum cum corde meo, & exercitabar & scopebam spiritum meum.* L'ouvrage n'est pas un ouvrage de tous les mois, un ouvrage de tous les huit jours : c'est un ouvrage quotidien, les recherches dont il dépend doivent être journalieres ; l'ouvrage ne se fera pas sans elles ; si on ne les fait pas, on ne prend pas le chemin d'avancer, & si on les fait, pourquoi n'appellera-t-on pas cela méditation ?

 Deuxiéme espece d'oraison. Oraison de réflexion. Comme il ne suffit pas pour se sanctifier, de ne point faire de mal, & qu'il faut de plus faire le bien ; c'est donc une nécessité indispensable de se procurer une comnoiſſance parfaite de tout le bien que Dieu demande de nous. Il s'étend plus loin que le commun du monde ne penſe. Le monde a un Evangile bien court; & ce n'eſt pas ſur celui-là que nous ſerons jugés : nous le ſerons ſur celui de Jeſus-Chriſt. Combien de vertus chrétiennes ne ſont pas connues? Combien de devoirs de peres & de meres de famille, de maîtres, de ſupérieurs, d'Eccléſiaſtiques, de femmes mariées, d'hommes publics, de Juges, de Commerçans, dont ces ſortes de perſonnes n'ont peut-être jamais entendu parler, & dont elles ne cherchent pas même à s'inſtruire? C'eſt pour cette raiſon qu'on recommande aux Fideles la lecture des bons livres, & l'uſage de tous les autres moyens qu'ils ont de ſe procurer de l'inſtruction. Mais quand on ſe la ſera procurée, il reſte autre choſe à faire. Il y a loin de l'eſprit au cœur. Les vérités, les regles, la lumiere peuvent être dans l'eſprit d'une maniere purement ſpéculative. Si elles ne ſont point entrées dans le cœur, ce ſera de beaux caracteres tracés ſur une pouſſiere que le premier vent emportera. Il faut, pour qu'elles produiſent quelqu'effet, qu'elles ſoient enracinées dans l'ame, incorporées avec l'ame. On voit ſouvent des perſonnes très-inſtruites dans la ſpéculation & fort imparfaites dans la conduite. On ſe familiariſe avec ce qu'on ſçait mieux que les autres, & parce qu'on s'y eſt familiariſé, on n'examine point ſi on le pratique ; on va même ſouvent juſqu'à ſe perſuader qu'on le fait à cauſe qu'on le ſçait. Le mal vient de ce qu'on ne réfléchit point; de ce qu'on n'entre pas en compte avec ſoi-même pour voir ſi on ſe conforme aux lu-

mieres qu'on a. Le mal vient encore de ce
qu'on n'étudie que l'écorce & la surface des
vérités, qu'on ne pénétre pas jusques dans
la moëlle, pour connoître ce qu'elles ont de
beau, de consolant, d'aimable, pour les goûter & les faire entrer dans le cœur. Or ce
n'est qu'à force de réfléchir qu'on peut faire
naître dans le cœur des sentimens. Le cœur
est une terre qu'il faut remuer, retourner,
ouvrir avec la pointe des vérités connues.
Autrement elles n'y entreront point : elles
resteront comme sur un grand chemin battu,
où la semence demeure sans profit, & est
emportée par les oiseaux, c'est-à-dire, par
les distractions que cause le commerce de la
vie. L'oraison de réflexion est donc bien nécessaire à qui veut remplir tous ses devoirs,
& ne point manquer à la pratique de tout
ce que Dieu demande de lui.

IV.

Troisiéme sorte d'oraison, Oraison de considération. J'aurois pu dire, de contemplation ; mais j'ai apprehendé qu'on n'entendit
ce terme dans un sens qui donneroit lieu à
des illusions, comme s'il s'agissoit de faire des
découvertes hautes & relevées dans les Myfteres de la Religion, de s'élever, pour ainsi
dire, au-dessus des sens, pour contempler la
Divinité & s'en procurer la claire vûe, comme l'ont les Esprits célestes. Il n'est donc
question ici que d'une simple considération,
dont l'objet est Dieu, Jesus-Christ, ses Myfteres. C'est un troisiéme exercice aussi utile
que les deux autres. Méditer les perfections
divines, les admirer, comparer son propre
néant avec l'Etre suprême, parcourir les

merveilles par lesquelles se manifeste la puissance, la bonté, la sagesse, la providence
du Seigneur ; s'entretenir de toutes les épreuves qu'on a eu le bonheur d'en faire dans le
cours de sa vie, des graces qu'on a reçues,
de différens traits marqués de providence :
ce sera le moyen d'exciter en soi tout ce que
ces divines perfections demandent de sentimens, adoration, reconnoissance, confiance,
amour. Mediter les Mysteres de Jesus-Christ,
tout ce qu'il a fait & souffert pour nous &
pour notre salut, *propter nos & nostram salu-
tem* ; Incarnation, naissance, vie pauvre &
cachée pendant 30 ans, fatigues, sueurs,
contradictions pendant 3 ans, passion dou-
loureuse, mort ignominieuse : les exemples
admirables qu'il nous a donnés de toutes les
vertus, humilité, amour de la pauvreté,
mortification, patience, pardon des injures :
les graces qu'il nous a méritées par chacun
de ses Mysteres ; grace du nouvel Homme
par son Incarnation ; grace de consécration
par sa Présentation au Temple ; grace de
mort au péché par sa Mort sur la Croix ;
grace de conversion, de résurrection, de
nouvelle vie par sa Résurrection ; grace de
détachement de la terre par son Ascension.
Ce beau spectacle, présent souvent à l'esprit,
nous attachera de plus en plus à Jesus-Christ,
nous procurera quelques sentimens de cette
piété tendre, qui, en produisant la ferveur
dans le bien, produit les consolations de la
vertu, lesquelles à leur tour augmentent la
ferveur. Méditer la félicité du Ciel, les biens
de l'autre vie si magnifiquement peints dans
les Livres saints ; ce repos éternel, où pour
quelques momens de légère souffrance nous

recevrons un poids immense de gloire & de volupté, dans un degré de sublimité qui surpasse toute intelligence. La considération & la contemplation d'un tel bonheur, si on se la rend familiere, formera dans le cœur ces gémissemens d'exilé, ces soupirs d'étranger, ce desir ardent de la patrie, ce dégoût de la vie, qui sont l'unique moyen de travailler persévéramment à sa sanctification, de ne point se relâcher dans le bien, de brûler sans cesse du feu divin de la charité. « C'est dans mes méditations, dit David, » que mon cœur s'enflamme, *& in medita-* » *tione meâ exardescet ignis.* C'est dans ces » salutaires réflexions que je m'écrie, & » maintenant qu'attends-je autre chose que » mon Dieu, que cherchai-je autre chose » que le Seigneur? *Et nunc quæ est expectatio mea, nonne Dominus?* Qu'il me soit permis de demander si la méditation ainsi entendue a de quoi rebuter, comme si c'étoit le partage d'un cerveau creux qui se repait de chimeres : si le fruit qu'on peut en retirer est de si petite conséquence, qu'on soit en droit de n'en vouloir faire aucun usage, de le regarder comme un pieux amusement pour des dévots ; enfin si c'est un exercice si difficile & si relevé, que peu de personnes puissent y atteindre? Ce que nous allons dire de sa pratique, désabusera ceux qui se méfieroient de leurs forces.

Avant que de commencer cet article, je rapporterai un fait dont j'ai toujours été très-édifié, & qui servira parfaitement bien à préparer la matiere qui reste à discuter. Une femme vraiment pieuse, mais de la classe des esprits les plus simples, m'étant venu

voir pour quelqu'aflaire , je m'informai d'elle
où elle étoit domiciliée & comment elle paffoit fa vie. Elle me dit qu'elle demeuroit dans
une Communauté de Religieufes , qu'elle y
étoit logée dans une efpece de grenier où
elle avoit fouhaité d'être , & où il y avoit
une petite tribune qui donnoit dans le Chœur
des Religieufes ; que fa journée fe paffoit à
travailler pour le fervice des Dames ; qu'elle
fortoit très-rarement de fa folitude où on lui
apportoit à manger. Je lui demandai alors fi
elle ne s'ennuyoit point. « Point du tout,
» me dit elle : car tout en travaillant, je
» m'occupe à repaffer dans mon efprit & à
» rappeller dans ma mémoire toutes les
» graces que Dieu m'a faites depuis que je
» fuis au monde ; je les compte l'une après
» l'autre ; cela m'occupe toujours , & je
» ne m'en ennuie pas : cela me paroît tou-
» jours nouveau. Monfieur, ajouta-t-elle
» avec une humilité admirable , c'eft que je
» ne fçais pas méditer comme ces Dames : je
» les vois dans leur Chœur faire de belles
» méditations ; pour moi, je n'en fçais point
» faire, je ne fçais faire que cela. » Je ne me
laffois point d'entendre cette belle ame m'a-
vouer ingénûment, avec une naïveté charmante, fa prétendue incapacité pour la méditation , relever avec emphafe les belles
méditations des Religieufes ; pendant qu'en
moi-même j'admirois comment l'Efprit de
Dieu avoit appris à cette humble Chrétienne
une façon de méditer, qui la rendoit peut-
être fupérieure à toutes les perfonnes de la
Maifon en fait de méditation.

V.

Ce petit trait historique va nous intro-
duire plus facilement dans la manière de Sa Pratique.
faire oraison. Nous laisserons donc les mé-
thodes d'oraison composées avec un certain
art, pour ce qu'elles sont. Sans les mépriser,
ce qu'à Dieu ne plaise, & sans vouloir en
détourner ceux qui croyent y trouver de
grands avantages, nous ne les proposerons
point ici à suivre. Notre intention est de fa-
ciliter au commun des Chrétiens une prati-
que très-salutaire, & de simplifier la chose
le plus qu'il sera possible. Qu'on oublie d'a-
bord, si l'on veut, ces grands noms, d'orai-
son de recherche, d'oraison de réflexions,
d'oraison de considérations ; de vie purga-
tive, de vie active, de vie contemplative,
illuminative, unitive, &c. Les noms ne font
rien aux choses. Qu'on s'en tienne donc au
terme simple de pieuses réflexions : qu'il ne
soit point question de longues oraisons, de
méditations de plusieurs heures par jour, de
points de méditation multipliés, accumulés.
Réduisons toute l'opération à la lecture de
quelque page de l'Ecriture Sainte, ou de
quelque livre de piété sur un Mystere, sur une
vertu ; après laquelle on repassera dans son
esprit ce qu'on aura lu, pendant tel espace
de tems qu'on en aura la dévotion ; une demie-
heure, si on le peut, un quart-d'heure. On
fera, s'il est possible, dans l'après-midi la
même chose qu'on aura fait le matin. Ajou-
tons à cela l'examen de conscience tous les
jours, soit pour prévoir le matin ce qu'on a
à faire, soit pour se rendre compte le soir de
ce qu'on a fait. C'est saint Bernard qui le

Supra. conſeille, *agenda præordinat, acta recogitat.* Voilà déja l'ouvrage réglé & fixé : il eſt ſimple, comme on voit.

Pour la méthode à ſuivre dans l'exécution, il ne s'agit point de ſe bander l'eſprit pour trouver de belles penſées, pour courir après des réflexions. On enviſagera le ſujet qu'on a pris, on s'arrêtera aux premieres penſées qui ſe préſenteront, on recevra & on nourrira en ſoi les impreſſions qu'elles feront ſur le cœur. Car c'eſt ici une affaire du cœur plus que de l'eſprit : on ſe reprochera de n'être pas ce qu'on voit dans le tableau qu'on a devant les yeux : on demandera à Dieu la grace de s'y mieux conformer ; en un mot, on ſuivra le mouvement de l'Eſprit ſaint qui ſouffle où il veut & comme il veut ; on s'y prêtera : ſi on eſt ſans ſentiment, l'eſprit diſtrait, & le cœur ſec, on s'en humiliera : on pourra reprendre ſa lecture, pour fournir matiere à nouvelles réflexions ; ou bien, l'on s'occupera à reciter doucement & attentivement quelque Pſeaume ; par ce moyen, on arrivera bientôt à la fin de ſon oraiſon. Saint Auguſtin donne un avis très-ſage & très-important, dont on pourra faire uſage. « Lors, » dit-il, que l'attention de l'eſprit ſe refuſe, » il ne faut point la forcer : lorſqu'elle ſe » prête & qu'elle ſe ſoutient, il ne faut pas » ſitôt l'abandonner & l'interrompre : *ſicut* *Epiſt. ad* *non eſt obtundenda mentis intentio, ſi recuſa-* *Probam.* *verit, ita ſi perduraverit, non eſt citò rum-* *penda.* Un autre avis qu'on peut joindre à celui-là, c'eſt d'éviter la diſſipation dans le cours de la journée, & de vivre le plus qu'il eſt poſſible dans le recueillement. C'eſt la voye la plus ſûre pour ſe procurer l'attention

tion dans la prière, & la meilleure préparation qu'on puisse apporter à l'oraison. Quand
on est perpétuellement dissipé & répandu
hors de soi le reste du tems, on ne retrouve
pas facilement son esprit dans les momens
où l'on voudroit réfléchir. C'est encore saint
Augustin qui nous l'apprend. « Lors, dit-il,
» qu'on s'est répandu dans la variété des ob-
» jets sensibles, les fantômes de ce qu'on a
» vu & entendu se présentent à nous dans le
» tems que nous voulons revenir à la contem-
» plation de la vérité, & ne nous laissent point
» passer : *Redeunti occurrunt turbæ phantasma-
tum & transire non sinunt.*

VI.

Le peu que nous venons de dire est plus
que suffisant pour instruire sur l'article de l'o-
raison ceux qui y vont simplement. Quant à
ceux qui aimeroient mieux suivre l'art mé-
thodique de faire la méditation, je n'entre-
prendrai pas de leur donner de grandes lumieres, n'en ayant pas moi-même beaucoup.
Je me contenterai de les prémunir contre
les abus qui pourroient s'y glisser. Le premier, seroit de croire que les différens degrés
d'oraison que les Maîtres en fait de spiri-
tualité sçavent distinguer, sont tellement
arrangés l'un après l'autre, qu'on doive passer
du premier au second, du second au troisiéme, pour ne plus revenir du dernier à ceux
qui ont précédé. L'oraison qui appartient,
selon eux, à la vie purgative, ne doit point
être censée finie pour toujours, quand on
croit être passé dans celle qui appartient à la
vie active ; ni celle-ci, lorsqu'on croira être
entré dans celle de la vie contemplative ou

II. Partie, I

unitive. Saint Bernard, qui trouve les emblêmes de ces trois vies dans Lazare & dans ſes deux ſœurs Marthe & Marie, a grand ſoin d'enſeigner que ces trois perſonnages ne doivent jamais être ſéparés, que de la contemplation il faut revenir ſouvent à l'action & à la purification : & ſaint Auguſtin traitant de la vie active de ce monde & de la vie contemplative de l'autre, figurées, l'une par ſaint Pierre, & l'autre par ſaint Jean, établit de même qu'ici-bas il faut réunir les deux. Ce ſeroit donc une illuſion de ſe croire ſi avancé dans la ſpiritualité, qu'on n'auroit plus beſoin de réfléchir ſur ſes péchés & ſur ſes miſeres, ni de s'occuper de ſon avancement dans la vertu & dans la pratique des bonnes œuvres, & qu'on pourroit s'appliquer uniquement aux objets de la contemplation. Il faut aller & revenir des uns aux autres. C'eſt là le véritable eſprit de la ſpiritualité bien entendue. Il n'y aura jamais en cette vie d'ame ſi parfaite, qui n'ait beſoin de travailler toujours de nouveau à la réforme de ſes défauts & à ſon progrès dans le bien.

Un autre piége qu'il faut éviter, c'eſt de ſe croire, dans le commencement d'une vie un peu plus chrétienne, capable dès-lors de fournir à des oraiſons de longue haleine, à des méditations d'une grande heure, répétées pluſieurs fois par jour. Il eſt plus ſûr pour les commençans de multiplier de courtes méditations, qui, ſans fatiguer & épuiſer l'attention, ſervent à la renouveller par intervalle. C'eſt l'uſage dans pluſieurs Communautés, que quiconque entre au Noviciat, ſoit aſtreint dès le premier jour à ces longues oraiſons d'une heure de ſuite. Je laiſſe aux

Supérieurs à décider, fi, toute reflexion faite, ils fe perfuadent qu'un jeune homme, qui fouvent n'a eu aucune piété, ni même aucune inftruction dans le monde, reçoit, en même tems qu'il prend un habit Religieux, un aufli grand don d'oraifon qu'il faut l'avoir pour paffer utilement des heures entieres les yeux fermés à méditer fur ce qu'il n'a jamais fçu ni goûté. Je n'entrerai point dans le détail d'autres abus beaucoup plus dangereux qui peuvent fe rencontrer en matiere d'oraifon. On peut s'en inftruire dans les ouvrages qui ont été faits contre les illufions du Quié-tifme.

Voyez le Traité de la Priere de M. Nicole.

CHAPITRE XIV.

Suite des moyens. Second moyen, la vigilance. Conduite dans les Tenta-tions.

I.

LA priere toute feule n'eft pas un moyen fuffifant pour fe conferver dans la juftice. Elle doit avoir pour compagne la vigilance, fuivant cette parole de Jefus-Chrift, *vigilate & orate :* « Veillez & priez. » La néceflité de la vigilance eft fondée fur ce que, dans l'affaire du falut, nous avons des ennemis qui ont confpiré notre perte, & qui nous attaquent fans ceffe, ou tous enfemble ou féparément ; ou à forces ouvertes, ou par des voyes fourdes. Ces ennemis font au nombre de trois, le démon, le monde & nous-mêmes. Le démon nous tente : « C'eft, dit

Trois ennemis du falut.

» faint Pierre, un lion rugiffant qui tourne
» autour de nous pour nous dévorer. » Le
monde cherche à nous féduire par fa figure
trompeufe & éblouiffante. Nous-mêmes nous
prêtons imprudemment des armes à ces deux
ennemis du dehors, fans quoi ils ne pourroient pas nous entamer. Ainfi nous devons
être toujours fur nos gardes, pour n'être
point renverfés par le tentateur, féduits par
le monde, trahis par nous-mêmes.

II.

La pratique de la vigilance fur ce qui concerne les tentations du démon, fe réduit à
deux chofes, s'y préparer avant qu'elles furviennent, & les combattre lorfqu'elles font
préfentes. S'il y avoit quelque moyen de s'y
fouftraire abfolument, & qu'on pût en être
entierement à l'abri, il ne feroit pas queftion de préparatif. Mais il n'en eft pas ainfi.
« Mon fils, dit le Sage, lorfque vous entrez
» au fervice de Dieu, tenez-vous dans la
» crainte, marchez dans la juftice, & pré-
» parez votre ame à la tentation. » En effet,
c'eft une vérité de foi qu'il y a un tentateur,
que le démon en fait perpétuellement l'office. Nous venons d'entendre faint Pierre,
écoutons maintenant faint Paul : « Nous
» avons une guerre continuelle à foutenir
» contre les puiffances des ténebres & les
» efprits de malice qui font répandus autour
» de nous. » Enfin Jefus-Chrift nous apprend
que l'efprit impur, forti d'un homme, fe promene, cherchant quelqu'autre retraite où il
puiffe fe placer & fe repofer. La même vérité nous eft atteftée dans les Livres de l'Ancien Teftament. Le Livre de Job nous re-

préfente Satan qui comparoît devant Dieu, & lui demande permiffion de tenter Job : ce qui lui eft accordé. Un Prophète, au tems d'Achab Roi d'Ifraël, rend compte à ce Prince impie d'une vifion qu'il a eue. « J'ai vu, dit-il, » le Seigneur affis fur fon trône, & toute la » Milice du Ciel autour du trône à droite & » à gauche. Le Seigneur dit : qui eft-ce d'en- » tre vous qui ira tromper Achab ? L'un ré- » pondit une chofe, l'autre une autre. Alors » un efprit fe préfenta, & fe tenant debout » devant le Seigneur, il dit : c'eft moi, Sei- » gneur, qui le tromperai. Comment cela, » dit Dieu ? J'irai, repliqua-t-il, & je ferai » un efprit d'erreur & de menfonge dans la » bouche de tous fes faux Prophètes : & la » commiffion lui fut donnée. » Il eft donc certain que le démon s'occupe à tenter les hommes ; mais il ne l'eft pas moins, que per- fonne n'eft à l'abri des tentations. Adam, innocent, n'en a point été à couvert. Saint Paul, cet homme privilégié ravi au troifième ciel, avoit un ange de Satan auprès de lui, qui lui donnoit des foufflets, c'eft-à-dire, qui le fatiguoit par des tentations importunes. Jefus-Chrift, l'innocence même, a bien voulu permettre à l'Ange des ténebres de s'appro- cher de lui, & de le tenter du moins à l'exté- rieur, ne pouvant point être tenté dans l'in- térieur de fa perfonne facrée, puifqu'il étoit Dieu, & par conféquent impeccable. Enfin, notre propre expérience ne nous fait que trop connoitre la réalité des tentations. Le dégoût du bien, des fentimens d'ennui dans la pratique de la vertu, ne font-ce pas des tentations ? Un penchant fecret qui nous pouffe vers les plaifirs des fens, une aver-

3. Reg. 22.

sion pour la pénitence , des mouvemens de vengeance qui s'élevent dans l'ame, des pensées contraires à la chasteté, ne sont-ce pas des tentations du démon ? A entendre les gens du monde, le démon n'entre pour rien en tout cela ; ces tentations, selon eux, n'ont pour principe que notre propre concupiscence , & les passions qui sont nées avec nous & qui ne meurent qu'avec nous. Quand cela seroit vrai , ce sont toujours des tentations. Mais après ce que nous venons de voir, il est indubitable que la concupiscence que nous portons en nous, sert d'instrument au démon pour nous porter au mal , & qu'ainsi le démon y est pour quelque chose. Si l'Apôtre saint Jacques dit que chacun de nous est tenté par sa propre convoitise , ce n'est pas pour exclure le malin esprit qui la met en œuvre ; mais pour donner l'exclusion à Dieu , que des gens mal instruits prétendoient faire auteur des tentations.

Jac. 1.

On demeurera encore plus convaincu de cette importante vérité, si on réfléchit sur l'intérêt qu'a le démon à tenter les hommes, surtout les bons serviteurs de Dieu. L'Ecriture Sainte nous en instruit, lorsqu'elle nous dit, « que Dieu avoit créé l'homme dans un » état de sainteté & de félicité, & que par » l'envie du diable la mort est entrée dans » le monde. » On sçait que la mort du corps, à laquelle l'homme devenu pécheur a été condamné , est la punition du péché ; & qu'elle avoit été précédée de la mort de l'ame causée par le péché. C'est donc l'envie & la jalousie du démon qui l'a engagé à tenter l'homme & à le faire devenir pécheur. Déchu lui-même par sa révolte contre Dieu

Cap. 2.

du haut degré de justice & de l'heureux état
où il avoit été créé, il est devenu jaloux du
sort de l'homme innocent ; il a cherché à se
consoler dans sa misere, en se procurant un
compagnon & un semblable. Sa malice ne
s'est pas bornée là. Il voudroit faire périr la
race entiere de ce premier pécheur, & tous
ceux qu'il voit pratiquer la vertu sont l'objet
de sa jalousie primitive. Si nous étions dans
l'état du péché, sans penser à en sortir, il
auroit moins d'intérêt à nous tenter, il nous
laisseroit en repos, nous tenant en sa possession. « Lorsque le fort armé, dit Notre
» Seigneur, garde son château, tout ce qui
» est dans la maison est en paix. » Ce ne sera
que lorsqu'un plus fort que lui l'aura désarmé
& lui aura enlevé ses dépouilles, qu'il repren-
dra ses batteries. C'est ce que le Sauveur
nous apprend tout de suite dans le même endroit : « Quand l'esprit impur est sorti d'un
» homme, il pense à y rentrer, il prend avec
» lui sept autres esprits, pour le faire retom-
» ber dans le péché, & se remettre en posses-
» sion de son ame. »

Luc. 11.

III.

Toutes ces réflexions montrent de quelle
conséquence il est pour l'homme juste, à qui
nous parlons dans ce Traité, d'être instruit
sur la matiere des tentations ; puisque c'est
surtout le juste qui est l'objet de celles du
démon, & à l'égard de qui elles ont lieu
plus communément. Avant que d'aller plus
loin, tirons deux conséquences de ce préliminaire. La premiere, que ce ne seroit pas
une bonne marque, si on n'avoit jamais de
tentations, ou qu'on n'en sentît jamais. Sui-

Suite.

vant ce que nous venons de dire, il seroit à craindre qu'on ne fût déja vaincu, & que le démon ne fût maître du cœur, tout étant en paix dans le château, suivant l'expression de Jesus-Christ. « Le combat spirituel, dit » saint Augustin, que la religion nous an- » nonce, n'est senti que de ceux qui combat- » tent sous les étendards de la vertu, & qui » font la guerre aux vices. Il y a beaucoup » de gens qui ne connoissant pas la Loi de » Dieu, ne comptent pas même pour enne- » mis leurs passions, & qui y étant asservis » par un aveuglement funeste, s'estiment » plus heureux d'en être vaincus, que de les » vaincre. » On peut appliquer aux tenta- tions du démon, ce que Jesus-Christ dit de la haine du monde. « Si vous étiez du mon- » de, dit-il à ses Disciples, le monde aime- » roit ce qui est à lui : *Quod suum erat, dili-* » *geret.* Mais comme vous n'êtes pas du mon- » de, c'est pour cela que le monde vous haï- » ra. » On peut dire de même : si vous ap- parteniez au démon, il laisseroit tranquille ce qui est à lui ; mais dès que vous ne lui appartiendrez pas, il vous haïra, il vous ten- tera.

Ce n'est pas à dire que ceux qui ne font jamais tentés, soyent pour cela de grands pécheurs, des pécheurs en tous points. Un homme peut être irréprochable sur la pureté, & appartenir au démon par le vice domi- nant de l'orgueil. Le démon en ce cas ne le tentera pas sur l'article de la pureté : il n'en a pas besoin : il lui suffit d'être maître de lui par un autre vice ; & peu lui importe de faire périr les ames par un péché plutôt que par un autre. C'est ce que saint Jerôme a remar-

Joan. 15.

qué sur l'hérétique Pélage. Il rapporte le discours que tenoit cet Hérésiarque, dont la conduite à l'extérieur n'étoit point scanda-leuse, & dont la vie étoit assez édifiante aux yeux des hommes. Pélage disoit : « Je vois » des solitaires ensevelis dans des deserts, » enfermés dans d'étroites cellules, qui se » plaignent d'être tourmentés de mauvais » desirs : Pour moi, quand je me trouverois » environné d'une troupe de femmes, je ne » ressens en moi aucune impression fâcheuse.» Saint Jerôme trouve dans ces paroles un or-gueil monstrueux : & c'est un tel orgueil qui l'a conduit à cet excès d'impiété, d'attaquer audacieusement la grace médicinale du Sau-veur. Pélage est donc la preuve de ce que nous disons ; car nous voyons dans sa per-sonne un homme qui pouvoit n'être point tenté en effet, parce qu'il étoit subjugué. L'amorce des plaisirs sensuels n'agit point sur lui, parce qu'il est esclave de la superbe.

2e. Conséquence. Ce n'est donc pas un péché, ni un mauvais signe si l'on est tenté. Ce que nous venons de dire le démontre ; & un Ange venu du Ciel en a assuré un grand serviteur de Dieu qui avoit passé par la ten-tation. « Parce que vous étiez serviteur de » Dieu & agréable à ses yeux, dit l'Ange Raphaël au saint homme Tobie , « il a » fallu que la tentation vous éprouvât.» Ceci soit dit pour la consolation des ames timo-rées qui se livrent à des inquiétudes affli-geantes, & qui sont toutes prêtes à se dé-courager, craignant de n'être pas vraiment à Dieu, à cause des miseres qu'elles éprou-vent en elles-mêmes, & de tous les assauts que le démon donne à leur piété & à leur

Tob. 12.

vertu. C'est ce qui nous est représenté par la frayeur où étoient les Apôtres, lorsque passant la mer au milieu de la nuit, ils furent battus d'une furieuse tempête qui les menaçoit d'une perte prochaine. Cependant ils ne coururent dans la vérité aucun danger; parce que si Jesus-Christ n'étoit pas avec eux dans la barque, il n'étoit pas loin : il venoit à eux marchant sur les eaux, & quoiqu'ils ne le reconnussent pas, il n'étoit pas moins auprès d'eux pour les préserver du danger.

IV.

Fuite des occasions.

Eccli. 2.

Le juste une fois bien convaincu qu'il doit s'attendre à la tentation, sentira aisément qu'il faut qu'il s'y prépare : *præpara animam tuam ad tentationem.* Que fera-t-il pour cela? 1°. Il la préviendra autant qu'il pourra, & évitera avec soin d'y donner occasion. Car, quoique ce ne soit point un péché d'être tenté, c'est pourtant une chose dangereuse & qui peut avoir des suites funestes. Aussi le Sage, en nous avertissant de préparer notre ame à la tentation, commence par nous dire de nous tenir dans la crainte, *sta in timore.*

Ibid.

Quelles sont ces occasions de tentation qu'il faut éviter? Elles sont sans nombre. Le démon employe toute sorte de voyes : tantôt il nous dresse des embûches, *insidias,* en agissant sourdement par des impressions qu'il excite en nous & qui ne nous paroissent point dangereuses; par des négligences de nos devoirs auxquelles il nous conduit imperceptiblement : tantôt il nous attaque à force ouverte, *ut ignea,* par des émotions violentes de colère, de vengeance, par des sensations

Ept. 6.

Ibid.

vives de plaisirs criminels. Tout ce qui est
dans le monde lui est bon pour nous perdre :
toutes les especes de créatures qui subsistent autour de nous, sont entre ses mains par
la permission divine, & lui servent d'armes
contre nous. C'est pour cela que l'Apôtre dit,
que nous avons affaire ici-bas aux *Princes du
siecle*, aux *Recteurs*, aux *Régisseurs du monde*, *Rectores mundi*. S'il est question des créa-   *Ibid.*
tures inanimées, leur dehors brillant sera
propre à nous tenter par la vanité & l'ambition. Le pieux Ezechias y a fait une chûte.
Le plaisir que nous cause leur jouissance nous
attaquera par la volupté ; Salomon y a succombé. Les disgraces de la vie, les accidens
fâcheux nous tenteront de murmure &
d'impatience : Job en a fait l'épreuve & n'a
pas succombé. C'est ainsi que tout ce qu'il
y a de créatures, dit le Sage, sont autant de
pieges tendus sous les pieds des enfans des
hommes, sont autant de lacets pour prendre
des imprudens, *laqueus, muscipula*. Les hom-   *Sap. 14.*
mes avec qui nous vivons, sont de même
des organes que le démon tient entre ses
mains pour nous séduire par les erreurs sans
nombre dont ils sont remplis, & qu'ils se
communiquent les uns aux autres ; par les
persécutions qu'ils exercent perpétuellement
contre la vertu, railleries, insultes, vexa-
tions, menaces, mauvais traitemens ; par
le spectacle perpétuel qu'ils nous donnent
de leurs folles joyes, de leur recherche em-
pressée des biens de la terre & de tous les
plaisirs des sens. C'est ce qui faisoit dire à
Saint Augustin, rassemblant en trois mots
toutes ces différentes sources de tentations,
« qu'il est besoin d'une grande force & d'une

» grace non commune, pour vaincre le mon-
» de avec toutes ses erreurs, toutes ses ter-
» reurs & tous ses amours, *cum omnibus suis*
erroribus, terroribus, amoribus.

Sans sortir de nous-mêmes, combien d'instrumens le démon ne trouve-t-il pas en
nous pour nous tenter ? Une imagination sus-
ceptible de phantômes, d'impressions vives,
qui occasionnent dans l'ame des pensées, des
délectations subites, prévenantes, qui en-
traînent. Sur quoi il faut remarquer, avec
saint Augustin, que ces impressions vives,
souvent réitérées quoiqu'involontaires, forment une espece d'habitude, ensorte que dès
qu'on remuera, qu'on touchera les traces
qu'elles ont laissées dans le cerveau, les pensées & les délectations se reproduiront sur le
champ, *quemdam quasi habitum faciunt, vesti-*
gia, quæ cum agitata fuerint & contrectata in-
gerunt nobis cogitationes. Or comme les démons peuvent agir sur les corps, ils peuvent
retoucher ces traces : *Dæmones qui in corpori-*
bus aliquid agunt, longè majore uti facilitate
ad movendum quidquid volunt, nequaquam
absurdum est. Poursuivons l'anatomie de
l'homme, pour ainsi parler, qui fournit au
démon une artillerie domestique. Un esprit
qui est ouvert à toute sorte de pensées, qui
passe d'objets en objets, de réflexion en réflexion, plein de faux jugemens, de préjugés dangereux. Un cœur pétri de corruption,
qui porte en lui des passions, des penchans
de toute espece. Une chair remplie d'humeurs
toujours prêtes à s'émouvoir, à s'enflammer,
qui, par les loix d'union & de correspon-
dance que la nature a établies entre le corps
& l'ame, préviennent celle-ci par des sen-

fations qu'elles portent en elle, & font leur tour remuées de nouveau par les fentimens qu'elle en avoit reçus. Des fens de différentes efpeces, qui font comme les portes & les fenêtres par où le démon peut faire entrer dans le cœur tout ce qu'il lui plaît, *fecundum contreflantis & agitantis voluntatem*, dit faint Auguftin : L'avarice, l'orgueil, l'impureté, par les yeux ; la gourmandife & la fenfualité, par la bouche ; la haine du prochain, la corruption des mœurs, l'irréligion, par les oreilles. Ce court détail de tant de chofes qui font au fervice du tentateur au dedans de nous, apprendra au jufte combien grande doit être fa vigilance, pour ne pas s'expofer témérairement au danger de la fubverfion, pour retenir fes fens, pour fuir le commerce du monde, pour garder fes penfées, fon cœur, fes penchans dans une exacte retenue, pour n'ufer des chofes du monde qu'avec circonfpection : perfuadé qu'il fera, que « quiconque s'expofe au péril périra dans le péril, » felon la parole du Sage, & qu'on eft prefqu'affuré de ne point tomber, lorfqu'on a eu foin d'éviter l'occafion. Pourquoi, demande faint Ambroife, dans une tentation de même efpece, Jofeph s'eft-il foutenu, & David a-t-il fuccombé ? C'eft que David a cherché la tentation, au lieu que c'eft la tentation qui cherchoit Jofeph : *Tentatio quærebat Jofeph ; tentationem quærebat David.*

Ibid.

Eccli. 3.

V.

A la fuite des occafions, il faut joindre la provifion de toutes les armes fpirituelles, offenfives & défenfives contre le démon,

Eph. 6.

afin que la tentation nous trouve prêts à lui faire face. Saint Paul fait l'énumération de ces armes : La cuirasse de la justice, c'est-à-dire, un amour dominant de la justice pratiquée constamment, uniformément, en tout point & à tous égards : une vertu lâche, défectueuse & imparfaite, est facile à renverser. La ceinture de la vérité, c'est-à-dire, un amour sincere du vrai, dans le jugement qu'on porte des choses ; un mépris de celles de la terre, tel que l'inspire la vérité ; une estime de tout ce qui porte à Dieu, telle que la chose le mérite ; une volonté décidée pour ne vouloir jamais être trompé, ni donner dans le faux, par rapport à toutes les démarches de la vie : autrement on seroit aisé à séduire par les erreurs qui courent dans le monde. La chaussure de la preparation de l'Evangile de paix, c'est-à-dire, une vie remplie de bonnes œuvres, fidèle à l'observation de tous les Commandemens de la Loi, de tous les préceptes de l'Evangile ; cette pratique de tous les devoirs forme, dit l'Ecriture, un fondement solide, sur lequel l'édifice est inébranlable & résiste à tous les

Eccli. 26.

orages, *fundamenta æterna suprà petram solidam.* Le casque de l'espérance & le bouclier de la Foi, c'est-à-dire, une vue animée des biens invisibles de l'Eternité, qui donnent du mépris pour cette figure du monde qui passe ; la présence vive de ces vérités évangéliques, qu'on croit plus fermement que si on les voyoit des yeux de la raison & de ceux du corps, qui attachent l'ame fortement à la piété & au service du Dieu vivant & véritable, & repoussent sur le champ les traits enflammés du méchant. Enfin, l'épée de la parole de Dieu, c'est-à-dire, un acquis abondant d'instructions, de réflexions, de saintes pensées, de bonnes maximes; une provision même de passages de la Sainte Écriture, qu'on s'est rendus familiers, dont on a rempli sa mémoire & qui reviennent facilement dans l'esprit, lorsqu'il en est besoin pour se soutenir. Jésus-Christ dans sa tentation nous a appris par son exemple, à faire usage des paroles des Livres saints pour combattre le démon : il a répondu à chacune de ses attaques par un passage de l'Écriture; & a confirmé par-là le sentiment religieux de ceux qui croyent qu'il y a une bénédiction attachée non-seulement aux vérités répandues dans les Livres saints, mais même aux expressions qui les représentent. Pour renfermer dans un seul mot toute cette armure spirituelle que décrit l'Apôtre, disons, que c'est la bonne vie, le désir & le soin de faire du progrès dans la vertu; & qu'un homme muni, revêtu de cette arme de lumière, se trouvera toujours tout prêt à rejetter les œuvres de ténèbres que l'esprit séducteur voudra lui suggérer.

VI.

Quoique tout ce que nous avons dit, ne regarde encore que la préparation à la tentation, il ne sera pas cependant nécessaire de nous étendre beaucoup sur la maniere de la combattre & de la soutenir. Car, comme nous l'avons remarqué, une ame bien préparée & bien armée pour ce combat spirituel, est moralement assurée de la victoire. La premiere chose qu'on doit faire dans le moment de la tentation, c'est de la rejetter

Conduite dans la Tentation.

promptement fans héfiter , fans délibérer ; fans raifonner avec l'ennemi. C'eft ce qui eft fort bien exprimé par cette efpece de pro-verbe ufité dans le langage ; dès qu'on com-mence à capituler, la place eft prife : & en-core par l'emblême du ferpent , dont tout le corps entrera infenfiblement , fi une fois on lui a laiffé paffer fa tête. Il faut donc faire tout d'abord une ferme réfiftance , & ne point écouter les premieres fuggeftions : au-trement on paffera bientôt plus avant.

Hom. 16. in Domin. 1. quadr.

« Il y a , dit faint Gregoire , trois chofes » dans la tentation , la fuggeftion , la délec-» tation & le confentement. La fuggeftion » eft la premiere impreffion que l'objet fait » fur l'efprit ou fur l'imagination ; la délec-» tation eft la fenfation de plaifir qui s'éleve » en conféquence ; le confentement eft l'ac-» quiefcement volontaire à fentir ce plaifir. » Or ces trois degrés fe touchent de bien près : il n'y a pas loin de l'un à l'autre : enforte que fi l'on n'eft pas fur fes gardes dans le pre-mier , on fe trouvera dans le fecond & dans le troifiéme , fans prefque s'en appercevoir ; & ce fera le péché de penfée confommé. Le moyen de faire cette prompte réfiftance , c'eft ou de fe diftraire , fi l'on peut , de la penfée qui eft furvenue ; ou fi on n'y réuffit pas , de jetter un regard du cœur vers le Ciel , de fe recommander à Dieu & de re-clamer fon fecours.

1. Pet. 5.

La feconde chofe qu'il faut faire dans la tentation , c'eft , fi elle dure , de la combat-tre perfévéramment , avec une foi ferme & courageufe , *cui refiftite fortes in fide.* Je ne dis pas fimplement avec courage , mais avec foi , c'eft-à-dire , avec un fentiment de con-

fiance en Dieu, & de dépendance entiere de
son secours : deux choses que la foi réunit
toujours, & que nous retrouvons partout
dans les Pseaumes de David, qu'on peut
regarder comme le Protocole des tentations.
Ce saint Roi se montre toujours intimement
pénétré de l'assistance qui ne lui manquera
pas du côté de Dieu ; il a toujours dans la
bouche : « Dieu, mon refuge ; Dieu, mon
» appui, mon défenseur, mon protecteur :
» quand je marcherois dans l'ombre de la   *Ps. 22.*
» mort, je ne craindrois pas, parce que
» vous êtes avec moi, Seigneur. » Mais en
même tems, c'est toujours un homme se dé-
fiant de lui-même, n'attendant rien de ses
propres forces : « C'est en vous, Seigneur,
» que je place toute ma force, *fortitudinem*   *Ps. 58.*
meam ad te custodiam. « Si Dieu n'étoit venu   *Ps. 93.*
» à mon secours, mon ame étoit déja à moi-
» tié dans l'enfer. » C'est à cette foi dans le
bras tout-puissant du Seigneur, & à cette
conviction de notre impuissance personnelle,
que la victoire sur le démon est attachée ;
& c'est au défaut de cette foi qu'il faut attribuer toutes les chûtes qui arrivent. Si saint
Pierre, marchant sur les eaux, commence à
enfoncer, Jesus-Christ lui reproche son peu
de foi, qui en étoit la cause : « Homme de   *Matth. 14.*
» peu de foi, pourquoi avez-vous douté ? »

La troisiéme chose que doit faire un homme tenté, c'est de supporter patiemment la
tentation autant de tems qu'elle durera, &
qu'il plaira à Dieu de la permettre, conti-
nuant toujours à prier de cœur & à implo-
rer l'assistance du Ciel. Il n'appartient pas à
l'homme de faire la loi à Dieu. Le Seigneur
dispose tout avec une souveraine sagesse &

pour le plus grand bien de ſes ſerviteurs? Comme le démon ne peut point nous tenter ſans ſa permiſſion, s'il lui permet de prolonger la tentation, il a ſes raiſons, & il faut croire que cela nous eſt plus utile & plus ſalutaire. Ordinairement le fruit qu'il ſouhaite que nous en tirions, c'eſt de nous rendre plus humbles, de nous faire mieux ſentir notre foibleſſe, notre corruption, notre dépendance de ſa grace. Pour de grands pécheurs qui ſont rentrés dans la bonne voye, ſon intention eſt de leur faire expier les crimes de leur vie paſſée, par l'importunité des tentations de la même eſpece, & par la fatigue d'un combat perſévérant; ainſi qu'on le voit ſi noblement exprimé dans ce couplet d'une Hymne de ſainte Marie Egyptienne : Les souvenirs importuns des plaiſirs qu'elle a goûtés autrefois, lui repaſſent ſouvent dans l'eſprit, & deviennent une matiere continuelle de pénitence, *in pœnam ſcelerum ſœpé recurſant importuna malœ gaudia vitœ.* Que ſçavons-nous même, ſi Dieu ne ſe conduit pas ainſi à l'égard de quelque grand juſte, pour la même fin qu'il ſe propoſoit à l'égard de Job, qu'il laiſſe entre les mains du démon, pour confondre cet eſprit ſuperbe par la rare vertu de ſon ſerviteur? Car il eſt rapporté que Dieu dit à Satan, après tous les aſſauts portés contre ce ſaint homme : « N'as-tu pas conſidéré Job mon ſerviteur? » A-t-il ſon ſemblable ſur la terre? C'eſt » donc en pure perte que tu as eſſayé de m'é- » mouvoir contre lui? » Tout bon Chrétien, placé dans cette criſe de tentation dont il ne voit pas la fin, doit donc ſe tranquilliſer, ne point ſe troubler, prendre patience, ſe re-

Breviar. Pariſ.

Job. 2.

mettre en la disposition de la divine Providence, & prendre pour lui la réponse que
reçut saint Paul de Jesus-Christ, qu'il avoit
tant de fois conjuré de le délivrer de l'Ange
de Satan : « Ma grace te suffit ; & c'est dans   2. Cor. 12.
» l'infirmité que la vertu se fortifie & se per-
» fectionne.

CHAPITRE XV.

Suite des moyens. Suite de la vigilance.
La fuite du monde, & l'emploi du
tems.

I.

C'EST un préjugé fort commun, que le   Fuite du
monde n'est à fuir que pour ceux qui   monde.
font appellés à la vie du Cloitre, & que le
commun des Chrétiens n'y est point obligé.
Cela est vrai, si on entend par la fuite du
monde une séparation de corps, un éloignement de domicile & de situation, une
rupture entiere & une cessation de tout commerce avec les hommes, qui composent ce
qu'on appelle le monde. Mais nous parlons
seulement de la fuite des compagnies, du
commerce fréquent, des liaisons avec les
mondains. Cette seconde partie de la vigilance chrétienne est fondée sur deux raisons
décisives pour un juste qui veut conserver le
précieux trésor de la Justice.

La premiere est, que le commerce fréquent
des mondains nous expose à beaucoup de péchés, dont l'occasion ne se trouve pas dans
une vie retirée. « Sortez, mon peuple, dit le   *Apoc.* 18.

» Seigneur, de cette Babylone infidèle, si
» vous ne voulez pas vous rendre partici-
» pant de ses crimes & partager avec elle ses
» châtimens. » Trois sortes de péchés inévitables dans la compagnie du monde : péchés de contagion, péchés de séduction, péchés d'approbation. J'appelle péchés de contagion, ceux qu'on commet sans presqu'y
penser, quand on se trouve lié de société
avec des gens dont la vie est comme un
grand péché non interrompu. Qui voudroit
sans nécessité fixer sa demeure dans une *ré-
gion* infectée de la peste, dont tous les habitans sont attaqués, il auroit beau prendre
des précautions, il courroit risque de la gagner sans s'en appercevoir. Tel est l'état du
monde. « Le monde, dit saint Jean, le mon-
» de tout entier est plongé dans la méchan-
» ceté : *Totus in maligno.* « Le Seigneur, dit
» David, a regardé du haut du Ciel, pour
» voir s'il se trouveroit parmi les enfans des
» hommes quelqu'un qui fasse le bien ; il a
» cherché des yeux, & il n'en a pas apperçu
» un seul. » Aussi le même David avoit-il
pris le parti de la fuite. « Je me suis éloigné,
» dit-il, & je me suis retiré dans la solitude,
» parce que je n'ai vu dans la Cité qu'ini-
» quité & prévarication. L'injustice fait sen-
» tinelle jour & nuit sur ses remparts, &
» elle a établi sa demeure au milieu de ses
» places publiques. » Si donc le monde n'est
qu'un assemblage de pécheurs, comment
peut-on se promettre de n'être pas, sans
s'en appercevoir, complice du mal que font
les autres ? On va avec le monde, on parle,
on agit, on commerce, on boit, on mange
avec le monde ; il est impossible qu'on ne

1. Joan. 5.

Ps. 13.

Ps. 54.

parle souvent comme le monde, qu'on n'agisse comme lui, qu'on ne trempe plus ou moins dans ses iniquités.

Dans les entretiens, combien de médisances, de discours licentieux auxquels on prend part par l'engagement de la conversation ! Combien de maximes anti-chrétiennes, Epicuriennes, sanguinaires ; combien de traits lâchés contre la sainte rigueur de l'Evangile, contre la regle des mœurs, contre le pardon des injures, le désintéressement, qu'on est obligé d'entendre, & qui par l'accoutumance perdront peu à peu de ce qu'elles ont d'odieux & de révoltant dans notre esprit ! Dans les repas, combien d'excès de sensualité, quelle profusion de mets, quelle délicatesse recherchée, quelle intempérance dans la boisson, quelle misérable émulation à se charger de vins & de liqueurs ! On entrera pour quelque chose dans tous ces excès par compagnie, on offensera Dieu, & on autorisera ceux qui l'offensent par la part qu'on prend au mal qu'ils font. Dans les parties de plaisir, quelle évaporation, quelle licence ! Dans les divertissemens, quelle perte de tems ! Dans le jeu, quelle cupidité ! Dans les cercles, quel triomphe du luxe & de la vanité, quel commerce de lubricité, comme parle Tertullien ! *Ubi gloria insolescit, aut luxuria nundinatur.* On en est témoin, on en sera complice en partie comme malgré soi, on en remportera de fortes impressions, qui amolliront l'ame & la familiariseront avec ce qu'elle avoit le plus en horreur. Dans les affaires, combien de prévarications, de fraudes, de mauvaise foi, de supercheries, d'injustices ! Si on sçait éviter ce

De cultu fœ min. c. 11.

qu'il y a de plus groffier, on ne fe refufera pas à des injuftices palliées & moins criantes. C'eft fans doute à la vue de cette contagion inévitable dans le commerce du monde pécheur, que le Roi Prophète commence fes divins Cantiques, par chanter « la béatitude » de l'homme qui n'eft point entré dans l'af- » femblée des impies, qui n'a point arrêté » fes pas dans la voye des pécheurs, & qui » ne s'eft point affis dans la chaire de pefti- » lence: *Beatus vir qui non abiit in confilio im- piorum*, &c. Et quand il conclut ce Pfeaume par le malheureux fort des pécheurs qui n'en- treront pas dans l'affemblée des juftes en l'autre monde, n'eft-ce pas une leçon qu'il donne aux juftes de ne pas entrer en celui-ci dans l'affemblée des pécheurs?

Pf. 1.

II.

Suite.

Péchés de féduction. Par combien de dif- férens endroits ne court-on pas rifque d'être féduit, lorfqu'on fréquente le monde? Sé- duction de coutume. Les ufages paffés en coutume ont une force étonnante pour en- traîner; c'eft un torrent, dit faint Auguftin, qui emmene tout avec lui, les grands arbres comme les petits, les rochers comme les ma- iures. On réfiftera d'abord, mais les difcours du monde, les railleries de ces pécheurs que le Saint-Efprit qualifie de mocqueurs, *deri- fores*, l'air de fingularité qui fe rencontre dans une vie chrétienne, ne manqueront pas tôt ou tard de renverfer, fi on n'y prend gar- de. Séduction d'exemple. On trouve dans le monde des gens fenfés, raifonnables, qui ont de la probité, & qui ne fe font pas fcrupule de plufieurs chofes que la piété condamne,

Prov. 9. 19.

qui passent les Dimanches comme les autres jours, qui se dispensent des jeûnes prescrits, qui suivent des pratiques usuraires, qui tiennent des discours libres pour amuser & égayer la compagnie, qui jouent de gros jeux. L'estime qu'on a pour ces personnes, à cause des bonnes qualités qu'elles ont d'ailleurs, affoiblit peu à peu l'éloignement qu'on avoit des choses qu'on leur voit faire, & on en vient enfin à faire comme eux en bien des points. Séduction de crainte & d'espérance. On appréhende de perdre l'amitié des gens, leurs bonnes graces, leur protection : on attend d'eux quelque chose, on leur a déja obligation, on espere leur en avoir encore : car ce sont-là, dit saint Augustin, les deux sources ordinaires de séduction de la part du monde : « Fais ceci, si tu veux avoir » cela ; ne fais pas ceci, si tu ne veux pas » perdre cela : *Fac hoc, ut istud habeas : fac hoc, ne istud amittas.* On ne veut donc point les chocquer ; on garde le silence pour ne point les désapprouver ; on se trouve ensuite dans des conjonctures où l'on est obligé de faire comme eux. Séduction de ténébres & d'obscurité. On entend des raisonnemens captieux pour justifier ou pour excuser des choses qu'on a toujours regardées comme mauvaises ; on n'a pas de réponse aux difficultés : on commence à douter, les raisons de la loi s'obscurcissent dans l'esprit : les discours des enfans des hommes qu'on a entendus, font perdre aux vérités leur évidence & leur force, *diminutæ sunt veritates à filiis hominum :* on en vient enfin à les abandonner.

C'est ce que craignoit David, lorsqu'il disoit à cette occasion, « Sauvez-moi, Sei-

Serm. 283. in nat. mart. Massil.

Ps. 114.

» gneur, préservez-moi des piéges que me
» tend le monde où il n'y a plus de Saints,

Ibid.

salvum me fac, quoniam defecit Sanctus. Mais
c'est ce que ne pourroit pas dire un Chrétien
téméraire & indiscret, qui se jetteroit lui-
même dans le monde où la vérité n'est pas
connue, & où elle ne trouve que contradiction. Dieu n'est pas obligé de venir au secours
de ceux qui se lient avec ses ennemis. Il l'a
fait pour les bons Juifs qui étoient à Babylone, au milieu des scandales de l'Idolâtrie
qui y régnoit, parce qu'ils n'y étoient pas
volontairement, & que leur séjour y étoit
forcé, & que d'ailleurs ils évitoient, autant
qu'ils pouvoient, toute liaison avec les Baby-
loniens ; il leur faisoit la grace de fermer leurs
yeux au spectacle séduisant des Idoles d'or
& d'argent qu'on promenoit en pompe dans
les rues. Mais ceux de leurs peres qui, après
leur entrée dans la Terre promise sous Jo-
sué, firent des alliances & se mélerent avec
les peuples infidèles, Dieu les abandonna,
& ils prirent les mœurs des Nations, *com-*

Ps. 105.

*mixti sunt inter gentes, & didicerunt opera
eorum.* Josaphat, ce grand serviteur de Dieu,
l'un des plus saints Rois de Juda, pensa éprouver la malédiction du Seigneur, parce qu'il
s'étoit lié avec l'impie Achab, pour attaquer
conjointement les ennemis communs. « Vous
» méritiez, » lui dit un Prophète, « de sentir
» la main du Seigneur irrité contre vous,
» parce que vous vous êtes associé à des hom-
» mes qui sont ses ennemis : *Cum his qui ode-
runt Deum amicitiâ jungeris, & ideo iram me-
rebaris.*

    Péchés d'approbation. Approuver le mal
ouvertement ou tacitement, l'autoriser par
des

des flatteries ou par le silence quand on se
voit obligé de parler, c'est un péché qui peut
être très-grand suivant la griéveté de la matiere. Lorsqu'on n'est pas présent au mal qui
se fait, on est déchargé de l'obligation de parler. Si donc on se trouve au milieu des scandales, il faut de deux choses l'une ; ou avoir
la peine & l'embarras de s'élever contre, ou
se rendre coupable devant Dieu de la connivence au mal. La premiere de ces deux choses est triste, pleine de difficultés, sujette à
bien des risques. Il est disgracieux de mécon-
tenter le monde, de se rendre déplaisant à
des personnes qu'on aime & qu'on respecte,
en leur disant des choses qui ne leur sont
point agréables. La seconde est irrité e sante
pour la conscience : on sçait à quoi doit s'attendre celui qui rougit de Jesus-Christ & de
l'Evangile devant les hommes. Ne vaudroit-
il donc pas beaucoup mieux s'épargner tout-
à-la fois, d'un côté, l'embarras de faire à tout
moment l'office de censeur du monde, & de
l'autre, le péché de connivence au mal ? La
fuite du monde en est le moyen.

III.

Si le monde est plein de piéges pour nous
faire offenser Dieu, il n'est pas moins rempli
d'obstacles à faire le bien. La dissipation dans
laquelle il est plongé, met l'homme toujours
hors de soi, lui ôte la présence d'esprit pour
réfléchir sur ses devoirs, pour penser à Dieu.
On y vit de la vie des sens ; on ne réfléchit
point, on n'est occupé que des choses terrestres. Un pénitent, par exemple, qui a une
grande réforme à faire dans ses mœurs, beaucoup de vices à corriger, & de péchés à con-

II. Partie. K

noître, sera-t-il bien placé, pour y réussir, dans le tumulte & l'agitation du monde? Un Juste de même, qui est encore foible, dont la justice est encore une vertu de novice, s'il s'expose à tous les dangers du commerce du siécle, sera-t-il à couvert de bien des fautes qu'il courra risque de commettre par tous les endroits que nous avons vus? Et quand il les aura commises, s'en appercevra-t-il? Elles lui seront éternellement inconnues; & elles ne laisseront pas de lui nuire. Il lui arrivera ce qui arrive à un soldat dans la mêlée, qui y reçoit des blessures dans les différentes parties de son corps, & qui ne les sent pas. Son sang coule, & l'agitation où il est l'empêche de le voir couler. Pendant ce temps-là son corps s'affoiblit; ses forces diminuent; il sort du combat, s'il peut; & lorsqu'il est sorti, il se trouve quelquefois qu'il est trop tard pour porter reméde à ses plaies.

La contradiction perpétuelle des gens du monde à la vertu est encore un autre obstacle à la pratique des œuvres de justice. Le respect humain, la crainte des railleries arrête. On n'osera pas paroître ce qu'on est. Et
Rom. 1. n'est-ce pas-là, selon Saint Paul, le grand crime de ces sages du Paganisme, qui dans leurs cabinets reconnoissoient un seul Dieu, & dans le public avoient la lâcheté d'adorer les Idoles : » religieux à la maison, dit un » Pere, sacrileges dans les Temples? « Voilà ce que fait faire le respect humain. On tâchera, si vous voulez, de se mettre au-dessus; mais c'est un combat qu'il faudra soutenir, & cela très-souvent. On ne peut pas toujours combattre, on se lasse à la fin. C'est

donc un grand avantage de ne point se trouver dans une telle position : & on est trop
heureux, lorsque la divine Providence a
tellement disposé toutes choses, qu'on n'est
point forcé par son état de fréquenter le monde, & qu'elle a fait pour nous ce qu'elle fit
autrefois pour les Israëlites au sortir de l'E-
gypte.

Il est remarqué dans l'Histoire de l'Ancien *Ex. 13.*
Testament, que Dieu ne conduisit pas son
peuple à la Terre Promise par le chemin le
plus court, parce qu'il auroit trouvé à sa
rencontre plusieurs Nations ennemies qu'il
auroit fallu combattre ; ce qui l'auroit rebuté
& découragé dans ces commencemens de
marche : *ne forté pœniteret illum, si videret
adversùm se bella consurgere.* Puisqu'une telle
Providence est une grace & un bonheur pour
un Juste, lorsque Dieu tient cette conduite
sur lui ; c'est donc une grande imprudence &
une folie de s'exposer de soi-même au danger, quand on est libre de ne le pas faire. Il
faut dire au monde ce que disoit Moïse à *Ex. 8.*
Pharaon : Vous nous promettez de nous
laisser libres de servir Dieu chez vous ; de
nous permettre de lui offrir les sacrifices qu'il
exige de nous, de vivre dans notre religion
& dans les pratiques qu'elle nous prescrit ;
cela n'est pas possible : nous ne pouvons le
faire que hors d'ici & dans le desert : les
victimes que nous avons à immoler sont les
divinités de l'Egypte ; le peuple ne souffri-
roit pas qu'on immolât ses Dieux en sa présence. Les vertus, dira ce juste au monde
qui veut le retenir, les vertus que j'ai à pratiquer, sont en abomination à vos yeux,
Abominationes Ægyptiorum immolabimus :

Les vices dont je dois m'abſtenir, & que je dois immoler, ſont vos divinités, *ea quæ colunt Ægyptii, maſtabimus.* Vous ne ſouffririez pas patiemment que nous fiſſions à vos yeux ce que vous déteſtez, & que nous déteſtaſſions en votre préſence ce que vous encenſez, que nous nous élevaſſions contre ces idoles de vanité, d'ambition, de richeſſes, de volupté, que vous faites profeſſion de ſervir.

Enfin, l'oppoſition des maximes du monde à celles de l'Evangile fait que le monde n'eſt pas une place tenable pour un bon Chrétien. Forcé d'entendre continuellement ces bouches profanes blaſphemer les ſaintes régles de la morale chrétienne, il ſeroit obligé de tenir ſes oreilles fermées, de les boucher à chaque inſtant. Autrement il courroit riſque de laiſſer entrer dans ſon ame les impreſſions contagieuſes de ces diſcours empoiſonnés & ſéducteurs. Quelque vertu qu'on ait, on n'eſt pas invulnérable. Une continuelle prédication de l'évangile du monde fait peu à peu oublier celui de Jeſus-Chriſt. Le plus court & le plus ſur ſera donc de ſe tenir loin de ces chaires de peſtilence.

IV.

L'emploi du Tems.

Nous avons vu les devoirs de la vigilance chrétienne, par rapport aux attaques des deux premiers ennemis de notre ſalut, le démon & le monde. Elle a auſſi ſes devoirs par rapport à nous-mêmes, qui ſommes notre troiſieme ennemi. Nous le ſommes par tous nos ſens, par notre eſprit, par notre cœur , par nos occupations , par toutes nos démarches , par toute la suite de notre conduite. Il faut donc veiller sur tout cela. Le premier objet est notre cœur, qui est la source de tout le bien & de tout le mal en nous. Il faut regler ses penchans , réduire ses passions, tourner au bien ses affections & ses dispositions. La matiere est traitée au long dans les *Principes de la Perfection Chrétienne*, où l'on trouvera la maniere de combattre la triple concupiscence qui embrasse toutes les passions & tous les mauvais penchans de la nature corrompue. Le second objet de la vigilance sur nous - mêmes est la vie & la conduite extérieure , qu'il faut disposer d'une maniere propre à entretenir en nous l'état de la justice & de la sainteté. Commençons par le bon emploi du temps.

C'est un devoir à bien des égards, & sur bien des titres. Devoir de la loi naturelle, dicté par la raison. Les Payens eux-mêmes sont éloquens sur cette matiere. Ils ont senti par la lumiere de la seule raison, ce que le Saint - Esprit reproche aux amateurs du siécle. Ces insensés, est il dit dans le Livre de la Sagesse, ont estimé la vie un amusement & un jeu, *estimaverunt lusum esse vitam nostram.*   *Sap.* 15. Ces sages Payens ont compris que l'homme, que la nature a fait raisonnable , devoit cultiver son esprit & son cœur , & ne les point négliger pour ne penser qu'au bien-être de son corps. Les Légiflateurs des nations infidèles, tels que Licurgue chez les Lacedemoniens, ont toujours fait de l'emploi utile & sérieux du temps, un des principaux articles de leurs loix.

Devoir de la Loi divine. Le premier
K iij

Gen. 2. homme, dans l'état d'innocence, quoique Saint en toutes ſes parties, ſans paſſions, ſans concupiſcence, avoit reçu ordre du Créateur de travailler & de cultiver le jardin du Paradis Terreſtre, *ut operaretur illum.* Lorſqu'il fut tombé, nouvel ordre de cultiver avec grande peine la terre ingrate, pour gagner ſon pain à la ſueur de ſon viſage. La Loi Evangélique a renouvellé l'Ordonnance du travail. » Nous ordonnons, dit S. Paul, » au nom du Seigneur, aux gens oiſifs qui *2 Theſſ. 3.* » ſont parmi vous, de s'appliquer en ſilence » à quelque travail, pour gagner leur pain. » Si quelqu'un ne veut point travailler, qu'il » ne mange donc point. «

Devoir de juſtice. Il eſt de la juſtice & de l'équité que nous rendions à Dieu ce qui lui appartient. Le temps lui appartient. C'eſt lui qui nous l'a donné ; ou plutôt il nous l'a prêté, comme tous les autres biens de la nature, pour en faire bon uſage, & l'employer à ſon ſervice.

Devoir de Religion. Jeſus-Chriſt nous l'a mérité par l'effuſion de ſon ſang : il nous l'a acheté à ce prix, puiſqu'en qualité de pécheurs nous n'y avions plus droit, & que nous ne méritions plus de vivre. Il nous a donné lui - même l'exemple. Il s'eſt fatigué pour nous ; il s'eſt occupé continuellement de nous, & a travaillé ſans relâche à nous mériter les graces de ſon Pere.

Devoir d'intérêt perſonnel. Le temps eſt bien court, & nous avons bien des choſes à faire. Nous avons à nous ſauver pour l'autre vie, & à nous ſanctifier en celle-ci. C'eſt un ouvrage compliqué qui renferme bien des objets. Pour tout cela, non-ſeulement la durée de la vie est courte ; mais toute cette durée n'est pas en notre disposition : nous ne sommes maîtres que du moment présent : l'avenir n'existe pas encore, & n'existera peut-être pas pour nous.

Devoir de Pénitence. C'est une pénitence générale imposée à tous les enfans d'Adam. Il n'y a ni distinction, ni exception. Ces riches fainéans, ces femmes qui vivent dans la molesse, ces gens désœuvrés dont le monde est plein, ne seront bien venus à se prétendre dispensés de la loi commune, qu'après qu'ils auront réussi à nous montrer qu'ils ne sont point de la postérité d'Adam.

Devoir de sagesse & de prudence. La perte du temps, & ce qui est la même chose, l'oisiveté est la source de tous les désordres & la mere de tous les vices. *Multam malitiam docuit otiositas.* Que l'homme juste comprenne bien ce dernier trait. Qu'il se souvienne de la parole de Saint Jérôme : » Si vous voulez » ne point être renversé par la tentation, que » le demon vous trouve toujours occupé : » *Inveniat te occupatum.* Qu'il se rappelle ce que l'Ecriture Sainte dit de David, lorsqu'il eut le malheur de perdre la Justice par deux grands crimes, que cela arriva dans le temps qu'au lieu de s'occuper du devoir de sa place, & de se mettre à la tête de ses armées, *eo tempore quo solent reges ad bella procedere,* il demeuroit oisif dans son Palais, & passoit son temps en amusement. Qu'il sçache enfin qu'il en est du pain de l'ame, qui est la justice, comme du pain matériel qui nourrit le corps ; & que comme l'homme est condamné à manger celui-ci à la sueur de son visage, il ne sera de-même assûré de l'autre, qu'autant qu'il

Ecli. 33.

le méritera par une vie laborieuse & sérieuse.

V.

Suite.

Employer son temps & le mal employer, ce ne seroit rien faire : ce seroit le perdre, comme si on ne l'employoit pas. Un sage Payen a connu cette vérité. La plus grande partie de la vie des hommes, dit-il, s'écoule & se perd, ou à ne rien faire, ou à faire autre chose que ce qu'on doit, ou à mal faire ce qu'on fait : *aut nihil agentibus, aut aliud agentibus, aut malè agentibus.* Voilà donc deux points importans à regler, le genre d'occupation à laquelle on employera son temps, & la maniere dont on remplira cette occupation.

Seneque.

Il sera plus aisé d'indiquer les occupations qu'il faut éviter, que celles que chacun doit choisir. Ceci dépend de la vocation de chacun & de ce que son état demande de lui. Contentons - nous donc de marquer ce qu'on doit s'interdire en genre d'occupation. Il faut d'abord donner l'exclusion à celles qui sont mauvaises. Ainsi occuper la plus grande partie de son temps au jeu, c'est le perdre. Le jeu, comme je l'entens ici, est une chose mauvaise. Un honnête délassement, une récréation innocente après le travail, est une bonne chose : mais le jeu pris non comme délassement, mais comme occupation pour faire couler le temps, ou comme un trafic de cupidité pour faire quelque gain, est sans contredit une chose défendue à des Chrétiens. C'est, comme nous l'avons dit, une pensée d'impies de croire que l'homme est au monde pour jouer, & que sa vie lui est donnée pour cela, *æstimaverunt lusum esse vitam nostram.*

C'est encore une erreur grossiere, de croire que le jeu soit une maniere légitime de faire des gains, & d'amasser du bien. La Providence n'a établi qu'une seule maniere de le faire, c'est le travail : c'est ce qui a été prononcé dès le commencement du monde : toute autre voie est illicite. Les conventions libres que les hommes font entr'eux pour légitimer les acquisitions qui se font par le jeu, ne changeront rien à la Loi. Par ces conventions, les hommes passent leur pouvoir, & font ce qu'ils n'ont pas droit de faire. Le superflu de leur nécessaire n'étant point à eux, & appartenant aux pauvres, ils n'ont pas droit de le risquer en le mettant au jeu, ni d'en transférer le domaine à celui qui a gagné la partie. Qu'on tourne & qu'on retourne la matiere tant qu'on voudra, on n'aura jamais rien à repliquer à ce raisonnement.

Il faut exclure en second lieu les professions dont l'objet seroit mauvais. » Pourquoi, » demande Saint Gregoire, les Apôtres sont-ils retournés au travail de la pêche après leur vocation, & Saint Matthieu n'est pas retourné à sa banque ? C'est que la pêche étant un métier innocent & permis, il n'étoit pas incompatible avec la justice & la sainteté : au lieu que le travail de Saint Matthieu, avant sa vocation, étoit du nombre de ces professions qu'on n'exerce jamais, ou presque jamais, sans péché : *quæ sine peccatis exhiberi, aut vix aut nullatenùs possunt.* « Le Juste par conséquent renoncera à toutes les professions de cette nature, qui sont décidées & reconnues telles par l'Eglise ou par tout ce qu'il y a de Directeurs & de Casuistes sages, éclairés & Chrétiens. Il renon-

Hom. 24. *in Evang.*

cera , par exemple , à celles qui en aucun cas ne peuvent fervir à un bon ufage , telles que celles qui ne pourroient jamais fervir qu'à l'immodeftie dans les habits , dans les tableaux , dans les eftampes ; à des pratiques ufuraires , à des divertiffemens réprouvés par la loi de Dieu. J'ai dit , qui en aucun cas ne peuvent fervir qu'au mal : & je l'ai dit à deffein , parce que fi l'objet d'une profeffion eft indifférent au bien ou au mal , fi le mauvais ufage qu'on en fait fréquemment dans le monde vient de la volonté des particuliers , d'autres perfonnes n'en faifant pas ce mauvais ufage , la profeffion, en ce cas, n'eft point mauvaife. Ainfi , ce qui fouvent eft employé à la vanité , au luxe , à la bonne chere , ne fait pas des ouvrages mauvais en foi ; parce que l'on peut s'en fervir autrement que par vanité , & pour fatisfaire fon luxe, fa fenfualité. Il y a des perfonnes d'un certain rang , chez qui ce ne fera ni luxe , ni vanité : d'autres , d'une complexion délicate , uferont, fans fenfualité , de ces mets plus recherchés. Mais ce qui rendroit ces profeffions , non pas illégitimes en elles-mêmes , mais illicites & non innocentes dans celui qui les exerce , ce feroit, s'il s'appliquoit à inventer de nouvelles manieres de fatisfaire une exceffive vanité , un luxe démefuré. Il eft bien permis de fournir ce que quelqu'un employera à la vanité par le mauvais ufage qu'il en fera , mais il n'eft pas permis d'irriter fa vanité , & de lui fournir de quoi la nourrir & l'augmenter.

Les fidele renoncera encore à des occupations , qui , quoiqu'bonnes en foi , ne ne font pas pour lui ; c'est-à-dire, dans lesquelles, pour des raisons personnelles, il auroit de la peine à faire son salut ; des occupations qui feroient pour lui une occasion plus ou moins prochaine de péché ; des occupations qui rempliroient tellement tout son tems, qu'il ne pourroit pas trouver le moment de prier Dieu, de s'instruire, de satisfaire aux devoirs de la Religion ; ou des occupations si dissipantes par leur nature, qu'il lui seroit évident qu'elles nuisent notablement à sa piété, & en étouffent en lui tous les sentimens.

V I.

Après les occupations mauvaises, il doit encore exclure les occupations inutiles, pueriles, qui n'ont rien de férieux, rien qui soit digne de la gravité chrétienne, enfin, qui ne peuvent avoir aucune vraie utilité. Le tableau que fait l'Ecriture Sainte de la femme forte, ne présente dans ses travaux de la journée rien que d'utile & de férieux. « Elle » tient le fufeau, elle fait des habits pour » fon époux, elle préfide aux opérations du » ménage, elle diftribue les alimens à fes » domeftiques, elle aide de fes fages con- » feils ceux qui en ont befoin, elle ouvre » fa main aux pauvres, & s'occupe à les » foulager. » Tout ce détail a fon application aux hommes, aussi-bien qu'aux femmes. Les uns & les autres doivent employer leur tems à des chofes qui leur foient utiles à eux-mêmes, utiles à leurs familles, utiles à la fociété, utiles au public, utiles aux pauvres, utiles aux amis. Tout ce qui n'aura pas quelqu'une de

Suite:

Prov. 31.

K vj.

ces utilités doit être rejetté : le tems qu'on y emploie est un tems perdu. Nous rendrons compte au Jugement d'une parole oiseuse : comment serions-nous sans reproche pour des occupations oiseuses? Ainsi, des journées passées ou en tout ou en grande partie à faire des visites non nécessaires, à fréquenter les promenades publiques, à tenir des conversations & de longs colloques, à courir de maison en maison, *circuire domos*, dit S. Paul, à apprendre & à débiter des nouvelles, sont des journées perdues, parce qu'elles sont employées à des inutilités. Employer sa vie à des études qui n'ont pour fin qu'une vaine curiosité, ou la passion de la vaine gloire, c'est mal employer son tems, c'est le perdre. S'occuper uniquement, comme cela arrive quelquefois dans les Couvens de filles, à des ouvrages badins, puériles, de pur amusement, ou de sensualité pour la bouche ; lorsque d'ailleurs ce travail n'a pas pour fin la subsistance d'une Communauté, qui n'est pas à son aise ; je ne sçais pas comment on pourroit ne pas taxer cette conduite de perte de tems, & d'occupation peu assortie à la noblesse de l'état & à la condition des personnes.

Pour ce qui concerne la maniere de s'occuper, afin de le faire chrétiennement, elle consiste en trois choses ; le faire avec une intention droite, le faire avec regle, le faire avec modération. La droiture d'intention consiste à se proposer pour fin d'exécuter la volonté de Dieu, de se procurer les besoins du corps, de servir le prochain, d'éviter pour soi-même l'oisiveté ; & non pas de s'enri-

chir pour le plaisir d'être riche , de se faire
une réputation , & d'autres vûes purement
humaines & charnelles. S'occuper avec regle , c'est le faire d'une maniere uniforme ,
ne point travailler par caprice , par humeur,
au gré de sa fantaisie , comme font ceux
qui travaillent un jour ou deux , & qui ne
font rien le troisieme ; ou qui changent
sans cesse d'occupation , tantôt une chose , tantôt une autre ; ou enfin ceux
qui négligent l'occupation essentielle que
l'état demande d'eux , pour y en substituer d'autres qui sont étrangeres. Enfin ,
s'occuper avec modération , c'est ne point
donner dans des excès , évitant un attachement à ce qu'on fait , qui deviendroit
une passion comme les autres ; sur-tout ne
se livrant pas tellement à l'occupation qu'on
a choisie , qu'il ne reste point de tems
pour la piété , la priere , les bonnes
lectures , le service divin , les œuvres de
charité , ne voulant rabattre rien d'un travail qui plait : comme si ce qu'on donne
au service de Dieu étoit un tems perdu :
comme si enfin le progrès du travail ne dépen-
doit pas principalement de la bénédiction
que Dieu y donnera , & dont il faut se
rendre digne par des œuvres de religion :
comme si le travail , ainsi que tout le reste ,
ne devoit pas être rapporté à Dieu & à sa
gloire , & sanctifié par son amour.

CHAPITRE XVI.

Suite des moyens. Suite de la vigilance. Récréations, repas, sommeil, compagnies, visites, conversations, lectures & instructions.

I.

Besoins du corps rapportés à la gloire de Dieu.

IL est hors de doute que les besoins du corps entrent dans l'emploi du tems. Le Créateur ayant assujetti l'homme à toutes ces nécessités, c'est entrer dans ses vûes, l'honorer, le servir, accomplir sa volonté, que de satisfaire avec une esprit de religion à ce qui regarde la vie animale, comme les repas, le sommeil, les récréations : il faut y joindre certains devoirs de la société civile, dont il n'est pas possible de se dispenser entierement, visites, conversations, compagnies. Il est donc naturel de traiter cette matiere tout de suite après celle du bon emploi du tems ; puisque plus de la moitié de la vie se passe dans ces différens exercices.

Comprenons d'abord que ces exercices purement humains, non-seulement ne sont point mauvais, mais qu'ils peuvent être vertueux, méritoires, faire nombre avec des actions saintes, propres à entretenir la justice, de même que des œuvres de piété proprement dites. Jesus-Christ nous en fournit la preuve. Nous sçavons que tout a été méritoire & divin dans sa personne, ou, comme

parlent les Théologiens, divinement humain ;
qu'il n'y a pas eu une seule de ses actions
qui n'ait été agréable à Dieu son pere, *quæ
placita sunt ei, facio semper.* Or Jesus-Christ
a passé par toutes ces servitudes de l'humanité. Il auroit pu, s'il l'avoit voulu, s'en dispenser ; comme il a pu vivre pendant quarante jours sans boire ni manger, il auroit
pu du moins en retrancher une partie, & les
réduire à beaucoup moins qu'il n'a fait ; vivre
comme Jean-Baptiste sans compagnie, ne
mangeant que du miel sauvage & des sauterelles. Mais par une économie que nous ne
sçaurions assez admirer, il a voulu, pour se
rendre notre modèle en tout, mener une vie
commune, & en remplissant tout ce qui est
de l'humanité, nous apprendre à nous sanctifier dans ces sortes de choses & à les faire
pour Dieu. Il a mangé, il a même assisté à
des repas ; il a bu & même usé de vin, comme le lui reprochoient les Pharisiens. Jesus-
Christ a dormi, s'est reposé dans ses lassitudes. Jesus-Christ a fait des visites. Si nous
ne voyons pas qu'il ait pris de récreations,
ni qu'il ait ri, c'est une exception qu'il a
faite afin de nous apprendre par ce retranchement de deux choses, dont l'une ne lui
étoit pas nécessaire, & l'autre répugnoit à la
perfection de son humanité, nous apprendre, dis-je, à retrancher dans tout ce que
nous sommes obligés de donner à la nôtre,
tout ce qui ne lui est pas nécessaire.

Il est donc vrai qu'un juste peut honorer
& servir Dieu, comme le premier des justes
l'a fait, en mangeant, en buvant, en dormant, en conversant, en se récréant dans le
besoin. En mangeant & buvant, il nourrit

un corps que Dieu lui a donné pour être le domicile d'une ame, qui doit paſſer quelque tems ici-bas pour mériter le Ciel : il entre- tient un ſouffle que le Créateur a mis en lui, afin qu'il ne reſpirât que pour ſon Dieu : il procure à ſes pieds & à ſes mains la force qui leur eſt néceſſaire, pour exercer les actions de charité qu'il lui a preſcrites ; à ſa langue le mouvement qui lui ſert à bénir Dieu & à édifier ſes freres ; à ſes yeux, l'action pour contempler les merveilles de ce bel Univers, & faire paſſer dans ſon cerveau des images d'autres merveilles infiniment ſupérieures, qui ſe découvriront à lui dans un autre mon- de. En dormant, il prépare ſon corps à re- prendre avec une nouvelle vigueur les occu- pations par leſquelles il ſert Dieu, exécute ſes Ordonnances, & remplit toute juſtice. Et comme il s'endort dans la juſtice, qu'il eſt en état de grace en fermant les yeux de ſon corps, il reſſemble à la ſainte Epouſe du Cantique des Cantiques, & il eſt en droit de dire comme elle : « Je dors, & mon cœur » veille. » En converſant avec ſes ſemblables, il pratique pluſieurs vertus ; la piété, en les édifiant par des réflexions utiles & religieu- ſes ; l'humilité, en les prévenant d'honnêteté ; la patience, en ſupportant leurs défauts ; la douceur, en leur cédant ; la charité, en leur donnant de bons conſeils. En viſitant ſes amis, il les conſole dans leurs peines, les ſoulage dans leurs infirmités, les égaye dans leurs ennuis, leur communique le bon tréſor de ſon cœur, & en remporte autant du leur ; il nourrit, renouvelle, cimente l'amour de la fraternité par la préſence réciproque des corps, & par la confidence des penſées & des ſentimens.

En se récréant, ce n'est pas seulement au
bien être du corps qu'il pourvoit par une in-
terruption de travail, c'est encore son esprit
qu'il délasse de la contention qui l'a fatigué,
pour le renvoyer ensuite plus leste & plus
dispos à ses opérations. C'est son ame qu'il
renouvelle, pour ainsi dire, par une innocente gayeté qu'il fait succéder au sérieux
des occupations, & qu'il rend plus forte &
plus courageuse pour en supporter le poids.
En se promenant, il se donne le spectacle de
ce grand temple de la Divinité : il en con-
temple avec David le magnifique lambris
tout brillant de lumiere ; il admire toutes les
merveilles qu'il trouve à ses pieds, toutes
ces productions charmantes de la terre sur
laquelle il marche ; il respire avec action de
grace cet air rafraichissant, qui procure à sa
respiration une facilité & une aisance utile à
sa santé ; & de la contemplation des ouvrages il s'éleve à la vénération de l'ouvrier, &
remporte chez lui une nouvelle ferveur pour
mieux servir un maître aussi bienfaisant. En
voyageant, lorsque ses affaires ou quelque
raison le demandent, il trouve Dieu par-
tout, mêmes merveilles de la nature, même
peuplade d'êtres animés, dont les uns sont
au service des autres ; il considere dans la
vaste étendue de la terre une image de
l'immensité de l'Etre suprême qui n'est borné
par aucun lieu, & qui est lui-même le lieu
de tout ce qui a existence. Il voit les mœurs
des nations qu'il parcourt ; il remarque comment Dieu est servi par la plûpart, & il en
gémit ; il trouve dans un petit nombre des
exemples de vertu, & il s'en édifie.

C'est ainsi que dans les opérations les

moins fpirituelles, l'homme jufte peut, fuivant l'avis ou plutôt le précepte de l'Apôtre,
faire tout pour la gloire de Dieu : « Soit que
» vous mangiez, foit que vous buviez, foit
» que vous parliez, foit que vous agilliez,
» faites tout au nom de Jefus-Chrift. » Mais
il ne doit point féparer l'avis de faint Paul,
de cette regle que donne faint Auguftin, « de
» ne point s'attacher par amour à ces foula-
» gemens qu'il donne à fon humanité, de ne
» s'en accorder que ce qui fuffit, & de fe
» conduire dans ces foulagemens du corps,
» avec la modération d'un homme qui ufe, &
» non avec l'affection d'un homme qui jouit :

De morib. *Habet igitur vir temperans regulam vitæ, ut*
Eccl. Cath. *nihil eorum diligat, fed ad vitæ neceffitatem*
c. 2. *quantum faris eft ufurpet, utentis modeftiâ,*
non amantis affectu.

II.

Ufer des fou-
lagemens du
corps, & non
en jouir.
  Ces deux mots, *Ufer* & *Jouir*, font re-
marquables, & il eft important d'en bien
comprendre le fens. Ufer, c'eft fe fervir
d'une chofe comme d'un moyen qui mene
plus loin, qui conduit à une fin : enforte
que ce n'eft que par rapport à la fin qu'on
s'en fert, & qu'on ne s'en ferviroit pas, s'il
n'étoit pas néceffaire pour y parvenir. Ainfi
un homme depuis longtems éloigné de fon
pays & qui y retourne, ne fe met en chemin
que pour revoir fa patrie, & ne feroit pas
le voyage, s'il ne fouhaitoit la revoir. Jouir,
c'eft fe fervir d'une chofe, non pas comme
d'un moyen pour aller plus loin, mais la
prendre pour fa fin, s'y complaire, s'y repofer, s'y attacher, goûter le plaifir qu'on y
trouve. C'eft ce que fait un homme qui en-

treprend un voyage de plaisir, qui ne voyage que pour voyager, pour se procurer la satisfaction de voir de nouveaux objets, pour repaitre sa curiosité, ou pour faire l'essai des différens amusemens & des divers délices qui sont répandus dans l'étendue du monde.

Ce qu'enseigne donc saint Augustin au sujet des besoins de la vie & des soulagemens qu'on est obligé de donner au corps, c'est qu'il ne faut les prendre que comme des moyens & non comme une fin ; les employer comme en passant, sans s'y arrêter comme dans un lieu de repos ; les regarder comme des secours utiles & nécessaires, & non comme des choses désirables pour elles-mêmes, comme des choses qui ne sont que pour la nécessité, qui en avertissant l'homme de ses besoins & de ses miseres, sont elles-mêmes des miseres & des servitudes dont il lui seroit plus avantageux de pouvoir se passer ; & non comme de vrais biens auxquels il peut s'arrêter, qui peuvent le rendre heureux, qui sont dignes de son amour : en un mot, *user* de toutes ces choses, & non en *jouir*. En effet, est-ce un bien que d'être réduit à la condition des bêtes en mangeant & en dormant ? Est-ce un bien de ne pouvoir pas continuer des occupations sérieuses, des opérations raisonnables, & d'être obligé de passer quelque tems dans des inutilités, des choses de néant ? Surtout lorsque nous faisons réflexion que le plaisir que nous prendrions dans ces choses pour elles-mêmes, l'attache que nous y aurions, nous rendroit coupables, en partageant notre cœur entre la fin derniere qui est Dieu, & des fins subalternes, telles que sont les créatures. « N'est-

» ce pas une vraie mifere, un mal réel, dit
» faint Auguftin, qu'une chofe à laquelle on
» ne peut s'attacher fans commettre un pé-
» ché : *Nullumne malum eft, cui confentiendo
peccatur ?* La conclufion eft donc qu'il ne faut
prendre de ces foulagemens que ce qui eft
abfolument néceffaire : *Quantum fatis eft ad
vitæ neceffitatem.* Autrement, non-feulement
ils ne feront point méritoires, & n'entreront
point dans les œuvres de juftice ; mais encore ils deviendront des péchés & affoibli-
ront la juftice dans le cœur du jufte. C'eft
cette regle de modération & de tempérance
dans l'ufage des chofes dont il s'agit, que
nous allons expliquer dans le détail, pour en
montrer la pratique.

III.

Conduite dans les foulagemens du corps.

Dans les repas, le Jufte fe garde bien d'y
chercher dequoi fatisfaire fa fenfualité. Il va
aux alimens comme aux médicamens, parce
qu'il ne s'y propofe que de réparer l'infirmité de fon corps affoibli par la diette, de même qu'en prenant des médicamens, on ne fe
propofe que de remédier à quelque maladie
dont le corps eft attaqué : *ad alimenta tanquam ad medicamenta.* Il ne court pas aux
mets avec empreffement comme Efaü : il fe
comporte à table comme ces trois cens bra-
ves Soldats de Gedeon qui ne prennent qu'en
courant de l'eau du fleuve dans le creux de
la main pour étancher leur foif. Il ne fe raf-
fafie pas d'alimens fuperflus , il ne fe charge
point de viandes, comme ces Juifs charnels
du Defert , qui ayant reçu du Ciel une
pluie de Cailles délicieufes, s'en rempliffent
avec un tel excès, qu'ils avoient encore la

Viande dans la bouche, lorsque Dieu irrité de leur gourmandise, les frappe d'un terrible fléau : *adhuc escæ erant in ore ipsorum.* Il n'affectera pas de se faire servir ce qu'il y a de plus délicat ; il se souviendra, que si en qualité d'homme raisonnable il ne doit s'accorder que ce que demande la nécessité, en qualité de Chrétien, il doit donner quelque chose à la mortification ; que comme tout doit être victime en lui, *hostiam vivam*, il doit en mangeant continuer ce sacrifice perpétuel, & immoler son appétit & sa volupté ; que comme tout doit se rapporter à Dieu, il doit sortir de table, non pas tant comme d'un repas, que comme d'une école de vertu, *ut qui cœnaverint non cœnam, sed disciplinam* ; qu'enfin il ne doit pas, étant partout serviteur de Dieu, se comporter dans quelque rencontre en esclave de son ventre, *non tanquam ventris mancipia, sed ut decet servos Dei.* Et pour obtenir de Dieu ces dispositions chrétiennes, il ne se mettra point à table sans faire sa priere, suivant cette parole de saint Paul, que les créatures de Dieu qui servent d'alimens à l'homme, sont sanctifiées par la parole de Dieu & par l'Oraison, *sanctificatur per verbum Dei & orationem.* Il terminera de même son repas par l'action de graces, *cum gratiarum actione.* Je n'aurois pas touché ce point, sans l'abus qui s'est introduit presque partout, de ne plus faire de priere ni devant ni après le repas, au mépris & de la piété & de l'usage immémorial qui avoit subsisté jusqu'à notre malheureux siècle. Mais plus l'abus se répand, plus les bons Chrétiens doivent se mettre au-dessus du respect humain, & remplir hardiment ce devoir de piété.

Ps. 77.

Tert. Apol. c. 39.

Basil.

1. Tim. 4.

Dans le sommeil, il se bornera de même à l'étroite nécessité, soit pour la durée, soit pour le reste. Il mesurera la durée sur l'exigence de sa santé : il n'y recherchera pas une molesse affectée. Dans les récréations, il sera sobre comme dans le reste : les divertissemens les plus simples lui suffiront : il ne les multipliera pas, il ne les prolongera pas au-delà du besoin, il ne s'y livrera pas, jusqu'à sortir de la gravité qui convient à un Chrétien, & jusqu'à perdre totalement la présence de Dieu. Dans les visites, il consultera ce que la charité, les bienséances, les devoirs de la société lui dicteront, soit pour le choix, soit pour le temps qu'il y emploiera, soit pour la maniere dont il s'y comportera. Dans les compagnies, dans les conversations, il se réglera sur les avis des Apôtres, qui voudroient qu'on n'ouvrît la bouche que pour parler de Dieu, qui veulent que du moins toutes nos paroles soient assaisonnées du sel de la sagesse, qu'elles soient des paroles de grace : & sans rien affecter, il sémera toujours quelque chose d'utile dans la conversation, afin de ne pas charger ses comptes devant Dieu d'une multitude de paroles oiseuses, encore moins de discours contraires à la charité, à l'humilité, à l'esprit du Christianisme. Il aura la même vigilance & la même attention sur lui dans ses voyages, dans ses promenades, en un mot, dans tout ce qu'il sera pour le service de son corps : il tâchera de se renfermer toujours dans les limites de la tempérance & de la modération, *utentis modestiâ, non amantis affectu.* Mais surtout, il gémira sur lui-même lorsqu'il s'appercevra que ce n'est qu'avec une

...certaine peine qu'il va aux occupations fé-
rieufes, & que c'eft avec un fecret fentiment
de joie qu'il va à ces délaffemens ; perfuadé
que c'eft une grande m fere de chercher dans
l'acceffoire dequoi fe dédommager de l'ennui que lui caufe le principal , qui devroit
faire le vrai contentement de fon cœur.

Si telle doit être la modération d'un Chrétien dans les foulagements permis , il faut
quelque chofe de plus qu'une fimple modération dans d'autres foulagemens qui ne feroient pas innocens , & qui feroient ou abfolument mauvais ou dangereux pour le falut. Pour ceux-ci , il faut privation & inter-
diction entiere. Dès qu'une chofe eft défendue par la loi de Dieu , elle n'eft plus néceffaire au corps ; puifque Dieu qui fçait bien
de quoi il a befoin , n'a pas jugé à propos de
la lui accorder. Il faut donc retrancher des
divertiffemens, les fpectacles , parce qu'ils
corrompent le cœur & y font entrer le poifon
par les fens. Il faut s'abftenir des compagnies
mauvaifes ou dangéreufes , où l'on refpire un
air contagieux. Il faut s'interdire les difcours
libres qui font occafion aux autres de péché ,
qui laiffent auffi de mauvaifes impreffions
dans l'efprit de celui qui parle, qui d'ailleurs
ne peuvent partir que de la corruption de
fon propre cœur. Il faut dans les alimens fe
conformer aux loix de l'Eglife , & s'interdire dans les jours marqués les repas & les
alimens qui font défendus. Il faut dans les
maladies fe donner bien de garde d'employer
pour fe guérir des pratiques fuperftitieufes
ou fufpectes de fuperftition. En un mot, il
faut être prêt à refufer à fon corps tout ce
qui feroit nuifible à l'ame , fuivant la parole

de Jésus-Christ, que l'ame est plus que le corps, & qu'il vaut mieux qu'une partie de nous périsse en ce monde, que de laisser périr toutes les deux dans l'autre.

IV.

Lectures & Instructions.

C'est ici un troisiéme objet de la vigilance chrétienne sur nous-mêmes. S'il faut veiller sur son cœur pour combattre ses convoitises sur tout l'extérieur de sa conduite, pour faire un bon emploi de son temps, pour satisfaire chrétiennement aux besoins du corps ; il faut aussi veiller sur son esprit pour lui fournir l'instruction & les lumieres nécessaires à la bonne conduite du cœur & des actions. On se procure l'instruction par les bonnes lectures & par la parole de Dieu entendue de vive voix. De quelque maniere que cela se fasse, il faut réussir à s'instruire & à se faire une provision de connoissances pour le salut. Dans toute profession, il faut sçavoir ce qui concerne celle qu'on exerce. Un Magistrat doit sçavoir les Loix : un artisan doit sçavoir la pratique de son métier : un Soldat doit sçavoir le port des armes & la discipline militaire : un Voyageur doit sçavoir la route du pays où il va : un Chrétien doit de même sçavoir tout ce qui appartient à la Religion, les Dogmes qu'il faut croire, les regles de la Morale, les Mysteres, les Loix divines & ecclésiastiques, les Sacremens ; & dans toutes ces choses, il en doit connoître l'esprit : l'esprit de la Religion, l'esprit des Mysteres, l'esprit des Préceptes. A toutes ces connoissances il doit joindre celle des devoirs de

son

ſon état, de ce que ſa vocation demande de lui. Tout cela eſt long & n'eſt pas l'affaire d'un jour. Quelques Catéchiſmes auxquels on aura aſſiſté dans ſon enfance, ne font pas l'ouvrage.

Mais ne ſuffiroit-il pas de ſçavoir l'eſſentiel, de n'en être pas entierement ignorant ? Ce n'eſt pas ainſi qu'on raiſonne dans les différentes profeſſions de la vie. Quiconque veut faire fortune dans la ſienne, ne croit jamais en ſçavoir aſſez : à plus forte raiſon doit-on ſe rendre parfait dans la ſcience du ſalut. Si par défaut de lumiere on manque à quelque point, ſi on vient à pécher par ignorance de la Loi, cette ignorance n'excuſe pas devant Dieu. Nous avons vû ailleurs que les péchés d'ignorance de la Loi divine ſont imputés, parce qu'on auroit dû ſçavoir, & qu'on eſt déja coupable de ne s'être pas inſtruit. D'ailleurs, le peu d'ardeur qu'on a à s'inſtruire, montre ſenſiblement le peu de cas que l'on fait de vérités qu'on veut bien ignorer. « Si je vous entre-
» tenois, dit ſaint Auguſtin , de quelque
» fonds de terre & de la maniere de le faire
» valoir, perſonne n'y trouveroit à redire ;
» tant il eſt vrai que les choſes du monde
» ſont précieuſes aux hommes , & que la
» ſanctification de leur ame leur tient peu au
» cœur : *uſque adeò carus eſt hic mundus , &*   *Ep.* 43.
ſibi ipſis viluerunt.

Ce ſeroit encore une mauvaiſe excuſe pour ſe diſpenſer de mettre au nombre de ſes exercices journaliers les bonnes lectures ou quelqu'autre maniere de s'inſtruire, que de dire qu'on a fait tout cela par le paſſé, qu'on a étudié autrefois ſa Religion. Cela pourroit suffire si on n'avoit rien oublié, si on avoit toujours présent à l'esprit ce qu'on sçait. Mais il n'en est pas ainsi. L'Apôtre saint Pierre pensoit autrement. Après une premiere lettre écrite aux nouveaux Chrétiens qu'il avoit instruits, il leur en écrit une seconde; & voici la raison qu'il en donne : « Je m'ap- » pliquerai toujours à vous faire ressouve- » nir des vérités que je vous ai enseignées, » quoique je vous en suppose bien instruits, » & même bien affermis dans la connoissance » que vous en avez. J'estime qu'il est juste, » tant que je serai sur la terre, de vous ra- » fraichir la mémoire de ces choses; & je » ferai ensorte, que même après ma » mort vous ne les oubliyez point ». Si nous n'entendions jamais rien de contraire aux maximes de l'Evangile, si nous en en- tendions parler fréquemment dans le com- merce des hommes, si nos passions ne nous rendoient pas distraits sur ce qui pourroit les réprimer ; nous pourrions ne pas crain- dre l'oubli. Mais nous avons, & au-dedans & au dehors, des Prédicateurs journaliers qui prêchent une doctrine opposée à celle que nous avons apprise. Le Démon nous prêche continuellement par nos mauvais penchans qui nous portent à suivre des voies détour- nées, par les hommes charnels qui canoni- sent ce que l'Evangile condamne. S'ils ne le font pas par la parole, ils le font par l'e- xemple, qui est une instruction plus efficace que celle de la parole. Nous sommes donc exposés à oublier ou à n'avoir pas tou- jours présentes à l'esprit ces connoissances necessaires pour pratiquer tout bien & pour éviter tout mal. Nous connoissons les enga-

gemens de notre Baptême : mais y penſons-
nous toujours ? Nous ſçavons ce que dit
Jéſus-Chriſt de la mortification, de la vie
pénitente , de l'obligation de renoncer à
tout, de porter notre croix tous les jours
de notre vie : n'avons-nous pas oublié cet
Evangile de la voie étroite, ou n'en ſommes-
nous pas tellement diſtraits que c'eſt comme
ſi nous l'avions oublié ? Nous ſçavons qu'il
ne faut pas ſe régler ſur la multitude , ni ſuivre le torrent de la coûtume par rapport au
luxe, à la vengeance, à l'uſure : cependant
l'habitude que nous avons de ſuivre le train
commun en beaucoup de choſes, n'affoiblit-
il pas dans notre eſprit l'idée du mal qu'il y
a dans ces mauvais uſages ?

Une autre raiſon de l'importance qu'il y a
de cultiver ce qu'on a d'inſtruction dans les
choſes qui concernent la piété , c'eſt qu'il ne
ſuffit pas de ſçavoir dans la ſpéculation : ce
ſera une ſcience ſtérile , une foi morte, ſi le
cœur n'eſt pas touché. Si l'amour des vérités
ne vient pas nous animer, les lumieres que
nous avons ſeront comme un ſoleil d'hyver
qui luit, & tout néanmoins reſte glacé. Or,
les bonnes lectures , les Sermons & toute
autre eſpèce d'inſtruction , en nous ramenant
ſouvent aux mêmes vérités , leur donnent
lieu de faire impreſſion ſur nous. « C'eſt,
» dit l'Ecriture ſainte, comme un feu qui
» échauffe, lorſqu'on s'en rapproche : c'eſt
» un marteau qui briſe la dureté des pierres,
quaſi ignis, & quaſi malleus conterens petram. Jerem. 23.
C'eſt un miroir, dit ſaint Jacques, où il ne   Jac. 2.
faut pas ſe contenter de ſe regarder en paſ-
ſant, mais y revenir ſouvent pour être averti
des taches qu'on a ſur le viſage. La pa-

role de Dieu , la vérité eſt le pain de l'ame :
comme le pain qui nourrit le corps eſt un
aliment journalier, que celui qu'on a mangé
hier ne ſuſſit pas pour aujourd'hui, & que ſi
on pouſſoit l'abſtinence trop loin, on périroit à la fin ; il en eſt de même du pain ſpirituel, il en faut faire un uſage quotidien,
pour reprendre ſans ceſſe des forces par la
méditation des vérités ſalutaires, & pour
ranimer dans l'ame les ſentimens de piété
qui s'y ralentiſſent d'un jour à l'autre.

V.

Dans le choix qu'on fera des livres pour
faire ſes lectures , on donnera la préférence à ceux qui ſont les plus ſolides, ſur
ceux où il y auroit plus de brillant & moins
d'utile. Il n'eſt ni néceſſaire ni avantageux de
chercher toujours du nouveau. On peut s'inftruire & s'animer au bien ſans lire tous les
bons livres qui paroiſſent ; & la curioſité qui
les fait rechercher , n'eſt pas un bon préparatif dans l'ame pour tirer profit de la
lecture. On n'en rapportera que la ſatis-
faction d'un eſprit curieux & la pâture
de la vanité. Un petit nombre d'ouvrages
compoſés dans l'eſprit de la religion , ſuffit
pour les lectures journalieres. Comme on
ne retient pas à beaucoup près tout ce qu'on
lit, on ne peut faire rien de mieux que de
recommencer la lecture des mêmes livres,
afin que par ces répétitions les bonnes
choſes qu'on y trouve s'incorporent avec
l'ame , & paſſent dans ſa ſubſtance.

Pour l'inſtruction qu'on ſe procure par les
Sermons , elle n'eſt point à négliger. Il y en a,

même une espece qui est d'obligation, suivant l'esprit de l'Eglise. Ce sont ceux qui se font les Dimanches à la Messe de Paroisse. Dès les premiers siècles, telle a été la discipline générale, que chaque Dimanche étoit un jour d'assemblée : tout le peuple fidèle réuni à son Pasteur célébroit la Liturgie : on offroit solemnellement le sacrifice, & le Président faisoit un discours d'édification à l'assemblée. C'est ce qui s'appelle aujourd'hui le Prône : & l'intention de l'Eglise a toujours été que chaque Fidèle y assistât autant qu'il lui étoit possible. Nous sommes tous dans l'Eglise ce que sont les enfans dans une famille. De même que dans les familles rangées, il y a pere, mere, précepteur pour les enfans, il y a aussi dans la grande famille chrétienne, un pere qui est Dieu, une mere qui est l'Eglise, & des Précepteurs qui sont les Pasteurs en titre, chargés de droit divin de l'instruction & de la conduite de tous les enfans de Jésus-Christ. Ils en sont même en un sens les Peres, tenant la place de J. C. qui n'est pas présent sur la terre d'une maniere sensible, & parlant en son nom & par son autorité. On ne peut pas douter qu'il n'y ait une bénédiction attachée à cette école d'institution divine, où président ceux qui ont une mission spéciale pour enseigner, & que tous les freres ainsi rassemblés dans la maison de Dieu, ne reçoivent le parfum des graces qui coulent de la tête du Pontife qui est Jésus-Christ, représenté par son Ministre, & qui se répandent sur tout ce qui tient à sa personne & qui lui est uni : *Sicut unguentum in capite Aaron, quod descendit in oram vestimenti ejus : quoniam illic mandavit Dominus benedictionem.*   Ps. 132

L iij

Quant à ce qui regarde les autres fermons, on peut choifir ceux qui paroiffent plus utiles, foit pour porter dans l'efprit l'intelligence des vérités, foit pour faire naître dans l'ame des fentimens de piété : & comme on ne doit point s'y porter par d'autres motifs, on ne doit point non plus y chercher autre chofe. Avec cette fimplicité d'intention, on évitera deux défauts, l'un de ne jamais affifter aux Prédications, parce qu'on n'en trouve pas à fon goût ; l'autre, d'y affifter fans fruit, parce qu'on iroit y chercher une fatisfaction purement humaine. C'eft une bonne pratique, après le fermon, de réfléchir fur ce qu'on a entendu : à l'exemple de la fainte Vierge, qui repaffoit en elle-même ce qu'elle entendoit & ce qu'elle voyoit à la naiffance de Jéfus-Chrift.

VI.

Lecture de l'Ecriture Sainte.

On peut appliquer tout ce que nous venons de dire fur les bonnes lectures en général, à la lecture en particulier de l'Ecriture fainte ; mais celle-ci mérite quelques réflexions particulieres. La premiere qui fe préfente, eft qu'elle a la préférence fur toutes les autres. La dignité du livre le releve au-deffus des autres, autant que Dieu qui parle eft au-deffus d'un homme mortel qui inftruit. Tout ce qu'il y a de vrai & de bon dans les livres de piété compofés par des ferviteurs de Dieu, vient bien de Dieu comme auteur de toute vérité & de tout bien : cependant l'Ecriture fainte eft fpécialement la parole de Dieu, parce que non-feulement ce qui y eft écrit eft véritable & émané de la fuprême vérité, mais que c'eft

Dieu lui-même qui a dicté immédiatement aux Ecrivains sacrés & les choses & les expressions : *Spiritu sancto inspirati locuti sunt.* Ensorte que, quelque bon que soit l'ouvrage d'un homme de bien, il n'est pas impossible qu'il s'y rencontre quelque chose de défectueux, ou même quelque erreur ; au lieu que dans l'Ecriture sainte, nous sommes assurés que tout y est vrai & sans aucune tache d'erreur la plus légere : tout y est pur, comme l'or & l'argent qui sortent du creuset : *eloquium Domini purgatum septuplum.*

    Pourquoi donc n'écouterions-nous pas tous les jours Dieu qui daigne nous parler ? Pourquoi négligerions-nous une lecture aussi noble & aussi respectable ? Pourquoi ne croirons-nous pas le grand saint Chrysostome, » qui ordonnoit aux Laïcs, aux simples Fidè- » les de faire l'acquisition d'une Bible, ou du moins du nouveau Testament : » *audite, sæculares omnes, comparate vobis Biblia, aut saltem novum Testamentum :* & qui n'hésite point à rejetter sur un artifice du démon les prétextes qu'on allegue pour se dispenser de lire l'Ecriture sainte : *de Diabolica meditatione promuntur.* « N'entendez-vous pas, » ajoute ce Pere, l'Apôtre S. Paul qui crie : » tout ce qui est écrit dans l'Ecriture sainte » est écrit pour notre instruction ? » Instruction plus lumineuse que toute autre ; puisque c'est la Lettre originale du Pere céleste qui écrit à ses enfans ; la lampe divine qui éclaire les pas des voyageurs ici-bas ; un volume précieux descendu du Ciel, qu'il est ordonné de dévorer ; une manne cachée, dont la bonté n'est connue que de celui qui la mange ; un trésor où est renfermé l'esprit de

2. Pet. 1.

Ps. ...

Hom. ... in Ep. ad Colog.

Hom. 2. in Matth.

L iv

Dieu même ; un magasin où sont contenues toutes les richesses de la sagesse & de la science divine ; des archives sacrées où sont déposés tous les titres de notre noblesse, toutes les conditions de l'alliance que Dieu a faite avec nous, toute la généalogie de nos vertueux ancêtres, toute l'histoire des bienfaits dont il les a comblés, tout le détail des biens ineffables que nous attendons.

Ce n'est pas seulement à titre d'instruction, que les livres saints ne devroient jamais sortir des mains des Chrétiens, comme parle saint Jérôme ; le cœur y est intéressé à cause de l'onction qui y est attachée. » Tout ce » qui est écrit, dit saint Paul, est écrit afin » que par la consolation des Ecritures divi- » nes, nous ayons une espérance vive & » animée. » C'est-à-dire, qu'il est donné à la parole de Dieu de toucher les cœurs, de les enflammer, de les consoler. Deux ou trois versets d'une Epître de cet Apôtre ont touché Augustin, & ont fait en lui ce que les autres moyens de salut qui avoient précédé n'avoient pas fait. L'Officier de la Reine d'Ethiopie est converti à la foi par la lecture du Prophète Isaïe, expliqué par le saint Diacre Philippe. David ne trouvoit de consolation dans ses peines & dans les épreuves de sa vie toujours traversée, que dans la méditation continuelle de la parole de Dieu : *cantabiles mihi erant justificationes tuæ in loco peregrinationis meæ.* Saint Augustin au lit de la mort, pour soutenir sa confiance dans ce moment critique, se fit attacher aux rideaux de son lit les Pseaumes de la Pénitence, pour les lire & les réciter jusqu'au dernier soupir.

La maniere chrétienne de faire cette lec-

Rom. 15.

Act. 8.

Ps. 118.

ture, est de la faire avec une humble simplicité, de n'y chercher que l'édification,
d'adorer ce qu'on n'entend pas, de réfléchir
sur ce qu'on entend, de lire dans un esprit
de priere, n'attendant que de Dieu la lumiere
qu'on y cherche & l'onction qu'on souhaite
y puiser. Une autre condition pour lire utilement l'Ecriture sainte, c'est de la lire avec
regle, assiduement. Saint Augustin donne
à cette lecture tous les différens temps de la
journée qu'il avoit de libres, après ses occupations du dedans & du dehors : *nolo in
aliud horæ diffluant, quas habeo liberas.* Il
convient aussi de la lire d'une maniere suivie,
soit qu'on la lise entiere, soit qu'on n'en lise
que les parties auxquelles on nous conseillera
de nous borner ; & de ne pas nous écarter à
droite & à gauche, lisant tantôt un endroit,
tantôt un autre. Tout bon Fidèle sçait bien,
sans qu'on l'en avertisse, qu'il faut se tenir
dans la dépendance de l'Eglise notre mere,
pour l'intelligence des livres saints, & ne jamais l'entendre dans des sens contraires à
ceux qui sont avoués & autorisés par l'Eglise.

CHAPITRE XVII.

Suite des moyens. Suite de la vigilance. Regle de vie dans la journée.

I.

UNE vie reglée & uniforme, dans laquelle les différens exercices que nous
venons de proposer, prieres, occupations,
lectures seront distribués avec un certain

ordre, contribuera beaucoup à l'avancement spirituel. En partageant la journée entre tous ces exercices, & les faisant régulierement chacun à son heure, autant que l'état de vie le comporte, on en retirera de grands avantages que nous allons exposer. Mais nous commencerons par quelques réflexions sur la beauté de l'ordre en général, qui annoblit & rend recommandable l'ordre particulier qui se trouve dans une regle de la journée bien suivie.

L. 19. de civ. c. 13. Qu'est-ce que l'ordre ? C'est, dit saint Augustin, « l'arrangement & la disposition » des choses, semblables & disparates, en- » sorte que chacune est placée en son lieu : *ordo est parium dispariumque rerum, sui cuique loca tribuens, dispositio.* Cet arrangement fait avec gout produit ce qu'on appelle la symmétrie, qui plaît si fort dans les corps, & qui procure aux yeux le même plaisir que l'harmonie & l'accord des voix fait aux oreilles. Des exemples feront sentir ce qui en est. L'ordre, c'est une ville bien policée, où chacun s'occupe dans sa condition ; où les loix reglent les devoirs des grands & des petits, &c. L'ordre, c'est une maison bâtie de belles pierres bien taillées, percée de fenêtres de pareille hauteur à égale distance les unes des autres, dont le frontispice & toute la façade est chargée d'ornemens d'architecture de bon goût, &c. L'ordre, c'est une Communauté de Religieux bien réguliers, où le matin, le soir, la nuit, le jour toutes choses se font à des heures marquées, &c. L'ordre, c'est encore un concert de musique, où la simphonie des instrumens est habilement mariée avec l'harmonie des voix,

le tout réglé par une mesure commune &
ponctuellement suivie.

Qu'on ôte maintenant de toutes ces choses l'ordre qui y regne ; que sera-ce que
cette Ville, cette Maison, cette Communauté, cette Musique ? Qu'y restera-t-il de
beau ? Chaque membre de cette Cité peut
avoir son mérite ; mais si tout est dans le désordre, quel spectacle disgracieux une telle
confusion ne produira-t-elle point ? De belles
pierres bien travaillées, des meubles riches
en grand nombre & de toute espece, tout
cela séparément a sa beauté : mais si ces
pierres & ces meubles sont épars çà & là ,
ou mêlés pêle mêle , s'arrêtera-t-on pour admirer un tel cahos ? Chacun des Religieux
qui composent une Communauté , est quelque chose d'estimable ; ce sont des hommes
raisonnables , qui peuvent avoir de bonnes
qualités personnelles : mais si tous ces particuliers rassemblés sous un même toit , vivent
à leur volonté , un étranger qui verra une
Communauté si mal ordonnée , sera-t-il bien
content de ce qu'il voit ? Tous ces instrumens & ces voix ont chacun en leur genre
de quoi plaire : mais s'il n'y a pas un Musi-
cien qui préside à la marche , si tous chantent
à la fois sans s'accorder , il en résultera une
cacophonie insupportable aux oreilles. Tant
il est vrai que c'est l'ordre qui fait la beauté
des choses, & que l'ordre retranché, les plus
belles n'ont plus que de la difformité.

II.

Pour mieux sentir le prix de l'ordre , à ces
premiers exemples joignons en d'autres beaucoup plus nobles. La Divinité même nous

L vj

apprendra la beauté de l'ordre. Tout est réglé en Dieu : il n'y a ni hazard ni destin. Les raisons d'une souveraine sagesse vivent dans l'être suprême, & disposent tout au dehors avec poids, nombre & mesure, disent les livres saints : Dieu n'a rien fait sans cause & conduit tout avec une providence admirable. Jésus - Christ, notre adorable maître, nous montre en sa personne l'image la plus ravissante de l'ordre. Toutes les parties de sa vie, toutes ses démarches étoient réglées par son Pere, écrites & arrêtées dans le livre des décrets éternels ; c'est lui-même qui le déclare, & c'est de saint Paul que nous le tenons : » En entrant dans le monde, dit-il, » Jésus-Christ a dit, je viens, mon Pere, » me présenter à vous dans le corps que » vous m'avez donné pour accomplir toutes » vos volontés, & pour exécuter tout ce qui » est écrit sur moi dans votre livre : » *in capite libri scriptum est.* Aussi voyons-nous que dans chacune de ses actions il attendoit l'heure & le moment marqué pour la faire. » Mon » heure, dit-il en un endroit, n'est pas encore venue ; mon temps, dit-il ailleurs, » n'est pas prêt. L'heure approche, dit-il » une autre fois, l'heure est venue. » Enfin, tout ce vaste univers est comme le Prédicateur muet de la beauté de l'ordre. Car, qu'est-ce qui fait la charmante beauté du monde ? si ce n'est cette belle ordonnance de toutes ses parties, cet assortiment si bien entendu des unes auprès des autres. « Chaque » chose, dit le Sage, a son contraire, l'une » est opposée à l'autre, l'une ne passe pas » l'autre. » Qu'est-ce encore qui fait la beauté du monde ? si ce n'est la suite uniforme &

Hebr. 10.

Eccli. 33.

Eccli. 16.

parfaitement réguliere de toutes les révolutions de ces corps de lumiere qui éclairent la terre, ce cours réglé & perſévérant du Soleil, ces diverſes apparitions de la Lune qui ſe répétent ſans ceſſe & à point nommé, les marches conſtantes & uniformes de ce camp militaire placé dans le firmament, ces différentes ſaiſons qui ſe ſuccedent avec une ſi belle ordonnance, & qui font tour à tour fructifier & repoſer la terre; en un mot, cette direction invariable & imperturbable « par laquelle, dit encore le Sage, tout tend » à ſa fin par un ordre ſtable.

Mais, pour qu'il ne manque rien à notre démonſtation, ajoutons-y la comparaiſon de l'ordre avec ſon contraire. Il eſt ſi vrai que c'eſt l'ordre qui fait la beauté des choſes, que celles qui ſont difformes ne le ſont que parce que l'ordre y manque. Il n'eſt rien de plus difforme que le péché, rien de plus affreux que l'état du péché, rien de plus horrible que les peines dont Dieu punit le péché: or, tout ce qu'il y a de difforme, d'affreux, d'horrible dans ces choſes, ne conſiſte que dans un déſordre qui s'y trouve.

III.

» On péche, dit ſaint Auguſtin, lorſqu'on » trouble & qu'on intervertit l'ordre que la » loi éternelle ordonne de conſerver & de » maintenir : » *iniquus eſt, cùm perturbat ordinem, quem lex æterna conſervari jubet.* La loi éternelle a établi cet ordre, que la créature raiſonnable ſoit ſoumiſe à Dieu, qu'elle ne ſe rende pas eſclave des créatures qui lui ſont inférieures, en s'y attachant par l'amour ; que devant tout à Dieu, ſon eſprit, ſon

Suite.
L. 22. c,
faust. c. 26.

cœur, ſes facultés, ſon corps, ſes ſens ;
elle lui conſacre ſes penſées, ſes volontés,
ſes ſentimens, ſes mouvemens, ſes actions.
Voilà l'ordre. Que fait le Pécheur ? Il renverſe
cet ordre, & c'eſt en quoi conſiſte la malice
de ſon péché. Enſorte que dès que par un
ſincere retour à Dieu, il rétablira cet ordre,
il ceſſera d'être pécheur, & deviendra vertueux. Car la vertu, dit encore ſaint Auguſtin, n'eſt autre choſe, en deux mots, que
l'ordre de l'amour ; *definitio vera & brevis vir-*
tutis eſt ordo amoris : aimer ce qu'il faut aimer,
l'aimer comme il faut l'aimer, l'aimer autant
qu'il faut l'aimer, aimer Dieu ſeul pour lui-
même, l'aimer préférablement à tout ; aimer ſon prochain comme ſoi-même, n'aimer
point les créatures pour elles - mêmes ; en
faire ſeulement uſage pour le beſoin. Faiſons l'application de ces réflexions. Pourquoi Caïn a-t-il péché en tuant ſon frere
Abel ? C'eſt qu'il a agi contre l'ordre, il a
déſobéï à Dieu qui défend l'homicide, il n'a
pas aimé ſon prochain comme lui-même.
Pourquoi Abraham n'auroit-il pas péché en
immolant ſon fils Iſaac ? C'eſt qu'il auroit été
dans l'ordre ; il auroit obéï à Dieu qui le lui
commandoit, il auroit aimé Dieu plus que
la vie corporelle de ſon fils, cet amour eût
été plus fort que ſa tendreſſe paternelle. La
même action devient donc quelquefois ver-
tueuſe & criminelle ſuivant qu'elle eſt ou n'eſt
pas dans l'ordre.

Il en eſt de même de ce qui rend l'état du
péché ſi affreux aux yeux de la foi. La tache
du péché qui défigure l'ame & qui la rend
l'objet de la haine de Dieu, la concupiſcence
qui la domine, les paſſions qui la tyranni-

L. 15. de Civ.
c. 22.

fent, tout cela n'eſt qu'un défaut de l'ordre : c'eſt la révolte de l'ame contre Dieu qui demeure & perſévére après le péché commis ; & en punition de cette révolte, celle de la chair contre l'eſprit : la chair a pris l'empire ſur l'eſprit, comme l'eſprit s'eſt élevé contre Dieu. C'eſt ce qui ne ſe trouvoit pas dans l'état d'innocence où l'ame étoit ſous l'empire & la direction de Dieu ; & la chair étoit dominée par la raiſon, ſoumiſe à l'ame. Enfin, la peine éternelle du péché, qu'eſt-ce autre choſe qu'un déſordre ? Déſordre, non pas du côté de Dieu qui punit : le réprouvé qui a voulu ſortir de l'ordre par ſon péché , y rentre par le ſupplice que lui inflige la Juſtice divine. Mais l'état du réprouvé & ſon ſupplice conſiſte dans un horrible déſordre ; une créature raiſonnable, éternellement ennemie de ſon Créateur, & le haïſſant d'une haine irréconciliable, livrée en conſéquence à des miſeres & à des tourmens pour leſquels elle n'étoit pas créée, foulée aux pieds des Anges de ténébres, à qui elle devroit elle-même commander ; voilà l'Enfer. Et s'il étoit poſſible que tout fût réuni dans l'ordre, qu'un damné aimât Dieu, que Dieu aimé de ſa créature & aimant ſa créature, la retirât des tourmens qu'elle endure & de la puiſſance du démon , l'Enfer deviendroit un Paradis. Le démon lui-même deviendroit un ſaint Ange, s'il pouvoit rentrer dans l'ordre.

Job. 10.

IV.

Il n'étoit point inutile de montrer dans toute ſon étendue l'excellence de l'ordre, pour en faire concevoir de l'eſtime par-tout où il ſe trouvera. Si le lecteur prend la ré-

Regle de la journée.

cédente differtation pour une digreffion trop
longue, j'efpere qu'il me la pardonnera pour
ce qu'elle renferme, qui n'eft pas tout-à-fait à
méprifer. Faifons maintenant l'application à
une journée bien réglée. Se lever & fe cou-
cher réglément à une certaine heure; prier, lire
dans des tems marqués ; vaquer la plus grande
partie de la journée aux occupations conformes à fon état; prendre fa réfection aux heures
convenables ; donner à fon efprit & à fon
corps une mefure réglée de délaffement ;
faire pendant toute l'année la même chofe
en vue de Dieu qui eft l'ordre fuprême ; ne
fe déranger de cette fuite uniforme d'exercices que quand un ordre fupérieur l'emporte , & que la Providence qui eft la regle des
regles demande autre chofe ; qui doute qu'il
n'y ait en cela une grande beauté ? Quelle
difformité au contraire ne faute pas aux yeux,
à l'afpect d'une vie où tout fe fait par caprice , par humeur , fans ordre, fans méthode ;
où l'homme ne fait rien par raifon , & devient le jouet du hafard ou plutôt de fa propre inconftance & de fa légéreté : livré à un
travail qui lui plaît deux jours de fuite,
fans fe repofer, fans prendre le temps de
manger, laiffant-là fes prieres : deux autres
jours occupé à rien, defœuvré , répandu en
promenades , en vifites inutiles , en converfations qui ne finiffent point ; n'eft-il pas vrai
qu'un tel homme fait pitié à quelqu'un qui
eft témoin de fa conduite ?

Rentrons dans notre objet principal, qui
eft l'homme jufte, & les moyens par lefquels
il pourra fe conferver dans la juftice. La vie
réglée dont nous parlons eft du nombre, &
l'un des plus falutaires. Elle fanctifie toutes

les actions du Chrétien, en leur donnant à
toutes un motif chrétien, & en excluant les
motifs humains qui les corromproient. Lorfqu'on fait tout dans la journée, parce que
l'ordre le prefcrit, parce que c'eft la volonté
de Dieu, que la raifon le dicte, que c'eft le
mieux; on n'agit plus par vanité, par com-
plaifance en foi-même, par refpect humain,
pour plaire aux hommes, par amour-propre,
par habitude & par coutume. C'eft le propre de l'obéiffance, de donner du prix aux
chofes les plus indifférentes, par l'impreffion
des vertus qu'elle fait pratiquer, humilité,
renoncement à fa propre volonté, abnégation de foi-même, facrifice de fes vues &
de fes fentimens particuliers, privation de
mille chofes qui feroient plaifir. La vie réglée fait pratiquer le grand précepte de l'a-
mour de Dieu, la préfence de Dieu, la priere
continuelle, le rapport des actions à Dieu.
Lorfque nous avons traité ce grand devoir,
dans l'explication du premier Commandement du Décalogue, nous avons rapporté
ce beau mot de faint Auguftin: « Qui dit
» tout, n'excepte rien, ainfi il n'y a pas
» une feule portion de notre vie qui doive
» être vuide de l'amour de Dieu, & qui ne
» doive être rapportée à fa gloire, *nullam
vitæ partem reliquit quæ vacare debeat, ut aliâ
re velit frui.* Un rapport de chaque inftant eft
au-deffus des forces de l'homme en cette vie.
Comment donc y fuppléer? Ce fera par le
rapport virtuel que la vie réglée rendra facile à pratiquer. Car dans la vie réglée fe
trouve la réfolution prife une fois de ne rien
faire que pour obéir à Dieu, & non pour
fuivre fa fantaifie: il s'y trouve encore une

attention qui revient de tems en tems à faire telle & telle chose, parce que l'ordre le demande, & qu'on pense qu'en s'y conformant on plaira à Dieu qui est l'ordre suprême. Avec ces deux choses chaque instant de la vie est dans l'amour de Dieu, & rapporté à Dieu : *Nullam vitæ partem quæ vacare debeat.*

Que si le juste ne l'a pas toujours été, & qu'il ait de grands péchés à expier, la fidélité a une regle journaliere qui le gêne, lui fera pratiquer le précepte de la pénitence à chaque instant, par la mortification qu'il y éprouvera en captivant sans cesse son humeur & ses fantaisies. Il n'aura qu'à en faire l'offrande à Dieu, & il sera un grand pénitent. La vie réglée d'ailleurs corrige, affoiblit, réforme les passions. En s'accoutumant à ne point faire sa volonté dans le cours de ses occupations, on acquiert la facilité de ne la point faire dans les choses défendues auxquelles le penchant de la nature corrompue porte l'ame. La victoire remportée sur les petites humeurs conduit à la victoire sur les grandes cupidités. Le jeune David en combattant des bêtes, s'étoit aguerri pour combattre des géans. Enfin la vie réglée produit la douceur de la vie, par la satisfaction qui en résulte dans l'ame. Qu'on se couche tranquillement, disoit Seneque, que le sommeil qu'on prend est paisible, lorsque se rendant compte à soi-même de sa journée on voit que tout a été dans l'ordre, & que la raison a présidé à tout ! *Quàm suavis sequitur somnus !* Nul contentement, nul plaisir n'est comparable, dit le Saint-Esprit, à la paix d'une bonne conscience : *Secura mens quasi juge convivium.* Or qu'est-ce qui pourroit trou-

bler cette paix, quand on n'a rien à se re-
procher qui soit mal fait ? Mais ce qui l'emporte sur tous les autres contentemens qu'on
peut imaginer, c'est que dans l'affligeante obscurité où vit le juste sur son état, ne sçachant
pas s'il est digne d'amour ou de haine, un
des signes les moins équivoques qu'il est dans
l'état de grace, est l'uniformité de la bonne
vie. L'uniformité est la pierre de touche de
la vraie vertu ; parce qu'une vertu qui ne seroit pas solidement établie sur l'amour de
Dieu & qui ne le seroit que sur des motifs
humains, ne se soutiendroit pas longtems ;
tout ce qui est humain étant sujet à l'incons-
tance. Or une vie uniforme, qui ne se dé-
ment en rien, & qui d'ailleurs est remplie
d'actions vertueuses, emporte avec soi l'uniformité de la vertu.

CHAPITRE XVIII.

Moyens extérieurs de conserver la justice.
Les Sacremens.

I.

ON appelle dans la religion moyens ex-   Les moyens
térieurs de salut, certains secours que   extérieurs.
nous ne trouvons pas en nous, & qui nous
viennent du dehors : Les Sacremens, les
bons Ministres, les sages Directeurs, des
amis de bon conseil. Il n'en est pas de ceux-ci
comme des moyens intérieurs, tels que la
priere & la vigilance, & qui sont d'une telle
nécessité, qu'ils ne peuvent jamais être suppléés : au lieu que ceux dont nous parlons

maintenant, le peuvent être, & que dans les cas d'impossibilité on peut se sanctifier sans eux. Il est donc à propos de sçavoir quelle conduite il faut tenir à leur égard. Tout se réduit à ceci : les estimer pour leur excellence & leur grande importance, n'y pas mettre entierement sa confiance : en deux mots, ne leur rien ôter de leur prix, n'y en pas mettre plus qu'ils n'en ont. La raison est que ce sont des moyens, mais ils ne sont pas la fin. Ce sont des moyens de sanctification, la fin est la sanctification elle-même. Tout moyen extérieur doit être employé quand on le peut ; mais la fin est d'une absolue né-cessité.

Pourquoi Dieu a-t-il établi ces secours extérieurs ? Il pouvoit bien opérer en nous immédiatement par sa grace ce qu'il opere moyennant ces aides du dehors. Dieu l'a fait pour des raisons dignes de sa sagesse, & qu'il ne nous est pas défendu de pénétrer. Il a voulu cacher sa conduite sous ces voiles extérieurs, pour exercer notre foi, & nous faire admirer les ressorts de sa Providence dans les œuvres de sa grace, comme dans les ouvrages de la nature. Il exerce notre foi, parce que nous ne voyons pas sa main, qui est néanmoins le véritable agent ; & dans cette obscurité, notre foi a le mérite de croi-re, sans le voir, que c'est lui qui fait tout. Il fournit matiere à une religieuse admiration en ce que nous voyons sortir des choses les plus impuissantes de merveilleux effets. Dieu s'est encore proposé une autre fin dans cette économie qu'il suit. C'a été d'humilier l'hom-me, qui s'étant perdu par l'orgueil, ne sera sauvé que par la dépendance de choses qui

ront rien de grand & de relevé : de l'eau,
du pain, quelques paroles, des hommes
semblables à nous, & ainsi du reste. Enfin
cette conduite de Dieu est un trait de sa
bonté envers les hommes, à qui il donne
dans quelques-uns de ces moyens extérieurs,
des gages & des assurances de salut, tels
que sont les Sacremens. Comme il y a attaché sa grace, il en résulte que, lorsque nous
les avons reçus dans de bonnes dispositions,
nous avons des signes sensibles de notre sanctification.

Pour entrer dans les vues de Dieu & respecter sa conduite, nous devons donc estimer singulierement ces moyens visibles auxquels sont attachés de si grands avantages. Le
juste surtout qui, dans le cours ordinaire de
la grace, ne peut se soutenir dans l'état de
la justice qu'en faisant usage de ces secours,
doit en faire grand cas ; & il témoignera l'estime qu'il a pour eux, 1°. en remerciant
Dieu de les lui avoir fournis, en regardant
comme un grand bonheur de les avoir en
abondance, en les traitant avec respect, vénération, religion : 2°. en faisant usage de
ces moyens autant qu'il le pourra, suivant la
nature de chacun d'eux, & le degré d'utilité
qui s'y trouve, dans les uns plus, dans les
autres moins. Car dans les Sacremens, par
exemple, il y en a qui sont établis pour être
reçus fréquemment, & il en est d'autres qui
ne sont pas des secours journaliers : il y a
même telles personnes à qui ils feront salutaires dans un tems & dans certaines circonstances, & à qui ils ne seroient point utiles dans un autre tems & dans d'autres conjonctures. Mais en général, lorsque ces secours

sont de saison, il ne faut pas s'en passer, il en faut user. Autrement ce seroit tenter Dieu ; ce seroit demander des miracles, en s'éloignant de la voye commune, & prétendant arriver à la fin sans passer par les moyens : *Impertransito medio.* 3°. On doit prendre garde de ne pas se rendre indigne d'user de ces moyens. Car puisqu'ils sont la voye ordinaire des graces, c'est un grand malheur d'en être privé : il faut par conséquent ne pas mériter par notre faute la soustraction de ces secours. C'est ce qui arriva aux Juifs en figure, lorsqu'ils furent emmenés en captivité, pour les punir de leurs prévarications. Ils n'avoient plus à Babylone ni Temple, ni Arche, ni Sacrifices. C'est aussi ce qui arrive dans l'Eglise, lorsque les iniquités des Chrétiens forcent le Seigneur à enlever les bons Ministres, les instructions solides, les exemples édifians, une administration salutaire des Sacremens.

II.

N'y pas mettre toute sa confiance.

Voilà le premier devoir du juste par rapport aux moyens extérieurs de salut. Le second est de n'y pas mettre entierement sa confiance, & de ne leur pas donner plus qu'ils n'ont, pas plus qu'à des moyens qui ne sont pas la fin. C'est-à-dire, 1°. de ne se pas persuader qu'ils sauvent infailliblement par le seul usage qu'on en fait, indépendamment des dispositions qu'on y apporte, comme les Sacremens, ou de la bénédiction que Dieu y donne, comme les bons Ministres, les bons Directeurs. Notre confiance ne doit être entiere que pour les choses qui ne sont pas communes aux élus & aux réprouvés. Dès qu'un réprouvé se damne avec un moyen, quelle assurance ce moyen peut-il me donner pour mon salut, si je n'ai que cela? C'est ce qui n'est que trop vrai de ceux même des secours extérieurs qui sont les premiers en dignité, comme les Sacremens. L'Enfer est plein de malheureux qui sont morts avec les derniers Sacremens, & il y a beaucoup de saints en Paradis à qui ils ont manqué. Ne voit-on pas de même de bons Fidèles se sanctifier avec de mauvais pasteurs, sans instructions solides de vive voix; & de grands peuples vivre dans le désordre avec de bons ministres & des instructions excellentes? Ceux même qui profitent en quelque chose de ces secours, pourquoi n'en tirent-ils pas plus de profit, s'il est vrai que l'effet en soit absolument infaillible? L'Eucharistie est un Sacrement comme les autres, & qui l'emporte même au-dessus des autres par son excellence. Elle opere donc, *ex opere operato*, par sa propre vertu: une seule communion pourroit-donc & devroit nous sanctifier pleinement: pourquoi cela n'arrive-t-il pas? Ainsi ce seroit s'abuser, que de compter pour le succès sur l'application toute seule des secours extérieurs du salut.

2°. On ne doit point non plus les regarder comme des moyens si nécessaires, qu'on ne puisse point se sauver & se sanctifier sans eux, lorsqu'on en est privé malgré soi. Jesus-Christ a un pouvoir d'excellence, comme parlent les Théologiens, par lequel il peut faire son œuvre sans l'intervention des établissemens qu'il a faits. Celui qui est tout puissant sçait, quand il le veut, aller à la fin sans passer par les moyens, opérer comme

caufe premiere fans employer les caufes fecondes. Ainfi, un Jufte retenu dans le lit
par une maladie de plufieurs années , & hors
d'état par conféquent de participer fréquemment au corps & au fang de Jefus-Chrift,
peut ne rien perdre par cette privation : un
bon Fidèle qui a perdu un bon directeur,
n'eft point hors de la voie du falut, parce
qu'il n'en retrouve point un pareil. Les Chrétiens qui, dans le temps des perfécutions fe
trouvoient fans Prêtres, fans Sacrifice, n'é-
toient pas fans efpérance pour leur falut. Ces
hommes, dont parle faint Auguftin, « qui
» par une fuite des troubles & des divifions
» qui s'élevent dans l'Eglife , font injuftement
» exclus de fa communion extérieure, ne
» font pas des gens défefpérés : le Pere cé-
» lefte, dit ce faint Docteur, qui voit ce qui
» fe paffe dans le fecret, les couronne dans
» le fecret : » *hos coronat in occulto Pater in
occulto videns.* Les Fidèles des premiers fie-
cles qui n'avoient pas un auffi grand nombre
de Prêtres & de Directeurs qu'on en a aujourd'hui, ne laiffoient pas de fe fanctifier.
Les Martyrs dans les prifons, qui étoient
fans confolation , fans livres, fans Prêtres,
fans Viatique, ne laiffoient pas d'aller au Ciel
quand ils mouroient. Il arrive même quelquefois qu'on en iroit mieux fans un fi fréquent ufage des fecours extérieurs. Tel qui
fe fait une habitude de la Confeffion , feroit
peut-être plus vigilant & plus appliqué à fe
réformer, s'il alloit moins fouvent à confeffe.
Un autre qui feuilleteroit moins de livres &
entendroit moins de fermons , profiteroit
mieux du peu qu'il liroit & qu'il entendroit.
A toutes ces réflexions, j'en ajoute une également

*De verâ re-
lig. n. 11.*

lement vraie : sçavoir que la disette de ces choses extérieures peut donner lieu à pratiquer certaines vertus qu'on n'a pas occasion de pratiquer quand on est dans l'abondance ; la vertu, par exemple, du détachement des consolations sensibles, la patience & la résignation dans les privations, une piété plus pure & plus désintéressée qui ne cherche uniquement qu'à plaire à Dieu.

Enfin, on doit être 3°. dans la disposition de se passer des moyens, lorsqu'ils nuiroient à la fin, & qu'on ne pourroit en faire usage qu'en offensant Dieu. Ainsi, du temps de Jesus-Christ, il eût été très-mal de se déclarer contre lui, pour se conserver le droit d'entrer dans les Synagogues. Les Juifs, du tems de Jérémie qui leur ordonnoit de la part de Dieu de se transporter à Babylone, avoient tort de s'attacher au séjour de Jérusalem, en désobéissant à Dieu. Dans des cas semblables les moyens cessent d'être moyens, puisqu'au lieu de conduire à la fin, qui est d'obéir à Dieu, ils y sont contraires. Tout ce qu'il n'est pas possible à un juste de faire sans péché, est pour lui l'équivalant de l'impossible : *quod justè non potest, non potest justus*, dit saint Augustin.

III.

Les Sacremens.

Ce que nous venons de dire en général sur les moyens extérieurs de salut, étoit nécessaire pour former nos idées sur les Sacremens en particulier : nous allons développer & étendre un peu davantage ces principes sur cette matiere particuliere. Elle le mérite

II. Partie. M

tant par fa dignité que par fon importance dans la pratique.

La dignité des Sacremens fe prend de celle de fon Inftituteur. A en juger par le dehors, ce qui les conftitue, n'a rien de grand. « Qu'eft-ce que de l'eau, dit faint » Auguftin, fi ce n'eft de l'eau ? Si la pa- » role fe joint à l'élément, cela fait le Sacre- » ment, » c'eft le Baptême ; parce que Jefus-Chrift a donné à l'eau jointe à la parole une vertu fanctifiante, lorfqu'il a dit à fes Apô-tres : « allez dans tout le monde, prêchez » aux nations & baptifez-les au nom du Pere » & du Fils & du Saint Efprit. » C'eft donc Jefus-Chrift qui a élevé ces élémens vils & communs par eux-mêmes au-deffus de ce qu'ils font, pour en faire des canaux facrés par où il fait couler fa glace dans les ames. Celui qui fait de rien toutes chofes, peut bien, de chofes de néant, en faire les inftru-mens des merveilles les plus fublimes. C'eft par la vertu & l'application actuelle de fon fang qu'il fait produire à de chétifs inftru-mens ces prodiges ; enforte que s'il eft l'inf-tituteur des Sacremens, fon fang en eft le conférateur. Ce n'eft pas tout. Il eft pré-fent par fa vertu dans la perfonne de fes Miniftres, par les mains defquels les Sacre-mens font adminiftrés. « Quand Pierre bap- » tife, dit faint Auguftin, quand Jean bap- » tife, quand Judas baptife, c'eft Jefus-Chrift » qui baptife. » Et ce faint Docteur ne le dit qu'après l'Evangile : *Hic eft qui baptizat.* C'eft donc encore Jefus-Chrift qui dans la vérité eft l'adminiftrateur perpétuel des Sa-cremens. Que ces vues font nobles & con-folantes ! Car ce ne font pas ici de belles idées qui n'auroient d'exiftence que dans une imagination vive & échauffée.

Les raifons qu'a eues Jefus-Chrift d'inftituer les Sacremens, ces fignes fenfibles de la grace qu'il verfe en nous, font de nouveaux titres qui nous les rendent encore fingulierement refpectables. Nous en avons rapporté trois, en parlant en général des moyens extérieurs de falut dont Dieu a voulu nous faire dépendre. Ce font les mêmes pour les Sacremens. Dieu a voulu cacher fon opération fous le voile des caufes fecondes, pour exercer notre foi. Il a voulu nous humilier en nous affujettiffant pour notre falut à des créatures inanimées, à de foibles élémens, à des actions paffageres, à quelques courtes paroles. Enfin il a voulu nous donner une marque de fa bonté, en nous rendant fenfible en quelque forte cette grace invifible par fa nature, & dont les Sacremens font le fymbole & le gage. Comme nous fommes prefqu'en toutes chofes dépendans des fens, Jefus-Chrift a eu égard à notre foibleffe & à notre état d'infirmité : il a daigné mettre quelque chofe fous nos yeux, pour aider notre foi fur les dons fpirituels qu'il vouloit nous communiquer. Auffi dans le ciel où cette fervitude des fens ne fubfifte plus, & où nos corps feront en quelque forte fpiritualifés, il n'y a point de Sacremens : Dieu fera immédiatement dans fes élus, verfant en eux fans ceffe les richeffes de la grace & de la gloire. C'eft ce qui a donné occafion aux Théologiens de faire une réflexion très-jufte fur la conduite différente de Dieu à l'égard des hommes confidérés dans trois états, avant Jefus-Chrift, depuis

Jefus-Chrift, & dans l'autre vie. Chez fes Juifs avant Jefus-Chrift, il y avoit des Sacremens ; mais ils n'étoient pas fignes d'une fainteté actuellement produite ; ils l'étoient feulement d'une fainteté future ; c'étoit des fignes fans réalité, des figures fans vérité. Chez les Chrétiens depuis Jefus-Chrift, les Sacremens font efficaces & produifent la fainteté : c'eft figure & vérité tout enfemble. Dans le Ciel, il n'y aura point de Sacremens ; ce fera réalité fans figne, vérité fans figure.

IV.

Suite.　Le parallèle qu'on vient de voir entre les Sacremens de la Loi ancienne chez les Juifs, & ceux de la Loi nouvelle chez les Chrétiens, mérite une attention particuliere, parce que la différence des uns & des autres releve encore beaucoup la dignité & l'excellence des nôtres. Ceux-là, dit S. Paul, étoient des fym- *Gal. 4.*　boles vuides, *egena*, des élémens impuiffans & ftériles, *infirma* : « Ils promettoient, dit *In Pf. 73.*　» S. Auguftin, le Sauveur, & ne donnoient » pas le falut : *Promittentia falvatorem, non dantia falutem.* Ceux de la Loi nouvelle donnent le falut par leur vertu : ils operent leur effet, comme on dit en Théologie, *ex opere operato*, par l'adminiftration elle-même. La Circoncifion, par exemple, n'étoit qu'un retranchement fait fur le corps par la main des hommes, fans que l'homme en devînt plus faint, *manufacta in expoliatione corporis carnis*, dit faint Paul. Le Baptême de Jean fe *Joan. 1.*　terminoit à un bain d'eau, *in aquâ*. Le Baptême de Jefus-Chrift, qui a fuccédé à l'une & à l'autre, donne le Saint-Efprit, change l'homme terreftre en un homme fpirituel, *in*

Spiritu Sancto & igne. Un autre avantage que saint Augustin nous fait remarquer comme propre à notre état, c'est que nos Sacremens ne sont pas seulement superieurs aux Sacremens Judaïques en vertu & en utilité, ils l'emportent encore en deux autres points, qui sont leur simplicité & leur petit nombre, qui en facilite l'usage : *Virtute majora, utilitate meliora, actu faciliora, numero pauciora.*

L. 19. C. faust. c. 13.

Mais le plus grand trait de noblesse & d'excellence qui rend les Sacremens d'un prix inestimable aux yeux de la foi, c'est leur effet vraiment divin, qui est la grace. Et quelle grace ? Grace de purification, de réconciliation avec Dieu, de rémission des péchés dans le Baptême & la Pénitence : *In remissionem peccatorum.* Grace de vie en Dieu, vie non passagere, mais immortelle ; vie de l'ame pour le présent, vie glorieuse du corps à la fin du monde, comme dans l'Eucharistie : *Habet vitam æternam, resuscitabo eum in novissimo die.* Grace d'habitation du Saint-Esprit, comme dans la Confirmation & l'Ordre : *Accipiebant Spiritum sanctum... Accipite Spiritum sanctum.* Toutes ces graces sont peintes & représentées dans les cérémonies de l'administration des Sacremens. La destruction du péché dans le Baptême est figurée par l'immersion dans l'eau, à laquelle a succédé l'infusion : La descente & l'habitation du Saint-Esprit dans la Confirmation & dans l'Ordre, par l'imposition des mains : La vie de l'ame dans l'Eucharistie par l'apparence du pain & du vin, qui sont les alimens qui entretiennent la vie du corps. Et comme ces cérémonies saintes s'exécutent sur nos corps, pour produire ces grands effets dans nos ames,

Joan. 6.

Act. 8.
Joan. 20.

c’eſt une nouvelle raiſon pour nous de les eſtimer, un nouveau titre qui nous les rend intéreſſans, en ce qu’ils operent ſur nos corps une conſécration qui leur eſt bien honorable.

De Reſurr.
c. 8.
« C’eſt la chair, dit Tertullien, qui eſt lavée,
» & l’ame eſt purifiée : c’eſt la chair qui eſt
» marquée & ſignée, & l’ame eſt fortifiée :
» c’eſt la chair qui reçoit des onctions, &
» l’ame eſt conſacrée : c’eſt la chair qui eſt
» couverte par l’impoſition des mains, &
» l’ame eſt illuminée par le Saint‑Eſprit :
» c’eſt la chair qui eſt nourrie, & l’ame eſt
» engraiſſée de Dieu. »

Après le récit de tous ces titres de grandeur attachés aux Sacremens, il n’eſt pas difficile de concevoir l’énormité du crime que commettent ceux qui ont le malheur de les profaner en les recevant dans de mauvaiſes diſpoſitions, & d’en empêcher l’effet en n’y apportant pas celles qui ſont requiſes. Ils font inſulte à Jeſus‑Chriſt en ſouillant ſon ſang, en le foulant aux pieds, en le rendant ſtérile & ſans effet. Ils outragent le Saint‑Eſprit en arrêtant ſon entrée dans l’ame. Car quoique les Sacremens operent par leur propre efficace, ils ſuppoſent cependant des préparations dans celui qui les reçoit. Quand on y apporte ces préparations, les Sacremens alors font, par leur vertu, ce que les préparations toutes ſeules n’auroient pu faire. Lorſqu’on ſe préſente ſans ces préparations, les Sacremens n’exercent plus leur activité, à cauſe de l’obſtacle que le ſujet y met.

V.

Quelles font ces difpofitions, ces prépa-
rations requifes pour l'effet des Sacremens ? Difpofitions pour les Sa-cremens.
Elles font différentes fuivant la différence de,
Sacremens, & de l'effet pour lequel chacun
eft inftitué. Quand nous avons dit que l'effet
de tous les Sacremens eft la grace, nous ne
l'entendons pas de toute efpece de grace :
nous ne parlons pas des graces actuelles,
mais uniquement de la grace habituelle. Ceci
eft fort à obferver. La grace actuelle eft une
infpiration du faint amour, un bon mouvement que le Saint-Efprit forme dans l'ame
actuellement, pour faire produire quelqu'acte
de vertu. Ainfi détefter fes péchés, faire de
bons propos, changer de vie, ce font des
actes qui font produits par un mouvement
actuel du Saint-Efprit : *Moventis*, dit le Concile de Trente. La grace habituelle, c'eft la *Seff. 14. c. 4.*
charité répandue dans l'ame, inhérente à
l'ame, par le Saint-Efprit qui n'eft plus fimplement mouvant l'ame, mais y habitant,
habitantis. On l'appelle encore la grace fanctifiante ; c'eft par elle que l'ame eft vivante
devant Dieu, qu'elle a en foi la vie, qu'elle
n'eft plus dans l'état de péché, qu'elle eft
habituellement agréable à Dieu, qu'elle eft
à fes yeux ce qu'eft un enfant bien-aimé, une
époufe chérie, un temple rempli de la Divinité. C'eft-là ce que produifent les Sacremens. Pour les bonnes penfées, les bons
mouvemens, les bonnes œuvres, les œuvres
de pénitence, la converfion du cœur, la
haine du péché, &c. qui précédent la juftification ; c'eft, je le repete, l'effet non des
Sacremens, mais des graces actuelles. Ceux-

ci produifent donc la grace habituelle ; non
que tous les Sacremens la donnent pour la
premiere fois , quand on ne l'a pas : il n'y
en a que deux qui operent cet effet , le Baptême & la Pénitence : les cinq autres donnent l'accroiffement de cette grace , qu'ils
fuppofent qu'on a déja : comme la Confirmation , l'Euchariftie , l'Extrême-Onction ;
& outre cela , certaines graces particulieres
qu'on appelle graces d'état pour bien remplir fa vocation, comme l'Ordre & le Ma-
riage.

De tous ces principes il s'enfuit, que les
difpofitions qu'il faut apporter à la réception
des Sacremens , font ou ce qui eft l'effet des
graces actuelles , telles que des bonnes œuvres préparatoires , ou la grace fanctifiante
elle-même : de bonnes œuvres particulieres, pour les Sacremens par lefquels on doit recevoir la grace fanctifiante , & qu'on appelle
pour cela les Sacremens des morts , parce
que ce font eux qui rendent la vie de l'ame ;
œuvres de pénitence , ceffation de péché ,
converfion, vie nouvelle. Mais la grace fanctifiante elle-même doit être apportée aux
Sacremens qui ne font deftinés qu'à la nourrir , à l'entretenir, à la faire croître , & qu'on
appelle pour cela les Sacremens des vivans,
parce qu'il faut être déja vivant avant que
de les recevoir. Nous n'excluons pas par-là
de la préparation aux derniers, des actes de
vertu , des fentimens de piété, de bons mouvemens. Il eft hors de doute qu'on ne doit
pas fe préfenter comme des automates, d'une
maniere ftupide. Mais ce que nous difons
ici , c'eft que la préparation principale &
effentielle pour les Sacremens des vivans,

c'est avant toutes choses d'être en état de grace.

VI.

Si cela est, dira-t-on, ces Sacremens qu'on appelle des vivans ne font donc pas absolument nécessaires, puisque sans eux on a déjà la vie de la grace. La conséquence n'est pas juste. Tous les Sacremens font nécessaires à la sanctification de l'ame & au salut. Les uns font nécessaires de nécessité de moyen, c'est-à-dire, font des moyens absolument & indispensablement nécessaires. Les autres font nécessaires seulement de nécessité de précepte, c'est-à-dire, nécessaires parce que Jesus-Christ a commandé de les recevoir. Ainsi, l'on est obligé de faire usage & des uns & des autres; puisque si on n'a recours aux premiers, le salut est impossible; & que si on néglige les seconds, on désobéit à Dieu, & conséquemment on sort de la voie du salut, on se prive de ce que Jesus-Christ nous a donné comme un moyen de ne pas perdre la vie de l'ame, & de la faire croître : on fait l'injure à Jesus-Christ de ne pas vouloir dépendre des sages établissemens qu'il a faits dans son Eglise pour de grands desseins, dignes de nos adorations & de notre reconnoissance. Nous avons expliqué plus haut, en parlant en général des secours extérieurs du salut, la conduite qu'il faut tenir à cet égard; ce qu'il faut faire dans la pratique, pour remplir l'obligation d'user des Sacremens, sçavoir les desirer, en faire usage autant qu'on peut, ne pas se rendre indigne de les recevoir; comment, lorsqu'on ne peut pas les recevoir, il faut prendre cette priva-

Suite,

M y

tion. Nous ne le répéterons point ici ; nous ajouterons seulement deux observations : la premiere est qu'en certain cas de privation, les Sacremens ont un effet anticipé & operent la grace par avance. Ainsi, le Baptême qu'un adulte ne peut pas se faire administrer, efface, dans le cas de nécessité, les péchés d'un cathécumene qui le désire ardemment & sincérement : la Contrition, dans un haut dégré de perfection, justifie l'homme avant l'absolution : l'Eucharistie, lorsqu'on la desire ardemment, & qu'on est empêché par quelque obstacle de la recevoir , peut quelquefois produire dans l'ame un grand accroissement de grace en vertu de ce seul desir. Dans ces occasions, on reçoit le Sacrement *in voto*, par le desir, quoiqu'on ne le reçoive pas *in re*, en effet : & si on ne reçoit pas le rit, la cérémonie du Sacrement, on en reçoit la chose, *rem Sacramenti ;* on en reçoit le bien & le fruit. La seconde observation est que les Sacremens ont aussi quelquefois un effet *rétroactif*, & produisent leur effet un temps plus ou moins long après qu'ils ont été administrés. Ainsi, un adulte qui a reçû le Baptême sans les dispositions requises, s'il vient ensuite à entrer dans les sentimens d'une vraie pénitence, le Baptême alors produira son effet, en remettant à cet adulte le péché originel & tous les péchés qui ont précédé le Baptême.

CHAPITRE XIX.

Suite des moyens extérieurs. La Pénitence, & l'Euchariſtie.

I.

COMME il n'eſt pas de notre ſujet de traiter toutes les matieres de théologie, & que notre unique objet eſt d'expliquer au juſte les moyens journaliers de conſerver la juſtice, nous n'avons rien à dire ſur la plûpart des Sacremens, parce qu'on ne les reçoit pas tous les jours, & qu'on peut s'inſtruire dans les livres faits exprès, de ce qui eſt de pratique pour les bien recevoir. S'il y en a quelqu'un de ceux-là qui, quoiqu'on l'ait reçu, impoſe au chrétien quelqu'obligation ſpéciale, comme le Baptême dont il faut conſerver la mémoire, en renouveller & en pratiquer les vœux, nous avons eu en pluſieurs rencontres l'occaſion d'en parler, ſoit dans le volume des *Principes de la Converſion*, ſoit dans celui-ci. Ainſi, nous nous bornerons ici à faire quelques réflexions ſur le Sacrement de Pénitence & ſur celui d'Euchariſtie, qui ſe répétent ſouvent & qui ſont d'un uſage ordinaire. Nous aurons même peu de choſes à dire ſur le premier dont nous avons parlé au long dans le volume précédent.

Le Sacrement de Pénitence eſt celui que Jeſus-Chriſt a inſtitué pour nous procurer la rémiſſion des péchés commis après le Baptême. Nous avons dit ailleurs que dans l'eſ

Le Sacrement de Pénitence.

M vj

prit de la Religion Chrétienne, un Chrétien ne devroit point avoir befoin de ce Sacrement pour des fautes mortelles, parce qu'un Chrétien juftifié par le Baptême, qui eft mort au péché & reffufcité à la vie de la grace, ne devroit plus retomber dans la mort du péché. Cependant Jefus-Chrift, par une furabondance de miféricorde, a bien voulu fournir à ceux qui auroient eu ce malheur, un moyen de fe relever, une feconde planche après le naufrage, comme parle le Concile de Trente : c'eft ce qu'on appelle le Sacrement de Pénitence. Comme nous ne parlons maintenant qu'aux juftes, tout ce qui concerne les pécheurs, par rapport à la Pénitence, n'a point ici lieu : nous l'avons amplement traité ailleurs. Mais ce que nous avons à expliquer, c'eft la maniere dont les juftes doivent faire ufage de ce Sacrement, qu'ils font très-bien de fréquenter, vû que, fuivant la doctrine de l'Eglife, les péchés véniels des juftes font matiere fuffifante de ce Sacrement. L'ouvrage ne fera pas long ; car il n'eft queftion que de quelques avis à donner fur cette fréquentation.

Un jufte qui va à confeffe, fe propofe deux chofes : l'une de prendre conduite d'un Directeur pour fon avancement fpirituel, de lui rendre compte de fa vie, de lui expofer fes infirmités, fes foibleffes, fes tentations ; afin de recevoir de lui des confeils falutaires pour faire quelque progrès dans la voie du falut, & pour ne point perdre par fa négligence le précieux tréfor de la juftice. Car le Miniftre du Sacrement n'eft pas feulement Juge, il eft Médecin. La fonction du Prêtre n'eft pas feulement de lier & de détier, d'impofer la Pénitence & de donner l'Abfolution : il eft encore établi pour aider l'homme bleffé par le péché à guérir fes plaies, foit qu'elles foient mortelles, foit qu'elles foient légeres ; pour indiquer au Pénitent les remedes propres à lui rendre la vie de l'ame, fi elle eft morte, ou à l'y affermir fi elle eft vivante. Par la connoiffance qu'il acquiert dans la Confeffion des difpofitions intérieures du Pénitent, il eft en état de le conduire & de le diriger dans cette importante affaire. Le jufte donc qui fréquente le facré Tribunal, s'adreffe au Prêtre principalement comme à un Médecin, un conducteur, un confeiller : & c'eft en ce fens que la Confeffion fréquente eft d'une grande utilité pour les bons Chrétiens qui ont lieu de fe croire en état de grace. Mais s'ils n'y cherchoient autre chofe que l'abfolution, leur pratique ne leur feroit plus de la même utilité. Toujours retomber dans les mêmes fautes, fans travailler à s'en corriger, & courir à chaque fois recevoir l'abfolution, ce ne fera jamais un moyen falutaire de conferver, d'entretenir, de faire croître en foi la juftice. La chofe parle d'elle-même. Dès que ces abfolutions réïtérées ne produifent aucun changement, le Sacrement ne produit pas non plus l'augmentation de la juftice ; il ne contribue pas même à l'entretenir, puifque quand on n'avance pas dans le bien, on recule. Ceux donc qui font dans cette pofition, feroient mieux de s'occuper davantage à fe réformer, à diminuer le nombre de leurs fautes & à faire quelques progrès dans la vertu. Si le Confeffeur ne leur donne pas à chaque fois l'abfolution, ils ne doivent pas

s'en inquiéter. Il eft quelquefois falutaire de
laiffer porter à l'ame le poids de fes fautes ,
pour qu'elle s'en humilie, & que par cette
humiliation elle obtienne la grace de s'en
corriger, & d'en recevoir enfuite plus fruc‑
tueufement l'abfolution.

I I.

Suite.

Ch. XV. n.
II.

Suivant ces principes, on comprend qu'il
convient de faire choix d'un Miniftre qui ait
les qualités requifes pour bien conduire, les
qualités d'un bon Directeur. Nous avons
traité ce point dans les *Principes de la Con‑
verfion.* Ce qui nous refte à dire, c'eft que
lorfqu'on a trouvé un bon guide, il faut s'y
tenir & ne point changer. Un homme qui
nous connoît de longue main, nous confeil‑
lera toujours mieux qu'un autre de qui nous
ne fommes pas connus. On a befoin, dit‑
on, de fe réconcilier en paffant, & on n'eft
pas à portée dans le moment de s'adreffer à
fon Confeffeur ordinaire. Sans prétendre
blâmer cette pratique, furtout lorfqu'on s'a‑
dreffe à un Miniftre éclairé, je crois devoir
dire qu'elle n'eft pas abfolument néceffaire.
Car de deux chofes l'une : ou la Confeffion
qu'on veut faire en paffant eft pour des pé‑
chés confidérables qui demandent quelque
temps d'épreuve, ou elle n'eft que pour des
fautes communes. Dans le premier cas, ce
qu'il y a à faire de mieux n'eft pas d'aller
promptement fe réconcilier , fe confeffer au‑
près d'un inconnu & recevoir l'abfolution.
Il s'agit de prendre quelque temps pour
s'éprouver par des délais falutaires ; ce qu'on
ne peut faire plus utilement que fous la di‑
rection de fon Confeffeur ordinaire. Dans

le second cas, il n'y a pas de nécessité absolue de se confesser, même pour communier. Car il est aussi vrai que les péchés véniels ne font pas matiere nécessaire d'absolution, qu'il est vrai qu'ils en font matiere
suffisante. Le Concile de Trente a défini l'un
& l'autre également. Ainsi l'on peut, après
s'être humilié pendant quelques jours d'une
faute qui fait plus de peine, & l'avoir expiée
par quelqu'œuvre de pénitence, s'approcher
de la sainte Table, en se conformant au réglement que le Directeur ordinaire aura
prescrit pour les Communions plus ou moins
fréquentes.

Je dirai même que ces réconciliations pas-
sageres auprès du premier venu, peuvent
embarrasser un Ministre qui sçait son devoir
& qui le fait. Comme il n'a aucune connoissance de notre conscience par lui-même,
celle qu'il peut en prendre dans si peu
de temps ne le mettra pas en état de faire régulierement sa fonction de Juge. Car, pour
la bien remplir, il faut sçavoir autre chose
que quelques fautes actuelles que le Pénitent accuse. C'est par le fond du cœur qu'on
peut prononcer sagement sur ce que Dieu
juge de ces fautes, & sur ce qu'elles demandent que fasse celui qui les a commises. Il
faut toujours se souvenir qu'il n'en est pas
de la Confession & du Sacrement de Pénitence, comme d'un simple cérémonial &
d'une pratique de dévotion, telle que seroit
de prendre de l'eau bénite ou d'en donner.
C'est une affaire d'une importance particuliere, & qui intéresse sérieusement la conscience & du Confesseur & du Pénitent : &
par conséquent ni l'un ni l'autre ne la doivent

faire à la légere, mais avec une grande précaution & avec maturité.

Quant aux difpofitions qu'il faut apporter à la Confeffion, l'examen de confcience, la maniere de faire l'accufation, nous avons traité ailleurs tous ces points. En deux mots, la meilleure préparation pour fe bien confeffer, c'eft de mener une vie réglée, de tâcher de remplir fes obligations, & d'être bien vigilant fur foi-même. L'examen de confcience qui doit précéder l'accufation, confifte plus dans celui qu'on aura foin de faire chaque jour pour fe rendre compte à foi-même de fes actions, que dans une longue recherche qu'on feroit dans le tems de la confeffion. Il ne faudra pas beaucoup de tems pour fe rappeller fes fautes en approchant du tribunal, lorfqu'on aura été dans l'habitude de ne les jamais perdre de vue. Enfin l'accufation doit fe faire en toute fimplicité, fans chercher à les pallier ; dans la vue de fe faire connoître à fon Confeffeur précifément comme on fe connoît, & comme on eft connu de Dieu.

III.

Le Sacrement de l'Euchariftie.

Nous commencerons par remarquer la grande différence qu'il y a entre ce Sacrement & celui de la Pénitence quant à l'ufage. L'un eft dans l'intention de Jefus-Chrift d'un ufage ordinaire ; l'autre n'eft proprement établi que pour la néceffité. C'eft donc une chofe très-importante d'avoir des lumieres fur la maniere d'ufer de ce Sacrement, auquel on doit fouvent avoir recours. Jefus-Chrift a fait dans le monde fpirituel ce qu'a voit fait le Créateur dans le monde corporel. Dieu en créant le monde & en y plaçant l'homme, avoit pourvu à sa subsistance, en donnant à la terre la fécondité pour lui fournir des alimens. Jesus-Christ en formant son Eglise y a planté un froment spirituel pour servir de nourriture aux ames. C'est son propre corps qui est ce froment, ce pain de l'ame, qui entretient & conserve sa vie. « Ma chair, dit le Sauveur, est vraiment » viande & mon sang est vraiment breuvage. *Joan. 6.* » Celui qui mange ma chair & qui boit mon » sang, a la vie. Si vous ne mangez la chair » du Fils de l'Homme & si vous ne buvez » son sang, vous n'aurez point la vie en » vous. Prenez donc & mangez, ceci est » mon corps : prenez & buvez, ceci est mon *Matth. 26.* » sang. » Ce Sacrement est donc nécessaire à l'homme juste, pour ne pas perdre la justice, la vie de la grace : & s'il lui est nécessaire, ce n'est pas pour une fois en la vie, ce n'est pas pour quelques occasions rares. C'est ce que dit clairement le symbole sous lequel Jesus-Christ a voulu se communiquer à nous : il a choisi le symbole du pain, qui est l'aliment quotidien du corps ; & il nous fait entendre par un symbole de cette nature, que le Sacrement de son corps est destiné à un usage fréquent.

Les fins du Sacrement annoncent la même vérité, & ne peuvent qu'exciter en nous une faim ardente de ce pain céleste, & un grand desir d'être en état de nous en nourrir souvent. La premiere fin du Sacrement est de nous incorporer à Jesus-Christ, de nous unir à lui si intimement ; que nous demeurions en lui & qu'il demeure en nous ; que nous vivions de lui, comme il vit de la vie de son Pere, que ce soit lui qui vive en nous. Oh ! que l'état de justice est bien en sûreté pour un juste qui a un tel appui ! Quelle vigueur ne prendra pas la santé de son ame avec un tel aliment ? La seconde fin du Sacrement est de guérir nos langueurs spirituelles, de guérir de plus en plus nos penchans terrestres, nos habitudes charnelles, d'amortir nos passions, de réformer nos imperfections. Car il n'est pas seulement pain, il est médicament. Il sort de la chair adorable du Sauveur, cachée sous les symboles, la même vertu qui sortoit de sa robe lorsqu'il conversoit sur la terre : vertu qui chasse toutes les maladies : *Luc. 6.* *Virtus de illo exibat & sanabat omnes.* C'est ce pain du songe de Gedeon qui renverse les tentes du camp ennemi. C'est l'Arche sainte du Seigneur qui fait tomber les idoles à ses pieds, & les met en pieces. C'est ce charbon de feu pris sur l'Autel, qui purifie les esprits & les cœurs, comme il purifia autrefois les lèvres du Prophète. La troisiéme fin est de nous fournir tous les secours particuliers, de nous communiquer les graces spéciales qui nous sont nécessaires pour les besoins de différente espece. Grace d'illumination dans les doutes & les embarras où nous nous trouvons. Grace de consolation dans les afflictions, les chagrins, les ennuis que nous éprouvons. Grace de force & de courage dans les épreuves qui surviennent. Grace de détachement de la vie dans les maladies qui nous avertissent de la mort. Grace de suavité, d'onction, de joye intérieure pour rendre notre piété fervente, & nous encourager à marcher à grands pas dans le chemin de la perfection. C'est ce pain d'Elie qui donne à celui qui le mange la force pour monter jusqu'au sommet de la montagne de Dieu. C'est la vraie manne descendue du Ciel, qui se convertit pour les Saints en tous les goûts les plus délicieux. C'est ce pain dans la fraction duquel les yeux du Chrétien s'ouvrent pour reconnoître le Sauveur & le voir près de soi. La quatriéme fin est pour être en nous un gage de l'immortalité, une semence de la résurrection de nos corps, & le viatique de notre ame pour le voyage de l'Eternité. Ce dernier effet de la sainte Eucharistie est le couronnement des autres, & rien n'est plus propre pour enflammer dans le cœur religieux de l'homme juste cette foi vive, cette ferme espérance, cette charité tendre qui constitue sa justice ; & pour le faire courir à l'odeur de ce parfum précieux qu'exhale ce divin Mystere, l'avant-goût des délices du Ciel.

IV.

Ce saint desir de l'Eucharistie doit donc être la disposition dominante du juste ; & son unique douleur, selon saint Chrysostôme, doit être de n'en pas jouir autant qu'il le souhaiteroit, & de n'être pas en état de la recevoir tous les jours : *Unus sit dolor hâc escâ privari.* Car il y a des regles à suivre dans l'usage de la sainte Eucharistie, & chacun doit avoir une mesure pour manger de ce miel mystérieux selon sa suffisance, comme l'ordonne le Sage : *Mel invenisti, comede quod satis est.* La Communion plus fréquente conviendra aux uns : une Communion plus rare suffira pour d'autres. C'est au Directeur

Suite.

Prov. 25.

à décider du plus ou du moins : & il se réglera dans la décision sur le mérite de la vie
qu'on mene, sur le fruit qu'on retire de la
Communion, sur le besoin plus ou moins
grand qu'on en a, sur les obstacles plus ou
moins marqués de la condition où l'on est,
& des affaires du monde dont on est occupé.
Pour la très-fréquente Communion, il faut
s'en tenir à la regle de saint François de Sa-
les, qui est généralement adoptée de tous
les maîtres de la vie spirituelle. Trois conditions sont requises, 1°. Exemption de tout
péché mortel. On n'entend pas cette prétendue exemption de péché mortel, qui consiste à se confesser avant chaque Communion
des péchés mortels qu'on auroit sur la conscience. En ce cas-là, ce n'est pas à la Communion qu'il faut penser, mais à la conversion. Ce saint Evêque entend donc une vie
exempte de péché mortel. 2°. Point d'attachement au péché véniel. Il ne dit pas exemption de péché véniel ; autrement nul homme
sur la terre ne seroit en état de communier :
car qui est sans péché ? Mais il veut qu'il n'y
ait aucune affection au péché même véniel,
& que ceux qu'on commet, soyent des fautes légeres de surprise. 3°. Un ardent desir
de communier, non pas précisément pour
communier & s'en procurer la satisfaction ;
mais pour se procurer les effets de la sainte
Eucharistie, pour croître en grace, pour
affoiblir la concupiscence, recevoir les secours spirituels que demandent les différens
besoins qu'on peut avoir.

A proportion qu'on approche davantage
de ces trois conditions réunies, on peut augmenter le nombre des Communions, & à

proportion qu'on s'en trouve éloigné, il faut
le reftraindre. Auffi beaucoup de perfonnes
judicieufes & éclairées ont peine à comprendre comment en beaucoup d'endroits, il n'y
a fur les Communions qu'une regle générale & uniforme pour tous, comme fi tous
étoient dans un même degré de vertu. Les
faints Peres font une remarque qu'il ne faut
pas paffer fous filence ; c'eft que Dieu a différentes voyes par où il conduit les ames ;
qu'il y en a à qui il infpire une Communion
fréquente par le mouvement d'un grand
amour pour Jefus-Chrift ; & il y en a d'autres à qui il met dans l'ame de s'en éloigner
davantage par le fentiment d'une profonde
humilité. Ils comparent les premiers à Zachée
qui s'empreffe de recevoir Jefus-Chrift dans
fa maifon, & les feconds au Centenier qui
n'ofe pas le prier de venir chez lui, parce
qu'il s'en croit indigne : & ils difent que l'un
& l'autre honorent également Jefus-Chrift,
parce que la feule chofe qui déplaife à Jefus-
Chrift, c'eft l'indifférence & le mépris du
Sacrement : *Contemptum folummodo non vult
cibus ifte :* & qu'ainfi Jefus-Chrift eft également honoré par ceux que repréfente le fervent Zachée, & par ceux que figure l'humble Centenier, n'y ayant ni défaut de refpect, ni indifférence dans les uns & dans
les autres. Nous ne parlerons point de la
Communion indigne, parce que nous ne parlons qu'à des juftes, qui vivant dans la juftice ne tombent point dans cet horrible crime. Ce que nous avons dit aux pécheurs pénitens dans le premier Volume, renferme en
fubftance tout ce qu'il en faut fçavoir.

V.

Le Sacrifice de la Messe.

Le sacrifice est un acte essentiel à toute Religion. Nulle nation idolâtre n'a été sans sacrifice ; & la vraye Religion, qui est plus ancienne que toutes les autres, aussi ancienne que le monde, a commencé ses actes extérieurs par le sacrifice. Celui d'Abel en est la preuve. La loi de Moïse ne parle que de sacrifices & d'offrandes de toute espece. Il y a cette différence entre sacrifice & offrande, que celle-ci est une consécration qu'on fait à Dieu de quelque créature, pour servir uniquement à son culte; mais qu'on laisse subsister, & qu'on ne détruit point. Le sacrifice est la destruction qu'on fait d'une créature en présence de Dieu, l'immolation d'une bête, l'anéantissement d'un grain d'encens qu'on jette dans le feu, pour rendre hommage à la Divinité. L'offrande & le sacrifice sont par rapport à Dieu dans les choses de la Religion, ce que sont dans les choses civiles certaines pratiques que les vassaux exercent pour rendre hommage à leur Seigneur, & pour reconnoître leur dépendance. C'est donc pour déclarer & pour témoigner à Dieu, que nous nous reconnoissons dépendans de lui, que nous lui faisons des oblations & des sacrifices. On peut croire que, si l'homme n'avoit point péché, la Religion n'auroit prescrit que des oblations de choses inanimées. Mais l'homme étant pécheur & ayant mérité la mort, il a été convenable que l'hommage qu'il rend à Dieu renfermât destruction & mort, pour marquer l'aveu qu'il fait de sa juste condamnation à la mort, & du pouvoir que Dieu a sur sa vie.

On comprend facilement que ce grand devoir de l'homme pécheur est rempli bien imparfaitement par l'immolation d'une bête brute, d'un vil animal. Aussi Dieu n'a agréé les sacrifices de l'ancienne loi, qu'en attendant quelqu'autre victime qui fût digne de lui. Le Fils de Dieu s'est présenté pour remplacer ces foibles hosties : il a pris un corps capable de souffrir, & il a dit à son pere : Vous n'avez pas voulu, Seigneur, des holocaustes & des sacrifices qu'on vous a offerts jusqu'ici. Me voici, prêt à me substituer à ces offrandes impuissantes. J'accepte l'ordre que vous me faites de m'immoler en votre honneur, & j'exécuterai de tout mon cœur votre volonté à cet égard. Ce qu'il a promis au moment de son Incarnation, il l'a exécuté en mourant sur la Croix qui a été l'autel de son sacrifice. Mais afin que l'auguste Religion, qu'il établissoit pour remplacer l'ancienne, ne fût pas sans sacrifice, il a trouvé l'admirable invention de perpétuer celui de la Croix, en se rendant présent jusqu'à la fin des siécles sous les symboles du pain & du vin : & il continue ainsi depuis son Ascension, de s'offrir à Dieu par les mains de ses Ministres ; renouvellant sans cesse, d'une maniere non sanglante, l'oblation & l'immolation qu'il a faite de son corps & de son sang en mourant sur le Calvaire. Cette exposition toute simple du sacrifice de l'Eglise chrétienne, vaut tous les éloges recherchés qu'on essayeroit d'en faire. Un silence d'adoration & de reconnoissance honorera davantage un don aussi précieux que Jesus-Christ nous a fait, que

tout ce que l'éloquence fourniroit de penfées
& d'expreffions les plus fublimes.

Continuons ce bel expofé. Le facrifice de
nos autels eft donc l'oblation que Jefus-Chrift
fait à Dieu fon Pere de la mort qu'il a une
fois foufferte fur la Croix : non pas que ce
foit une nouvelle immolation fanglante, puifqu'étant reffufcité, il ne peut plus mourir ;
mais c'eft une immolation myftique, facra-
mentelle, ineffable, qui renouvelle la premiere, & qui en fait l'offrande perpétuelle à
la divine Majefté. Ce n'eft donc pas un facrifice différent de celui de la Croix ; c'eft
abfolument le même, puifque c'eft la même
victime. Il eft encore le même, parce que
c'eft le même Sacrificateur, le même Prêtre.
Le Miniftre qui eft à l'autel n'eft que le repré-
fentant de Jefus-Chrift. Comme la victime
eft voilée fous les efpeces, le vrai Sacrificateur eft caché fous la perfonne du Prêtre
vifible ; & partout où il y a un Prêtre à l'autel, Jefus-Chrift eft préfent pour faire par
fon organe ce qu'il a fait fur la Croix. C'eft
ainfi qu'en avançant dans le développement
de cet augufte fujet, nous allons de merveilles en merveilles. Ce qui y mettra le
comble, ce fera le détail des fins pour lef-
quelles cet incomparable facrifice eft établi,
& des effets admirables qu'il opere.

VI.

Suite.　　Holocaufte, facrifice pour le péché, oblation euchariftique ou d'action de graces, offrande pacifique ou impétratoire ; tout fe
rencontre dans le facrifice de nos autels. Dieu
y trouve tout ce qui eft dû à fa fuprême Majefté. L'homme y trouve tout ce qu'il peut

defirer

defirer pour ce monde-ci & pour l'autre. Le Sacrifice de la Meffe, confidéré comme holocaufte, rend aux perfections de l'Etre divin le culte fuprême : confidéré comme facrifice pour le péché, il lui rend ce qui eft dû à fa juftice offenfée : confidéré comme oblation euchariftique, il lui rend l'action de grace dûe à fes bienfaits : enfin confidéré comme offrande pacifique & impétratoire, il prépare aux hommes de nouveaux bienfaits. Les hommes de même ont entre les mains une reffource toujours prête pour s'acquitter du premier devoir de la créature, qui eft l'aveu de fa dépendance du Créateur ; pour fatisfaire à la Juftice divine pour leurs péchés , par une fatisfaction complette & même furabondante, & en obtenir la rémiffion ; pour témoigner à leur fuprême Bienfaiteur une reconnoiffance digne de lui & égale à fes bienfaits ; enfin pour obtenir de fa bonté des fecours affurés pour tous les befoins de leurs ames & de leurs corps.

Un tel fpectacle préfenté aux yeux de l'homme jufte, ne doit-il pas le rendre infiniment attentif à ce qu'il demande de lui , foit pour faire fouvent ufage de ce grand fecours qu'il a pour fe maintenir dans la juftice, foit pour y apporter les difpofitions que requiert une action d'une telle importance ? Un Chrétien bien rempli de religion, qui voudroit adorer & fervir Dieu comme il le mérite, qui fent combien il a befoin que Dieu lui faffe miféricorde, qui connoît ce qu'il doit à Dieu pour tous fes bienfaits, & l'état où il tomberoit, fi le Seigneur ne continuoit de verfer fur lui fes graces, fe portera de lui-même , fans qu'il foit néceffaire de l'en avertir , à fe rendre affidu à la célébration d'un facrifice qui lui procure tous ces avantages, & qui eft même la voye la plus sûre & la plus parfaite de remplir tous ces grands devoirs. Ce qui fait qu'on voit dans un grand nombre de Chrétiens fi peu d'ardeur pour ce bel acte de religion, & dans d'autres fi peu de piété lorfqu'ils le pratiquent, c'eft que la foi eft bien morte dans les uns & bien languiffante dans les autres ; c'eft qu'ils ne font pas pénétrés de la grandeur de Dieu, de la dépendance de la Créature ; c'eft qu'ils ne fentent ni leurs miferes, ni l'indignité où ils font des fecours dont ils ont befoin ; c'eft que Dieu leur eft bien peu préfent ; c'eft qu'ils ont en partage l'ingratitude & la confiance en eux-mêmes ; c'eft qu'ils n'ont point l'efprit de pénitence.

En effet, qui eft-ce qui, en allant à la Meffe & entrant dans l'Eglife, s'occupe de tous ces objets ? Les uns n'y vont que pour obéir en efclaves au précepte de l'Eglife qui les y oblige en certains jours : les autres qui affiftent plus fouvent à la Meffe, ne la regardent que comme une action ordinaire de piété, une cérémonie eccléfiaftique, une pratique de dévotion qui tient fa place au milieu de beaucoup d'autres, & qui n'a rien au-deffus. Ce n'eft pas ainfi qu'agiffoient nos peres, qui ne donnoient au facrifice de nos autels d'autre nom que celui de Myfteres faints, facrés, terribles, redoutables : *Tremenda, horrenda Myfteria ;* qui n'en accordoient même la vue qu'à des Saints, & qui la refufoient à des pécheurs même pénitens. Si nous voulons donc traiter ces Myfteres avec le refpect & la vénération qu'ils méritent, nous ne devons ja-

S. Chrif.ft.

mais y affister que recueillis en nous-mêmes, nous ne nous rappellions, par une courte réflexion, ces quatre vues de religion : Que viens-je faire ? Je viens adorer, je viens crier miféricorde, je viens remercier, je viens supplier : & c'eft par Jefus-Chrift, par fon fang répandu en myftere, que je viens faire toutes ces chofes. Pleins de ces réflexions, nous ne plaindrons pas le tems que nous donnerons à l'affiftance au facrifice, nous ne chercherons pas la Meffe la plus courte, nous ne nous contenterons pas d'une Meffe baffe dans les jours confacrés au Seigneur, nous nous ferons un devoir d'affifter aux Meffes qui fe difent avec folemnité, avec la pompe religieufe qui convient à un fi noble exercice. La foi vive avec laquelle nous envifagerons ces auguftes fins du facrifice, fera que nous ne laifferons point le Prêtre faire tout feul cette fainte offrande, récitant en notre particulier des prieres qui n'y ont point de rapport ; nous le fuivrons, autant qu'il nous fera poffible, dans tout ce qu'il dit & qu'il fait. Lorfqu'il fera fa confeffion, nous la ferons avec lui ; lorfqu'il demandera, nous demanderons ; lorfqu'il adorera, nous adorerons.

VII.

Si on demande quelles font les difpofitions où l'on doit être, pour faire dignement ce faint acte de religion, je répondrai qu'on peut les réduire toutes à une feule, qui eft la plus conforme à l'efprit du facrifice, la plus religieufe, la plus chrétienne, & qui renferme toutes les autres. C'eft une difpofition de victime. C'eft Jefus-Chrift qui l'eft ; mais il ne l'eft pas feul : il s'offre à Dieu,

Maniere d'entendre la Meffe.

Hebr. 2.   mais il s'offre tout entier. « Me voici, mon
» Pere, moi & les enfans que vous m'avez
» donnés. » Un Chrétien doit donc, en affis-
tant au sacrifice, s'unir à Jesus-Christ, entrer dans la flamme de l'holocauste & se
consumer avec l'hostie; se dévouer au service de Dieu, se renoncer soi-même; immoler ses pensées, ses affections, son cœur;
sacrifier sa volonté pour n'en avoir d'autre
que celle du Seigneur; faire l'offrande de sa
vie, accepter la mort pour le moment que
Dieu a fixé. S'il est bien rempli de ce sentiment, il ne sera pas nécessaire de lui parler
d'attention, de respect, de pureté, & d'autres semblables dispositions. Il y entrera de
lui-même comme par une pente naturelle.

L'idée que je viens de donner du sacrifice
de la Messe, comme étant l'offrande commune de Jesus-Christ & de tous ses membres, me donne lieu de faire une réflexion
en finissant. Si tous sont offerts avec Jesus-
Christ, le sacrifice est donc pour tous sans
exception. D'où il s'ensuit que c'est se faire
illusion, que de s'imaginer que quand on
aura demandé une Messe à une Sacristie, on
sera le seul qui y aura part. Si on a fait une
aumône à un Prêtre qui prie pour nous, on
ne s'est pas rendu propre pour cela le sacrifice. On peut avoir le mérite de l'aumône
qu'on aura faite; mais pour le fruit du sacrifice, on n'y aura part qu'avec tous les autres : plus ou moins, suivant qu'on le méritera par les dispositions du cœur que Dieu
seul connoît. Ceci servira aussi de consolation pour tant de Fidèles pour qui on ne
prie point en particulier, soit pendant leur
vie, soit après leur mort. Ils peuvent être

affurés qu'il ne fe dit point de Meffe dans tout l'Univers, que le facrifice ne foit offert à Dieu pour l'Eglife toute entiere, pour tous les vivans & pour tous les morts fans exception.

Fin de la feconde Partie.

TABLE

Des Titres & des Sommaires contenus dans la seconde Partie.

Fin de la Table de la seconde Partie.

APPROBATION.

J'Ai lu par l'ordre de Monseigneur le Chancelier deux Manuscrits, dont l'un a pour titre : *Principes de la Pénitence & de la Conversion, ou Vie des Pénitens* ; & l'autre : *Principes de la Justice chrétienne, ou Vie des Justes.* Ces deux Ouvrages m'ont paru solides & édifians. A Paris le 22 Novembre 1760.

FOUCHER.

PRIVILEGE DU ROI.

LOUIS, par la grace de Dieu, Roi de France & de Navarre, à nos amés & féaux Conseillers les Gens tenans nos Cours de Parlement, Maîtres des Requêtes Ordinaires de notre Hôtel, Grand Conseil, Prevôt de Paris, Baillifs, Sénéchaux, leurs Lieutenans Civils, & autres nos Justiciers qu'il appartiendra, SALUT : Notre amé PIERRE-GUILLAUME SIMON, Imprimeur de notre Parlement & Libraire à Paris, Nous a fait exposer qu'il desireroit faire imprimer & donner au Public des ouvrages qui ont pour titre : *Principes de la Pénitence & de la Conversion, ou Vie des Pénitens ; Principes de la Justice chrétienne, ou Vie des Justes,* s'il Nous plaisoit lui accorder nos Lettres de Privilege pour ce nécessaires. A CES CAUSES, voulant favorablement traiter l'Exposant, Nous lui avons permis & permettons par ces Présentes, de faire imprimer lesdits ouvrages autant de fois que bon lui semblera, & de les vendre, faire vendre & débiter partout notre Royaume, pendant le tems de six années consécutives, à compter du jour de la date des Présentes ; faisons défenses à tous Imprimeurs, Libraires & autres personnes de quelque qualité & condition qu'elles soient, d'en introduire d'impression étrangere dans aucun lieu

de notre obéiſſance , comme auſſi d'imprimer ou faire
imprimer , vendre , faire vendre , débiter ni contre-
faire leſdits ouvrages , ni d'en faire aucuns extraits,
ſous quelque prétexte que ce puiſſe être , ſans la permiſſion expreſſe & par écrit dudit Expoſant , ou de
ceux qui auront droit de lui , à peine de confiſcation
des Exemplaires contrefaits , de trois mille livres d'a-
mende contre chacun des contrevenans , dont un tiers
à Nous , un tiers à l'Hôtel Dieu de Paris , & l'autre
tiers audit Expoſant ou à celui qui aura droit de lui ,
& de tous dépens , dommages & intérêts ; à la
charge que ces Préſentes ſeront enregiſtrées tout au
long ſur le Regiſtre de la Communauté des Imprimeurs & Libraires de Paris dans trois mois de la
date d'icelles , que l'impreſſion deſdits ouvrages ſera
faite dans notre Royaume & non ailleurs , en bon
papier & beaux caractères , conformément à la feuille
imprimée attachée pour modele ſous le contre-ſcel
des Préſentes ; que l'Imprétrant ſe conformera en tout
aux Réglemens de la Librairie , & notamment à celui
du 10 Avril 1725 ; qu'avant de les expoſer en vente
les manuſcrits qui auront ſervi de copie à l'impreſſion
deſdits ouvrages , ſeront remis dans le même état où
l'Approbation y aura été donnée ès mains de notre
très-cher & féal Chevalier Chancelier de France , le
ſieur de Lamoignon , & qu'il en ſera enſuite remis
deux Exemplaires de chacun dans notre Bibliotheque
publique , un dans celle de notre Chateau du Louvre ,
& un dans celle de notredit très-cher & féal Chevalier Chancelier de France , le ſieur de Lamoignon ,
le tout à peine de nullité des Préſentes : du contenu
deſquelles vous mandons & enjoignons de faire jouir
ledit Expoſant & ſes ayans cauſe pleinement & pai-
ſiblement , ſans ſouffrir qu'il leur ſoit fait aucun trouble ou empêchement. Voulons que la copie des Préſentes , qui ſera imprimée tout au long au commencement ou à la fin deſdits ouvrages , ſoit tenue pour
dûement ſignifiée , & qu'aux copies collationnées par
l'un de nos amés & féaux Conſeillers-Secrétaires,
foi ſoit ajoutée comme à l'original. Commandons au
premier notre Huiſſier ou Sergent ſur ce requis , de
faire pour l'exécution d'icelles tous actes requis &
néceſſaires ſans demander autre permiſſion , & nonobſtant clameur de Haro , Charte Normande & Lettres à ce contraires : car tel eſt notre plaiſir. Donné
à Verſailles le treiziéme jour du mois d'Octobre ,

l'an de grace mil sept cens soixante-un , & de notre
Regne le quarante-septiéme.

Par le Roi en son Conseil. LE BEGUE.

*Regiftré fur le Regiftre XV de la Chambre Royale
& Syndicale des Libraires & Imprimeurs de Paris,
N°. 2:8, F. l. 225, conformément au Réglement de
1723. A Paris ce 23 Octobre 1761.*

G. SAUGRAIN, Syndic.

www.ingramcontent.com/pod-product-compliance
Lightning Source LLC
LaVergne TN
LVHW021529170726
843501LV00004B/1001